Armin E. Möller

101 Reisen mit der Eisenbahn

Die schönsten Strecken in aller Welt

IWANOWSKI'S *i* REISEBUCHVERLAG

Im Internet:

www.iwanowski.de

Hier finden Sie aktuelle Infos zu allen Titeln, interessante Links – und vieles mehr!

Einfach anklicken!

Schreiben Sie uns, wenn sich etwas verändert hat. Wir sind bei der Aktualisierung unserer Bücher auf Ihre Mithilfe angewiesen:
info@iwanowski.de

Widmung

Dieses Buch ist drei Eisenbahnern gewidmet, deren Engagement für die Schiene mitreißend ist. Laure Saillard, Frankreich, Christine Suchy, USA, und Karl-Josef Bales, Deutschland, begeistern, wenn es um die Eisenbahn geht.

101 Reisen mit der Eisenbahn – Die schönsten Strecken in aller Welt
Nachdruck 2014

© Reisebuchverlag Iwanowski GmbH
Salm-Reifferscheidt-Allee 37 • 41540 Dormagen
Telefon 0 21 33/26 03 11 • Fax 0 21 33/26 03 33
info@iwanowski.de
www.iwanowski.de

Titelfoto: Courtesy of the Indian Pacific
Alle anderen Farbabbildungen: siehe Bildnachweis Seite 246
Redaktion: Mareike Wegner, Maike Stünkel, Sebastian Thomson-Sabors
Layout: Ulrike Jans, Krummhörn
Umschlagkarten: Kartografie + Grafik Klaus-Peter Lawall, Unterensingen
Titelgestaltung: Point of Media, www.pom-online.de
Redaktionelles Copyright, Konzeption und deren ständige Überarbeitung: Michael Iwanowski

Gesamtherstellung: Werbedruck GmbH Horst Schreckhase, Spangenberg
Printed in Germany

ISBN: 978-3-86197-077-4

Australien und Neuseeland 186

Afrika 200

Nordamerika 214

Mittel- und Südamerika 234

Stichwortverzeichnis 244

30 Jahre ...

Der Verleger nebst Gattin unterwegs von Sydney nach Perth ...

• • •

ist unser Verlag jung, stets auf der Suche nach neuen Ideen, leserfreundlichen Informationen, modernen Konzepten – wie hier der Jubiläumsband 101 Reisen mit der Eisenbahn.

Im Indian Pacific ... Vor ziemlich genau 30 Jahren führte mich eine meiner Australien-Reisen von Ost nach West, von Sydney nach Perth. Der Indian Pacific brachte mich über 4.352 Kilometer und nach rund 65 Stunden an den Indischen Ozean. Dazwischen liegt in der baumlosen Nullarbor-Ebene die längste gerade Schienenstrecke der Welt. Tausende Kilometer geht es auf einer endlosen Ebene dem Horizont entgegen.

Diese Zugfahrt ist noch heute für mich ein Erlebnis der besonderen Art. Nicht nur die wunderbaren Gespräche mit mitreisenden Australiern und Menschen aus aller Herren Länder, nein, abends wurde im Salon Musik aufgespielt, *... bei guter Stimmung* denn hier stand ein leicht verstimmtes Klavier. Aber das tat der Stimmung keinen Abbruch. Beim Genuss von australischem Bier und Wein wurde die „Waltzing Matilda" geschmettert, jenes etwas melancholische Lied, das so gut zur Stimmung Australiens passt.

Und so weckte die Idee, im 30. Jubiläumsjahr einen Band „101 Reisen mit der Eisenbahn" herauszugeben, alte Erinnerungen – und Begeisterung. Das Buch soll ein Ideengeber sein für eine andere Art des Reisens, für kommende Eisenbahn-Fans oder solche, die einfach nur einmalig eine Zugfahrt auf den verschiedenen Kontinenten oder Strecken mit hohem emotionalen Wert erleben möchten.

Begeisterung

Nun bitte, einfach stöbern, es geht los in die Abenteuerwelt der schönsten Bahnstrecken der Erde.

Michael Iwanowski

Immer geradeaus geht es mit dem Indian Pacific durch die Nullarbor Plain

Stopp unterwegs

... die Zeit vertrieb man sich mit dem ein oder anderen Glas Wein und Pianomusik

Liebeserklärung an 101 und mehr Bahnen

Ohne die Eisenbahn gäbe es vermutlich keine ungarische Salami. British Columbia an der Pazifikküste wäre vermutlich ein Staat der USA und nicht kanadisch und einige der schönsten Ecken der Schweiz blieben für Touristen unerreichbar. Die Eisenbahn steckt voller Geschichten und hat Geschichte gemacht. Bevor die Eisenbahn durch Deutschland fuhr, gab es in jedem Fürstentum eine andere Zeit. Erst als die Bahn kam, musste man sich auf eine gemeinsame Uhrzeit einigen und der Wilde Westen Amerikas hörte auf, wild zu sein.

An so etwas darf man denken, wenn man per Bahn durch die Landschaft und ferne Länder rollt. Das kann gemächlich geschehen, wie in Vietnam oder mancherorts in den USA, wo die Bahnen noch mit Tempo 80 (oder langsamer) durch das Land fahren, oder in rasender Fahrt mit dem deutschen ICE 3, dem französischen TGV oder anderen vergleichbaren Zügen in Spanien, Italien, Japan oder China.

Auch an die Eisenbahningenieure soll erinnert werden, die es wagten „unmögliche" Gebirgsübergänge in den Alpen, in den Anden, in den Rocky Mountains oder hinauf nach Tibet zu planen und zu bauen oder Schienen quer durch unendliche Wüsten zu legen.

Zugfahren ist eine besonders edle, weil anregend-entspannende Art zu reisen. Vom Flugzeug aus schaut man auf Wolken herab. Die sehen dann in aller Welt aus, wie die zuhause auch. Autofahren ist – wenn überhaupt – nur für Mitfahrer ein Vergnügen. Wer am Steuer sitzt, sieht den Vordermann, die Verkehrszeichen, das Navi und Probleme. Dazu versperren Lärmschutzwände die Sicht, und die gleichen sich rund um den Glo-

Geballte Zug-Kraft, in Meiningen (S. 32) werden Dampflokomotiven gewartet und sogar noch gebaut

bus. Auf Eisenbahnen achtet niemand. Man fährt durch die Hinterhöfe thailändischer Siedlungen oder an Schweizer Villen vorbei. Dazu geht es über tollste Brücken, längste Tunnel und stundenlang durch australische Landschaft. Niemand ist am Sitz festgebunden. Man kann durch den Zug wandern und lernt viele Menschen kennen.

Die Eisenbahn veränderte die Welt. Das war das Motiv für den mit-berühmtesten Präsidenten der USA, Abraham Lincoln, 1862 den Bahnbau in Richtung Pazifik voranzutreiben, und das durch unendliche Graslandschaften und Gebirge, in denen Trassen in Felswände hineingesprengt werden mussten, um überhaupt einen Weg für die Schienen und die Besiedlung des amerikanischen Westens zu ebnen. All das kann einem durch den Kopf gehen, wenn man wieder einmal – Eisenbahnfans sind Wiederholungstäter – am Fenster eines Zuges sitzt.

Eisenbahnfahren ist unvergleichlich. Und keine Strecke gleicht der anderen. Deshalb ist dieses Buch entstanden. Ein Buch mit 101 Eisenbahnen. Eine höchst willkürliche Auswahl nach der Art: Bahnstrecken, die ich liebe. Von denen ich erzählen möchte, die eine Fahrt lohnen.

Bleibt noch der Hinweis auf die ungarische Salami. Das Rezept dafür brachten italienische Metzger mit, die den italienischen Bahnarbeitern (sie sind Spezialisten im Bahnbau) folgten. Die Ungarn übernahmen die Idee für diese Spezialität. British Columbia entschied sich für Kanada, weil die Kanadier den Siedlern hier an der Pazifikküste eine Bahn vom Atlantik her versprachen. Der Zug The Canadian erinnert

Über den Autor

„Du lernst wieder zu staunen!" Eisenbahnfahren ist für Armin E. Möller eine Leidenschaft. „Eine Ranch, viele schwarze Fleischrinder und 50 Minuten später die nächste Ranch und kein Haus dazwischen, das erlebst du nur vom Zug aus". Die Freude an der Bahn begann in der Kindheit. „Der Schulweg in Emmendingen in Südbaden führte an der Oberrheinstrecke vorbei, da fuhren stets die interessantesten Züge, das prägt!" Beruflich als Radio- und Fernsehmann ist Armin E. Möller in der ganzen Welt unterwegs gewesen – immer gern per Bahn, wo es nur ging. Daran hat sich nichts geän-

dert. Der Journalist ist auch nach vielen hundert Tagen (und Nächten) in Bahnen noch immer neugierig auf den nächsten Zug. Meist ist das ein durchaus bezahlbares Vergnügen: „Sehr empfehlenswert!"

Ein Danke geht an alle, die uns bei diesem Buch unterstützt haben: Frank Niggemann (fn), Edda, Michael und Gabriel Neumann (emgn), Volker Häring (vh), Roland Dusik (rd), Dieter Reichenbach (dr), Helmut und Uta Wicke für Australientipps, Josephine Wasch, die Hintergrundwissen zu den kanadischen Bahnen lieferte, Matthias Albrecht und Guido Aellig, Schweizer Bahnfans, die die Schweiz-Texte durchgesehen haben, Olaf Bock von Gersum, der jede Schwelle der mexikanischen Kupferschluchtenbahnen kennt, und Ursula Möller, die geduldig einen Text nach dem anderen auf Verständlichkeit durchgesehen hat und protestierte, wenn irgendetwas nur noch von „Pufferküssern" verstanden wurde.

daran zwei bis drei Mal pro Woche. Und wer mit der Albula-Bahn nach St. Moritz fährt, sieht die Postkartenschweiz und die Kirche von Bergün gleich drei Mal, nur in Schleifen rund um den Ort gewinnt der Zug an Höhe. Und dann wäre da noch der russische Zar, der die Transsibirische Eisenbahn bauen ließ, um sein Reich zu einen…

Eisenbahn kann begeistern. Vom Zug aus kann man die Welt erleben. Hier sind 101 Vorschläge dafür.

Armin E. Möller

Deutschland

Wuppertaler Schwebebahn: über 100 Jahre alt und immer noch höchstmodern

❶ Nach dem Willen des Großherzogs: der „Molli" von Bad Doberan nach Kühlungsborn West

„Was nutzt ein mondänes Seebad, wenn es nur unter Strapazen zu erreichen ist?", dachte sich Friedrich Franz III. von Mecklenburg 1886. Deshalb wurde beschlossen, eine Eisenbahn von Bad Doberan, wo die Hauptbahn von Wismar nach Rostock hielt, nach Heiligendamm (s. Kasten) zu bauen. Der „allerhöchste Wille" des Großherzogs sorgte dafür, dass es keinerlei Widersprüche gab. Dabei stört die Bäderbahn auch heute noch ganz erheblich, fährt sie doch **ähnlich einer Straßenbahn** mitten durch Bad Doberan. An einigen Stellen wird es so eng, dass sich die Fußgänger an die Häuserwände drücken müssen, wenn „Molli" mit lautem Getöse naht.

Die Strecke beginnt am DB-Bahnhof von Bad Doberan. Schon dort einzusteigen wäre allerdings schade, denn hinter der Haltestelle „Stadtmitte" sowie vor dem Stopp „Goethestraße" gelingen **die besten Fotos** von der dampfenden und fauchenden Bahn vor der städtischen Häuserkulisse. Weil die Straßen hier schon zu Zeiten des Großherzogs nicht sehr breit waren, entschieden sich die Eisenbahnplaner für eine ungewöhnliche, weil **sehr schmale Spurweite** von 90 Zentimetern. Die Wagen zu beschaffen war einfach: Die Waggonfabrik in Wismar, nicht weit von Bad Doberan, baute Eisenbahnzüge in jeder gewünschten Spurweite. Die Dampfloks sind heute die Hauptattraktion. Deshalb werden sie auch ersetzt, wenn sie ihren letzten Pfiff mit der Dampfpfeife abgegeben haben.

Seit einigen Jahren müssen die Lokführer noch mehr als vorher darauf achten, ob sich ihnen und ihrer Bahn ein übereifriger Fotoamateur in den Weg stellt. Eisenbahnfans reisen von weither an, um die **prominente Lok Nr. 99.2324** sehen. Sie wurde 2008/09

„Molli" dampft heran

von der ersten Schraube bis zur Endlackierung im Dampflokwerk Meiningen (s. S. 32) nach den Vorbildern der Reichsbahn-Baureihe 99.32 neu gebaut. Eine Rarität, die man hier besichtigen kann, wurde in Deutschland doch vorher ca. 50 Jahre keine Dampflok mehr gebaut!

Die 15,4 Kilometer lange Fahrt bis zur Endhaltestelle „Ostseebad Kühlungsborn West" führt ab „Goethestraße" in Bad Doberan Richtung Heiligendamm. Am Zwischenhaltepunkt „Rennbahn" stoppt der Molli nur an Renntagen oder zu sonstigen Veranstaltungen. Welche Prachtentfaltung möglich ist, wenn ein Großherzog etwas zu seinem Lieblingsprojekt macht, kann in Heiligendamm angeschaut werden.

Eisenbahnfreunde, die mit dem Auto anreisen und die Bahnfahrt mit einem Besuch im „Molli Museum" (s. Info) in Kühlungsborn West beginnen möchten, kommen meist mit erheblicher Verspätung an. Denn entlang der Fahrstrecke von Bad Doberan nach Heiligendamm gibt es verschiedene Standorte, von denen **großartige Fotos** der Bahn im Schatten einer Lindenallee gelingen. Die Bäume wurden übrigens gepflanzt, weil die gut situierten Fahrgäste es im Sommer nicht schätzten, wenn es in den Wagen zu warm wurde.

Bleibt noch eine Frage zu erklären: **Wie kam die Bahn zu ihrem Namen?** Es wird erzählt, dass daran ein Mops Schuld hat, der laut bellend auf den Zug zu stürmte. Seine Herrin rief daraufhin: „Molli, bliev stahn!". Der Lokführer zog die Notbremse und die Bahn hatte ihren Namen weg.

Mythos Heiligendamm

Deutschlands ältestes Seebad ist sicher auch sein bekanntestes. Die „Weiße Stadt am Meer" zog ab 1793 unter dem Motto „Freude empfängt dich hier, entsteigst du gesundet dem Bade" Erholungssuchende an und wurde spätestens im 19. Jahrhundert zum favorisierten Urlaubsort des Geld- und des Hochadels. Zu DDR-Zeiten beherbergte das Ensemble eine Kunst- und Designschule und wurde von der Regierung als Kinderferienheim genutzt, nach der Wende befand es sich in keinem guten Zustand.

Frisch renoviert und von der Weltpolitikprominenz des 21. Jahrhunderts im Rahmen des G 8-Weltwirtschaftsgipfels im Juni 2007 besucht, rückte der Bad Doberaner Stadtteil wieder in den Fokus der Öffentlichkeit. Bereits 2003 eröffnete das Grand Hotel Heiligendamm seine Pforten, musste jedoch 2012, ein Jahr vor dem 10. Jahrestag des Hotels und dem 220. Jahrestag der Gründung Heiligendamms, Insolvenz anmelden. Mitte 2013 fand sich ein Investor, der Hotelbetrieb läuft zzt. normal weiter.

Strecke: 15,4 Kilometer von Bad Doberan über Heiligendamm bis Ostseebad Kühlungsborn West
Information: Molli fährt ganzjährig, im Sommer von ca. 8–19 Uhr stündlich. In der Saison dürfen Fahrräder mitgenommen werden, die Radwege entlang der Ostsee beginnen an den Bahnhöfen. Ein Salonwagen mit Speisen und Getränken fährt von ca. 10–17 Uhr mit. Erw. 6,50 €, Kinder 6–14 J. 4,90 € (jeweils einfache Fahrt, ganze Strecke), Gruppen-, Familien- und 10er-Karten erhältlich. www.molli-bahn.de.
Das Molli-Museum an der Endstation in Kühlungsborn West zeigt historische Prunkstücke und erklärt liebevoll die mecklenburgische Eisenbahngeschichte. Geöffnet ist es während des Sommerfahrplans täglich von 10–17.30 Uhr (Winter 9–16.30 Uhr). Eintritt kostenlos, Spenden erbeten. Führungen für Gruppen sind nach Voranmeldung möglich. Angrenzendes Museumscafé.

INFO

❷ Mit Tempo 30 über die größte deutsche Insel: die Rügensche BäderBahn „Rasender Roland"

Auf „seine" Eisenbahn lässt Zugführer Martin Rehbein nichts kommen. Seit bald 40 Jahren fährt er die Rügensche BäderBahn von Lauterbach Mole nach Göhren und wieder zurück, 27 Kilometer eine Strecke. Die technisch hochgerüsteten Bahnen auf dem Festland sind für Rügener wie ihn keine „richtigen" Eisenbahnen. Hier bei der Kleinbahn funktioniert alles noch mechanisch und manuell: Dampflokomotiven ziehen die Züge, Weichen werden mit Muskelkraft umgelegt und ein Heizer schaufelt Kohle unter den Kessel.

Der erste Streckenabschnitt von Putbus nach Binz wurde im Sommer 1895 eröffnet, als noch niemand an eine Landverbindung hinüber zum Festland dachte. Die Rügener hatten sich für eine **Schmalspurbahn** entschieden, weil man sich nicht vorstellen konnte, dass die Insel einmal an das deutsche Schienennetz angeschlossen werden würde. Kleinbahnen brauchen zudem weniger Land und können engere Kurven fahren – und ihr Bau kostet weniger, das war entscheidend. Die Rügener 75-Zentimeter-Spur ist in etwa halb so breit wie die international übliche Normalspur (1,435 Meter) der „großen" Eisenbahnen.

Zunächst fuhr die Kleinbahn mit gerade einmal 20 km/h über die Insel. Vor etwa 80 Jahren wurde die Geschwindigkeit um 50 Prozent auf damals sagenhafte 30 km/h gesteigert, was dem Bähnchen den Spitznamen „Rasender Roland" einbrachte. **Warum gerade „Roland"** und nicht „Fritz" oder „Emil", das weiß heute niemand mehr. Wahrscheinlich war es die Alliteration, die sich anbot und vor allem bei der Werbung half. Während anderswo Dampfloks aufs Abstellgleis fuhren und durch Diesel- und Elektroloks ersetzt wurden, setzten die Rügener weiterhin auf Dampf.

Bei der Kleinbahn ist die Zeit stehen geblieben. Wie schon im vorvorigen Jahrhundert rufen die Zugführer laut und für alle hörbar „Einsteigen!". Erst nach dem Ruf und einem Pfiff der Trillerpfeife fährt der Rasende Roland los. Für viele Fahrgäste ist dieses Drum und Dran wichtiger als die Aussicht auf Rügens landschaftliche Schönheiten. Schade ei-

Roland „rast" durch weite Felder

gentlich, denn die Trasse führt über sanfte Hügel, blühende Wiesen, weite Felder und mitten durch dichte Wälder. Deshalb wird auch an jedem Wagen vorsorglich auf die Waldbrandgefahr etwa durch weggeworfene Zigarettenkippen hingewiesen.

Es gibt sogar eine **Bergstrecke**: Von Binz aus geht es zum Haltepunkt „Jagdschloß" hinauf. Das Jagdschloss Granitz mit seinem 38 Meter hohen Turm wurde auf dem 107 Meter hohen „Tempelberg" Mitte des 19. Jahrhunderts in einem Laubwald errichtet.

Rügens Schienenbusse

Neben den Schmalspurzügen fahren für die Rügensche BäderBahn auch Schienenbusse auf der Normalspur. Sie verbinden Bergen, wo man in die Intercity- und Regional-Express-Züge nach Stralsund umsteigen kann, mit Lauterbach Mole.
Die Schienenbusstrecke ist wegen ihrer Gleise mit drei Schienen eine Besonderheit. Das Gleis mit der Spurweite 75 Zentimeter wurde um eine Schiene daneben erweitert, damit auch die Normalspurzüge die Trasse nutzen können.

Eisenbahninteressierte wollen als Fahrgäste einer solchen Bahn möglichst „historisch" unterwegs sein. 1915 wurden die ältesten Wagen der Rügenbahn gebaut. Fünf der Dampfloks sind Vorkriegsmodelle, die letzten Neuanschaffungen wurden 1953 getätigt. Die Rügensche BäderBahn ist dennoch **keine Museumsbahn**: Die Loks und Wagen werden regelmäßig von Grund auf saniert und die Züge fahren ganzjährig streng nach Plan, wenn auch die meisten Bahnnutzer die sommerlichen Feriengäste sind.

Häufig wird Zugführer Rehbein in der Hochsaison gefragt, warum auf einigen Wagen außer dem Kürzel „RüBB" der Name „Fichtelbergbahn" steht. Die Antwort ist simpel: Im Sommer schicken die Erzgebirgler Wagen nach Rügen. Dafür hilft die Inselbahn aus, wenn am Fichtelberg die Skifahrer die Züge stürmen. Diese ostdeutsche Kleinbahn-Connection hilft hier wie da Kosten zu sparen und Saisonspitzen zu bewältigen.

Anders als früher steigen die Fahrgäste heute liebend gerne in die alten Dritte-Klasse-Wagen der Rügenschen Kleinbahn ein, denn die „Holzklasse" wurde von oben bis unten aufgemöbelt. Wer neben einem Kanonenofen, mit dem im Winter geheizt wird, auf Holzbänken und vor Fenstern mit Gardinchen sitzend durch Rügen fährt, wird in **Urgroßvaters Zeiten** zurückversetzt. Und wem das nicht reicht, der kann sich feste Schuhe, eine Latzhose, Arbeitshandschuhe und -jacke sowie eine Schirmmütze anschaffen und sich in 10 Tagen zum „Dampflokführer ehrenhalber" ausbilden lassen. Dieser Spaß kostet 720 Euro, wenn der Kandidat laut Meldeliste an der Reihe ist – der Rasende Roland hat eben viele glühende Verehrer.

Strecke: 27 Kilometer von Lauterbach Mole über Putbus und die bekannten Ostseebäder Binz und Sellin nach Göhren auf der Halbinsel Mönchgut. Fahrtzeit ca. 2 Stunden.
Information: In der Hauptsaison von Anfang Mai bis Anfang Oktober von 8–20 Uhr im Zwei-Stunden-Takt von Putbus (in den Kernzeiten von Lauterbach Mole) nach Göhren, stündlich bis 22.45 Uhr von Binz nach Göhren. In der Nebensaison von 8–18 Uhr alle 2 Std. von Putbus nach Göhren.
Verschiedene Preisstufen: Einzelfahrt ganze Strecke (Preisstufe 5) Erw. 9 €, Kinder 6–13 J. 4,50 €, Familienkarte (2 Erw., 3 Kinder) 19 €. Auch Tages-, Wochen- und spezielle Fahrradkarten erhältlich. www.ruegensche-baederbahn.de.

INFO

3 Deutsch-polnischer Grenzverkehr: die Usedomer Bäderbahn von Peenemünde nach Świnoujście

Um „original pommersche Küche" zu essen, geht man im **Seebad Heringsdorf** ins Bahnhofslokal. Hier werden keine Bierhähne auf- und zugedreht, vielmehr drückt und zieht der Wirt Hebel, die aus alten Stellwerken stammen, um Blondes oder Schwarzes zu zapfen. Folgerichtig heißt das Lokal, eine Mischung aus Eisenbahnmuseum und Restaurant, dann auch **Stellwerk**. Als nach der Wende 1990 die alte Reichsbahn-Mechanik durch elektronisch gesteuerte Technik ersetzt wurde, retteten die Usedomer Eisenbahnfreunde die ausrangierten Teile vor der Verschrottung und brachten sie hierher. Der etwas abgelegene Bahnhof konnte etwas mehr Betrieb durchaus gebrauchen, es war viel zu ruhig hier.

Das hing mit der Geschichte des 1894 erbauten Stationsgebäudes zusammen. **Im Kaiserreich** hatten die Heringsdorfer der Bahn diesen Platz zugewiesen, weil sie keine lauten und rauchenden Züge mitten durch ihren Ort fahren lassen wollten. Darunter leidet die Ecke rund um den Bahnhof bis heute. Auch wenn im Sommer die Triebwagen der Usedomer Bäderbahn (UBB) im 30-Minuten-Takt halten, fehlte es der Station lange an Besuchern. Deshalb wurde nach Attraktionen gesucht, mit denen sie aufgewertet und für Usedom-Gäste interessant gemacht werden konnte. Dass der Bahnhof so etwas verdiente, darüber gab es keinen Zweifel, schließlich hatte die Eisenbahn vor dem Ersten Weltkrieg erheblich zum Aufschwung der Insel beigetragen.

Bequemer als mit dem Zug konnte man in der Kaiserzeit nicht nach Usedom reisen. Dass es in den Zügen reichlich 1. Klasse-Abteile gab, war dem Klientel geschuldet: Bankiers, Industrielle und der Adel hatten sich auf Usedom Sommerresidenzen und Ferienvillen zugelegt. Und dass **der Kaiser höchstselbst** liebend gerne die Insel besuchte, trug zur Attraktivität erheblich bei. Dazu passte keine kleine Bahnstation, ein großzügiges Gebäude samt Bahnhofsgaststätte musste her. Hier traf sich der Geldadel zu den Rennen auf der Pferderennbahn gleich nebenan.

Später dann galt der Kleinstadtbahnhof als überdimensioniert. Immerhin ist er seit 1994 der Verwaltungssitz der UBB, deren Züge man an den mit aufgemalten blauen Wellen

geschmückten Triebwagen erkennt. Mit ihnen kann man **an der Ostküste Usedoms entlang** fahren, von Peenemünde über Zinnowitz (Umstieg) bis ins polnische Świnoujście – vor 1945 deutsch und als „Swinemünde" bekannt . Auch wenn sie sich „Bäderbahn" nennt, direkt entlang der Ostsee fährt sie nur an einer Stelle: Zwischen den Stationen Zempin und Koserow kann man von der Bahn aus so-

Ein GTW-Triebwagen der Baureihe VT 646 auf der Fahrt nach Świnoujście Centrum

Aussichtstipp Karnin

Karnin ist ein Stadtteil von Usedom (Stadt). Hinter dem ehemaligen Bahnhofsgebäude, auf dessen Schild der Ortsname noch mit „C" geschrieben wurde, hat man von den alten Schienen aus den besten Blick auf das technische Denkmal Hubbrücke.

wohl die Ostsee auf der einen Seite der Insel als auch das Achterwasser auf der anderen Seite sehen. Die Fahrt dorthin führt an zwei Binnenseen vorbei und durch Buchenwälder hindurch.

Damit die Bahn die letzten eineinhalb Kilometer von der deutsch-polnischen Grenze hinter Ahlbeck in den polnischen Teil Usedoms (polnisch **Uznam**) fahren darf, musste die Bäderbahn die Tochterfirma UBB Polska gründen. Seit 2008 funktioniert dieser Schienen-Grenzverkehr bestens.

Schwere Züge gibt es auf Usedom nicht. Die **Peenebrücke Wolgast**, die die Insel mit dem Festland verbindet, ist dafür nicht gebaut. Die 54 Kilometer einspuriger Schienenweg auf der Insel werden von Diesel-Stadtbahnzügen (DB Baureihe 646) bedient, wie sie sonst rund um Großstädte üblich sind, wo es keine Elektrooberleitungen gibt. Dass sie auf der Normalspur über die Insel fahren, hat mit ihrer Geschichte zu tun, wie auch die Kilometerangaben dieser Eisenbahnlinie im offiziellen deutschen Eisenbahnatlas (Nr. 6768). Danach wird der Kopfbahnhof von Heringsdorf bei Bahnkilometer 208,6 erreicht. Bahnhofsform und Entfernungsangabe stammen noch aus der Zeit, als die Züge direkt von Berlin über Ducherow, Karnin und Usedom (Stadt) zum Endhaltepunkt Heringsdorf fuhren.

Für diese Strecke war 1933 die **Hubbrücke Karnin** über den Peenestrom zur Insel gebaut worden, als Herzstück einer 360 Meter langen Brückenanlage. Das 35 Meter hohe und 52 Meter lange Hubgerüst steht heute noch wie ein riesiges Tor mitten im Wasser. Die beiden Brückenteile, die es links und rechts mit der Insel und dem Festland verbanden, wurden am 30. April 1945 gesprengt, um der Roten Armee den Zugang nach Usedom zu versperren. Der Schienentrog der Hubbrücke war zuvor hochgefahren worden, damit deutsche Marineeinheiten mit ihren Schiffen Sicherungsfahrten durchführen konnten, bevor sie am 5. Mai 1945 vor den Russen flohen. Weil die alte Trasse über das nach dem Krieg polnische Swinemünde führte, wurde der Zustand der Karniner Brücke zu Zeiten der DDR – wohl aus Kostengründen – so belassen. Auf Usedom aber kämpft man jetzt zusammen mit den Polen um die **Wiederinbetriebnahme** der Brücke, damit sie nicht länger ein Eisenbahndenkmal bleibt, sondern Insel und Festland wieder verbindet – die Inselbahn hätte es verdient!

Strecke: Die 13 Kilometer lange Nebenstrecke ab Peenemünde endet in Zinnowitz und trifft hier auf die Hauptstrecke, die über die Station „Wolgaster Fähre" vom Festland her kommt. Ca. 30 Kilometer geht es weiter über die Seebäder Bansin, Heringsdorf und Ahlbeck nach Świnoujście.

Information: Die Nebenstrecke wird stündlich bedient, die Hauptstrecke halbstündlich (Sommer-Fahrplan). Von Peenemünde nach Świnoujście gilt Preisstufe 4, einfache Fahrt Erw. 8 €, Kinder 6–14 J. 4 €. Usedom-Ticket für 4 Pers. 29 €. www.ubb-online.de.

INFO

4 „Schweineschnäuzchen" fährt donnerstags: die Borkumer Kleinbahn

Wo beim **Schienenbus T 1**, der in den 1940er-Jahren in Wismar gebaut wurde, vorn und hinten ist, weiß niemand. Die Konstrukteure haben sich seinerzeit am Aussehen der Lastwagen orientiert. Diese hatten einen Vorbau, in dem ein bulliger Motor wummerte. Der T 1 hat gleich zwei davon, einen vorn und einen hinten, und zwei Führerstände dazu. 1998 stieg man von Benzin- auf Dieselmotoren um. Das Vorne-wie-hinten-Prinzip erspart ein aufwändiges Getriebe mit einem Rückwärtsgang. Wenn der Schienenbus die Fahrtrichtung ändern soll, wechselt sein Fahrer einfach die Seite und fährt dorthin zurück, woher er gekommen ist. Das rot-gelbe Gefährt ist eine der Attraktionen der Borkumer Kleinbahn und wird wegen seines Aussehens scherzhaft „Schweineschnäuzchen" genannt.

Die Insel Borkum ist die **westlichste der deutschen Nordseeinseln** und die größte in der Gruppe der Ostfriesischen Inseln. Die Borkumer Kleinbahn verbindet auf der Insel den Anleger Borkum-Reede, wo die Fähren von Emden Außenhafen und Eemshaven in den Niederlanden anlegen, mit Borkum-Stadt. Sie ist eine „richtige" Bahn, ihre 7,6 Kilometer lange, doppelspurige Strecke steht deshalb auch unter Nummer 9153 im amtlichen Eisenbahnatlas der Deutschen Bahn.

Je nach Zug bewegt man sich mit 20–30 km/h über die Insel, für Borkum ist das schon schnell. Was aus dem Zugfenster heraus zu sehen gibt, lässt sich mit **Friesland kompakt** einigermaßen treffend beschreiben. Bis zur Station „Jakob-v-Dyken-Weg", dem einzigen Haltepunkt entlang der Strecke, geht es vom Hafen durch die Wattlandschaft der Insel, durch Woldedünen und danach durch Buschland, das bei den Insulanern schon als Wäldchen gilt.

Die Dampflok Borkum mit dem Sonderwagen 39 sowie den Personenwagen 101 und 104

Die Bahn hatte lange Zeit militärische Bedeutung: Borkum war bis zum Ende des Zweiten Weltkrieges militärisches Sperrgebiet und die Feuerstände wurden per Inselbahn versorgt. Militärzüge fuhren auf den 90-Zentimeter-Gleisen kreuz und quer über die Insel. Sie nutzten auch die ersten Trassen, die von 1888 stammen. Nicht gar so alt sind die Dieselloks, die vor die Züge mit ihren bis zu acht Wagen plus Gepäckwagen gespannt werden. Sie wurden, auch wenn sie alt aussehen, erst 1993/94 angeschafft.

Zur Bahn gehört hier ein eigenes Eisenbahninstandsetzungswerk – eine **Pilgerstätte für Eisenbahnfans**. Jeden ersten Freitag von April bis November (im Juli/August und Oktober sogar an jedem Freitag) werden hier Wagen und Loks vorgeführt, darunter der Stolz der Borkumer: ihr Salonwagen von 1905, der zu besonderen Anlässen als „Kaiserwagen" eingesetzt wird. Die Dampflok „Borkum III" war 30 Jahre außer Betrieb, bevor sie im Dampflokwerk Meiningen (s. S. 32) wieder instand gesetzt wurde. Sie wird dann unter Dampf gesetzt, wenn die Dampfloktage im Veranstaltungskalender stehen (s. Info).

Selbstverständlich ist auch der Schienenbus T 1 an den Besuchertagen **ein Star**. Wenn er donnerstags fährt, sind seine 39 Plätze schnell ausgebucht. Man sollte auf der Insel nie etwas Schlechtes über die Kleinbahn sagen, die 2013 125-jähriges Jubiläum feierte. Die Borkumer lieben sie – und das einzigartige „Schweineschnäuzchen" ganz besonders.

Weitere ostfriesische Inselbahnen

Auf Borkums Nachbarinsel Juist fuhr ab 1898 auf einer 2,8 Kilometer langen Strecke die erste motorbetriebene Inselbahn Deutschlands, leider nur bis zur Stilllegung 1982. Die Militärbahn Norderney (bis 1947) war nicht für Badegäste bestimmt, ebenso wenig die Baltrumer Inselbahn, mit der bis 1985 nur Güter transportiert wurden. Gäste der Insel Langeoog können sich wie auf Borkum vom Fährhafen in den Ort fahren lassen (www.schiffahrt-langeoog.de), ebenso auf Wangerooge (www.siw-wangerooge.de). Das in der Mitte liegende Spiekeroog hatte bis 1981 eine Inselbahn, die heute nur noch als Museumspferdebahn betrieben wird.

„Schweineschnäuzchen" in Inspektion

Strecke: 7,6 Kilometer von Borkum-Reede nach Borkum Bahnhof
Information: Täglich ca. von Mitte März bis Ende Oktober zwischen 7.15 und 17.40 Uhr, die Abfahrtzeiten richten sich nach den Abfahrten/Ankünften der Schiffe. Einfache Fahrt Erw. 2,40 €, Kinder 4–11 J. 1,20 €. Sonderfahrten mit dem T 1 jeden Donnerstag von März bis Dezember, Erw. 5,80 €, Kinder 2,90 €. Dampflok- und Triebwagentage im gleichen Zeitraum, vor allem an den Wochenenden, im Sommer auch unter der Woche. Die Borkumer Kleinbahn bietet zudem Werkstattführungen und einen Kurs als Ehren-Dampflokführer an. Für Feste, insbesondere für Hochzeiten, können der Kaiserwagen und der Gesellschaftswagen gemietet werden. www.borkumer-kleinbahn.de.

INFO

⑤ Städtisches Wahrzeichen und Kulturdenkmal: die Wuppertaler Schwebebahn

So etwas wie das Sonnborner Viadukt gibt es nicht noch einmal: Ganz oben auf dieser Steinbogenbrücke fahren die ICEs und Regionalzüge der Deutschen Bahn. Ganz unten, auf der Straße, ist der Verkehr so dicht, dass man kaum die Straßenseite wechseln kann. Und dann gibt es noch das Hochparterre: Hier in das Brückenrund wurden die Stelzen für die Schienen hinein gesetzt – **Einschienenhängebahn** ist dabei die korrekte technische Bezeichnung der berühmten Wuppertaler Schwebebahn.

Unfälle

In über 110 Jahren Fahrbetrieb ereigneten sich wenige Unfälle. Zwei davon gingen in die Geschichte ein:
Im Juli 1950 fiel die zu Werbezwecken für einen Zirkus eingesetzte Elefantenkuh „Tuffi" aus der Bahn in die Wupper. Sie verletzte sich nur leicht und wurde folgend zur Markenbotschafterin eines Milchwerkes.
Am 12. April 1999 war der schwärzeste Tag der Schwebebahn. Der erste Morgenzug fuhr auf eine nach nächtlichen Bauarbeiten vergessene Schienenkralle auf, entgleiste und stürzte in den Fluss. Fünf Fahrgäste starben.

Schon von den Straßen links und rechts aus gesehen ist die Schwebebahn eine Sehenswürdigkeit. So viel Spaß es auch macht, die Bahn von unten zu bewundern und entlang der Strecke die Stützen zu zählen (wer auf 468 kommt, hat alle gesehen), die Schau von unten ist nur eine halbe Sache – man muss unbedingt eine Fahrt erleben, und das am besten von Wuppertal-Vohwinkel aus: Die Wagenhalle und die große Werkstatt sind schon Grund genug, die Schwebebahnerkundung hier zu beginnen. Wer nun einsteigt, wird merken, dass die Bahn über die Mitte befahrener Straßen hinweg „schwebt". Dieser Abschnitt mit seinen drei Stationen wird in Wuppertal **Landstrecke** genannt. Die Fahrt geht bergab Richtung Wupper, nach der Station „Sonnborner Straße" beginnt dann die **Wasserstrecke**, die Bahn schwebt ab hier auf ihrer Fahrt zum anderen Ende der Stadt über den Fluss.

Jeder der 20 Bahnhöfe, an denen die Schwebebahn hält, ist eine Sehenswürdigkeit für sich. Das hat sich auch nicht geändert, nachdem sie ab 1995 renoviert wurden.

Die Station „Kluse/Schauspielhaus" liegt auf der „Wasserstrecke"

Stellenweise scheint noch der Bürgerstolz durch, ohne den sich die Menschen des Bergischen Landes zu Kaisers Zeiten nie für ein solch aufwändiges Bauvorhaben begeistert hätten. Historisch gesehen geschah 1887 etwas Sensationelles: Die damals noch selbstständigen **Schwesterstädte Elberfeld und Barmen** – aus ihnen wurde 1929 die Stadt Wuppertal – beschlossen den Bau einer gemeinsamen Hochbahn. Wer weiß, wie sich Nachbarstädte oft bekämpfen, kann darüber nur staunen. Sogar die damals selbstständige Gemeinde Vohwinkel schloss sich an.

Die Platznot im Tal der Wupper spielte bei der Entscheidung für eine Schwebebahn eine ebenso wichtige Rolle wie die große Bedeutung der Wupperregion zu dieser Zeit. Entlang des Flusses gab es schon früh Industrie. Die Menschen kamen von weither, um hier Arbeit zu finden, und entsprechend hoch war der Bedarf an einem leistungsfähigen Transportmittel. An Geld für ein Bahnprojekt fehlte es dank der florierenden Wirtschaft nicht. Nur war in Elberfeld und Barmen alles so eng bebaut, dass es fast unmöglich war, das Gelände für eine Bahntrasse zu finden. Aber über der Wupper, dem Fluss, der längs durch die 1929 zusammengeschlossenen Stadtteile fließt, war genug Raum vorhanden.

Vater des Schwebebahnprojektes war der geniale Ingenieur Eugen Langen aus Köln (s. a. Kasten S. 24). Das Knowhow, wie zwischen den 21–33 Meter hohen Tragestützen die Tragebalken (man spricht auch von „Brücken") für die Schienen zu montieren waren, stammte von Anton von Rieppel, der auch die Pläne für die in der Nähe gebaute höchste Eisenbahnbrücke Deutschlands – die Müngstener Brücke (s. S. 22) – ausgearbeitet hatte. Von Rieppels Konstruktion, die in

Während des Vohwinkeler Flohmarktes

genialer Form die von den Zügen auf die Tragegerüste übertragenen Kräfte aufnimmt und ableitet, ist beispielhaft und bewährt sich bis heute.

Die Schwebebahn fährt seit dem 1. März 1901 im Taktverkehr und ist bis heute **das Wahrzeichen Wuppertals**. Und noch heute ist sie als Stadtbahnlinie 60 des Verkehrsverbundes Rhein Ruhr (VRR) das Rückgrat des Wuppertaler Stadtverkehrs. Das eingetragene „Kulturdenkmal" (seit 1997) ist mit Tempo 60 unterwegs und wird täglich von etwa 85.000 Menschen genutzt. Weil Jahr für Jahr die Fahrgastzahlen ansteigen, wird daran gearbeitet, die Taktzeiten an Werktagen von 3–4 auf 2 Minuten zu verkürzen.

Strecke: 13,3 Kilometer von Wuppertal-Vohwinkel bis -Oberbarmen
Information: Mo–Fr alle 3–4 Min., Sa alle 5–8 Min, So alle 7–9 Min. Erw. 2,50 €, Kinder 1,50 € (einfache Fahrt), Gruppen-Tagesticket (bis 5 Pers.) 13 €. www.schwebebahn.de.
Tipps für die Fahrt: Wer es einrichten kann, fährt die Strecke hin und zurück. Dabei schaut man sich schwebend einmal die Stadtteile rechts der Wupper und danach die links davon an.

Wie die Bahnhöfe früher einmal ausgesehen haben, lässt sich an der Station „Werther Brücke" erkennen. Hier sind noch viele Jugendstilelemente aus der Zeit um 1900 auszumachen, weshalb dieser Bahnhof mit der berühmteste der Schwebebahn ist. Der Ausstieg lohnt sich!
Ausflugstipp: Ein Besuch der Schwebebahn lässt sich bestens mit einer Tour zur Müngstener Brücke (s. S. 22) verbinden.

INFO

6 Über Deutschlands höchste Eisenbahnbrücke: von Wuppertal nach Solingen

Die Bahnen, die das Bergische Land durchfahren, sind keine Gebirgsbahnen, wie es sie im Schwarzwald oder in den Alpen gibt. Sie kommen deshalb ohne Haarnadelkurven und Spiraltunnel aus. Die Strecke von Wuppertal nach Solingen führt durch einen einzigen Tunnel – und der ist so kurz, dass es sich kaum lohnt, ihn zu erwähnen. Dennoch: Gerade diese Eisenbahnlinie hat es 1997 zu ihrem 100-jährigen Bestehen auf eine Sonderbriefmarke geschafft.

Das liegt am Streckenabschnitt zwischen Remscheid-Güldenwerth und Solingen-Schaberg. Diese Stationen sind nur 2,25 Kilometer Luftlinie voneinander entfernt, auch das ist kaum der Rede wert – doch zwischen Güldenwerth und Schaberg fließt die Wupper. Der Fluss war für Eisenbahnbauer lange Zeit ein schier **unüberwindbares Hindernis**, denn sein Tal war hier über 100 Meter tief.

Im späten 19. Jahrhundert wurde hier dennoch dringend eine Bahn benötigt. Entlang der schnell fließenden Wupper gab es damals schon viele Industriebetriebe, die die kräftige Strömung nutzten, um per Wasserkraft ihre Maschinen anzutreiben. Nur mit dem Warenverkehr haperte es. Weil die Schlucht bei Müngsten eine direkte Verbindung von Barmen und Elberfeld – aus den Schwesterstädten wurde 1929 die Stadt Wuppertal – nach Solingen unmöglich machte, waren die Fuhrleute 42 Kilometer lang unterwegs, um den Fluss zu überqueren. Eine Eisenbahn und eine Eisenbahnbrücke sollten diese Umwegfahrten ein für alle Mal beenden.

Als der Bau der **Müngstener Brücke** (ehemals Kaiser-Wilhelm-Brücke) beschlossen wurde, baute man die meisten Brücken noch aus Stein. Diese Bauweise schied aber aus, weil eine Steinbrücke über die Wupper zu wuchtig und zu teuer geworden wäre. Der Ingenieur Anton von Rieppel schlug stattdessen vor, eine Brücke ganz aus Eisen zu kon-

So filigran sieht die Brücke von unten aus

struieren. Ein einziger Stahlbogen mit 170 Metern Stützweite sollte den Fahrweg tragen. Dabei, so sein Plan, sollte die Brücke aus normierten Teilen zusammengesetzt werden, ähnlich wie beim Spiel mit einem Metallbaukasten. Auch das war völlig neu.

Dass sein Konstruktionsprinzip funktionieren würde, stand für von Rieppel fest. Als Generaldirektor der Maschinenfabrik Augsburg-Nürnberg (MAN) hatte er Erfahrung mit vergleichbaren Bautechniken sammeln können, wenn auch an deutlich kleineren Objekten. Sensationell war für seine Zeit auch die Idee, die Brücke im „freien Vorbau" zu errichten. Das ersparte die Aufstellung von Baugerüsten.

Mit dem Auto zur Müngstener Brücke

Der kürzeste Weg zur Brücke beginnt an der Autobahn 1, Abfahrt Remscheid-Lennep, und von dort auf der kurvenreichen Bundesstraße 229 den Berg hinab in Richtung Solingen. Genau am Talgrund ist das Ziel erreicht, die Wupper bei Müngsten. Hier wird das Auto abgestellt, bis zur Brücke muss man dann ein paar Meter zu Fuß gehen. Nach der Besichtigung bietet es sich an, nach Wuppertal weiter zu fahren und der Schwebebahn (s. S. 20) einen Besuch abzustatten.

Statt wie früher Tragebögen in mehreren Etagen zu bauen, nieteten die Stahlbauer nun Gitterstücke zusammen. Der Fachbegriff „Stahlfachwerk" beschreibt, worum es dabei geht. Mit ihren Fachwerkelementen überbrückten sie auf 465 Metern in 107 Metern Höhe die Wupper. **Eine Meisterleistung**, denn eine höhere Eisenbahnbrücke gibt es in Deutschland bis heute nicht.

Früher kannten nur Eisenbahnhistoriker und -interessierte dieses Bauwerk. Inzwischen muss das Auto meist schon auf den Parkplätzen entlang der Bundesstraße 229 abgestellt werden, um danach entlang der Wupper zur Brücke zu gehen. Die Briefmarke und das Jubiläum machten sie populär. Zudem wurde zur Regionale 2006 der **Müngstener Brückenpark** ausgewiesen, wo Events stattfinden und jedes Jahr im Oktober ein Brückenfest gefeiert wird.

Eisenbahnbrücken altern. Deshalb müssen heute beachtliche Mittel investiert werden, damit die über 115 Jahre alte, zweigleisige Brücke befahrbar bleibt. Für den Güterverkehr ist sie ohnehin schon seit langem gesperrt, und Personenzüge dürfen sie nur befahren, wenn sie unter einem bestimmten Gesamtgewicht bleiben. Eine **Komplettsanierung bis 2016** ist beschlossen, dafür wird die Brücke zwischendurch längere Zeit gesperrt, weil Teile ausgetauscht werden müssen. Die dafür notwendigen statischen Berechnungen sind mindestens genauso kompliziert wie die Rechenwerke, die Anton von Rieppel zur Kaiserzeit erarbeitet hat. Aber über zwei Dinge sind sich alle Verantwortlichen einig: Erstens darf die Müngstener Brücke auf keinen Fall ein nutzloses Baudenkmal werden, zweitens muss die Verbindung über die Wupper zwischen westlichem und östlichem Bergischen Land erhalten bleiben.

Strecke: 35 Kilometer von Wuppertal-Oberbarmen nach Solingen Hbf (42 Kilometer ab Wuppertal Hbf) **Information:** Die Regionalbahn 47, genannt „Der Müngstener", fährt wegen der Sanierungsarbeiten derzeit nicht von Wuppertal über die Müngstener Brücke nach Solingen, es muss in Remscheid Hbf in den Schienenersatzverkehr umgestiegen werden (voraus. bis Mitte 2014). Es gilt Preisstufe B des Verkehrsverbundes Rhein-Ruhr (VRR), Erw. 5,10 €, Kinder 1,50 €. www.vrr.de.

INFO

7 Start an der Brücke der Liebesschlösser: von Köln über Aachen nach Belgien/Frankreich

Die Strecke von Köln nach Aachen ist deutlich älter als der Kölner Hauptbahnhof selbst. 1841 fuhr hier schon die erste Bahn, damals gab es in Deutschland erst sechs Bahnlinien. Bald gingen vier weitere Bahngesellschaften mit ihren Strecken und eigenen Bahnhöfen in Betrieb, der Bau eines Großbahnhofes war jetzt eine Notwendigkeit. Und der sollte kein nüchterner Zweckbau werden, sondern ein Prunkstück. Er musste, darauf bestand die preußische Obrigkeit, im Schatten des Doms gebaut werden, sozusagen als „Kathedrale des Fortschritts". Das war durchaus ein politisches Statement: Das Königreich wollte dem Klerus zeigen, wer Herr im Staate Preußen war. 1859 hielten dann die ersten Eisenbahnzüge im neuen **Centralbahnhof** und fuhren über die gleichzeitig eröffnete **Dombrücke**. Der Bahnhof stieß schon bald an seine Kapazitätsgrenzen, es musste ein größerer Bau her.

Motoren aus Köln-Deutz

Vor dem Bahnhof Köln Messe/Deutz steht ein Denkmal, das einen der ersten Otto-Motoren darstellt. Diese Motorenart arbeitet heute noch in Autos und wurde hier in Köln-Deutz von Nicolaus August Otto unter Mitwirkung von Eugen Langen, dem Vater der Wuppertaler Schwebebahn (s. S. 20), erfunden.

Der neue **Hauptbahnhof** sollte, so wünschte man es sich Berlin, „grandios" werden. Neueste Bautechniken waren dafür gerade gut genug. Das Ergebnis war 1894 fertig: Eine Halle von 255 Metern Länge, 64 Metern Breite und mit einer Scheitelhöhe von 24 Metern – Ausmaße, wie es sie in Deutschland kein zweites Mal gab. Die Bogenträger aus Stahl halten Eisenrahmen mit Glas. Solche Glaspaläste gab es sonst nur in England, wo diese Technik beim „Crystal Palace" zur Weltausstellung 1851 in London erstmals angewandt wurde. An der Themse stand auch eine noch größere Bahnhofsbogenhalle, die der St. Pancras Station, 74 Meter breit.

Die Dombrücke wurde 1911 durch die **Hohenzollernbrücke** ersetzt. Sie führt wie ihre Vorgängerin genau in der Verlängerung der Längsachse des Kölner Doms über den Strom, dies hatte ursprünglich der König von Preußen höchstselbst bestimmt. Heute lohnt sich der Spaziergang auf dem Fußgängerweg an der südlichen Seite der Hohenzollernbrücke nicht nur wegen des Ausblicks auf das grandiose Stadtpanorama, sondern auch, weil sich hier zeigt, wie subtil das Königreich achsengenau die hohe Geistlichkeit zu ärgern verstand.

Aber nicht nur wegen des Panoramas gehen sowohl Touristen als auch Einheimische über die Brücke. Liebespaare hängen **Vorhängeschlösser** mit ihren eingravierten Namen und den Kennenlern- oder Hochzeitsdaten in das Gitter, das die Bahngleise vom Fußgängerweg trennt. Danach werfen sie die Schlüssel als Schwur für die Ewigkeit in den Fluss. Inzwischen sind es so viele Schlösser, dass an vielen Stellen nichts mehr vom Gitter zu sehen ist und sich manch einer schon Sorgen um die Statik der Brücke machte.

Für Eisenbahnfans ist die Fahrt vom rechtsrheinischen Bahnhof „Köln Messe/Deutz" zum linksrheinischen Hauptbahnhof Pflicht. Und das nicht nur, weil die Hohenzollernbrücke die **meistbefahrene Eisenbahnbrücke Deutschlands** ist, sondern auch die beidseitige Aussicht auf den Rhein lohnt die Kurzstreckenkarte. Wer sich für mehr als

Die Schlösser an der Hohenzollernbrücke, im Hintergrund der Dom

die Eisenbahn interessiert, sollte die Standbilder an den Brückenrampen beachten, sie zeigen die vier Preußenkönige und -kaiser hoch zu Ross.

Die Fahrt **von Köln nach Aachen** lohnt sich nicht nur wegen eines Besuches der Stadt Karls des Großen. Die Bahnstrecke war einst eine der meistbefahrenen überhaupt, und mit die erste, die zweigleisig ausgebaut wurde. Die größten Probleme mussten die Eisenbahnbauer des 19. Jahrhunderts bei der An- und später bei der Durchfahrt Aachens lösen. Sie bauten Galerien, auf denen die Schienen durch die hügelige Stadt gelegt werden konnten. Nachdem die Strecke bis Antwerpen verlängert wurde, war sie sogar die allererste internationale Bahn. Einst fuhren darauf sogar Züge von Moskau nach Paris. Inzwischen verkehren hier hauptsächlich Regionalbahnen, außerdem der Schnellzug Thalys nach **Paris Gare du Nord** und einige ICE-Züge nach **Brüssel**.

Der Abschnitt von Aachen über die Berge nach **Lüttich** (Bahnhof „Liège-Guillemins", der 2009 eingeweiht wurde und wegen seiner Architektur einen Zwischenstopp lohnt) ist eine der schönsten Strecken in Belgien. Um sie zu sehen, muss mit einem Regionalzug gefahren werden. Die ICE- und Thalys-Züge fahren auf einer anderen, langweiligeren Trasse. Der alte Aachener Buschtunnel (Eröffnung 1843) war bis zu seiner Stilllegung Deutschlands ältester noch befahrener Tunnel. Er führt unter dem Aachener Wald hindurch in Richtung Belgien. Man sieht sein Südportal am besten vom Entenpfuhler Weg aus.

Strecke: 70 Kilometer von Köln nach Aachen
Information: Die Fahrt mit einem Regionalexpress von Köln Hbf oder -Messe/Deutz dauert ca. 1 Std. Wegen Verbundwechsel greift hier der NRW-Tarif, z.B. mit dem „SchöneFahrtTicket NRW" (2 Std. in eine Richtung), Erw. 17,80 €, Kinder 6–14 J. 8,90 €. Alternative ist das „SchönerTagTicketNRW" für 5 Pers. zu 41 €. www.busse-und-bahnen. nrw.de.
Der Thalys von Köln über Lüttich nach Paris verkehrt fünf Mal täglich. Die günstigen Tickets (ab 30 € 2 Pers./1 Strecke) müssen frühzeitig gebucht werden. www.thalys.com. ICE-Buchungen nach Lüttich oder Brüssel über www.bahn.de.

INFO

⑧ Mit Tempo 300 entlang der A 3: die Schnellstrecke von Köln nach Frankfurt am Main

Mit Sicherheit wird die Schnellstrecke Köln–Frankfurt **keinen Schönheitspreis** gewinnen. Die Hügel und Berge am Südrand von Nordrhein-Westfalen und im Hinterhof von Hessen und Rheinland-Pfalz lenkten schon die Autofahrer auf der Autobahn 3 kaum vom Fahren ab. Zwar haben die Landschaften von Westerwald und Taunus durchaus ihren Reiz, doch atemberaubende Ausblicke oder denkmalgeschützte Bahnhöfe sucht man an der Strecke vergebens. Dazu kommt, dass die Außenwelt bei einer Höchstgeschwindigkeit von 300 km/h nur verschwommen zu erkennen ist.

Die Züge fahren erst **seit 2002** auf dieser Strecke, die dennoch als „historische Bahn" anzusehen ist. Für den Bau der Autobahnen, damals noch „Kraftwagenstraßen" genannt, war in den 1930er-Jahren die Deutsche Reichsbahn verantwortlich. Die Eisenbahner konnten ihre Erfahrung nutzen, die sie beim Ausbau des deutschen Schienennetzes gesammelt hatten. Bei beiden Zwecken ging es darum, über viele Kilometer Stück für Stück Gelände zu kaufen, um darauf eine Autobahn zu bauen oder Schienen zu verlegen. Als die Autobahn 3 projektiert und die Grundstücke dafür gekauft wurden, sicherte sich die Reichsbahn einen Geländestreifen von Köln nach Frankfurt für eine spätere Schnellbahn. Dass das Projekt erst Jahrzehnte später verwirklicht wurde, hängt mit dem Zweiten Weltkrieg und den Nachkriegsjahren zusammen, als andere Projekte wichtiger waren.

Die Lage der Autobahn mal rechts und mal links der Hochgeschwindigkeitsstrecke macht die Fahrt mit dem ICE 3 zu einem Erlebnis. Wenn die Züge südlich von Siegburg und nördlich des Mains entlang der A 3 ihre Spitzengeschwindigkeit erreichen, kleben die Reisenden an den Fenstern. Bei Tempo 300 wirkt es so, als würde selbst der bestmotorisierte Porsche gerade einmal Schneckentempo schaffen. Das **Gefühl der tech-**

Zwei ICE 3 (Baureihe 403) bei einer Parallelfahrt am Eröffnungstag der Strecke

nischen Überlegenheit können die Fahrgäste im Zug nicht lange auskosten, denn es bleiben jeweils nur ein paar Sekunden, um mit schnellem Blick zu entscheiden, ob der Verkehr auf der Autobahn flüssig läuft oder ob es gerade einen Stau gibt.

Die Schnellstrecke fasziniert auch, weil sie spielend Steigungen schafft, an denen frühere Züge scheiterten. Der **ICE 3** ist leichter gebaut und mit starken Motoren an den Achsen ausgestattet. Das Prinzip stammt von den Straßenbahnen, die schon immer so durch ihre Städte fuhren. Die Unterflurmotoren der Reihe lassen ihn mit hoher Geschwindigkeit Steigungen bis zu 4 Prozent schaffen. 18 Talbrücken und 30 Tunnel sorgen zudem dafür, dass die Steigungsgrenzen eingehalten wurden, aber auf Schleifen verzichtet werden konnte.

Die technische Eleganz der **Brückenbauwerke** bleibt dem Bahnreisenden leider verborgen, man rast darüber hinweg. Nur ein etwa 12 Sekunden andauerndes, leicht verändertes Fahrgeräusch verrät, dass der Express gerade über die abschüssige Hallerbachtalbrücke bei Neustadt (Wied) braust – mit 992 Metern die längste Brücke zwischen Köln und Frankfurt.

Mancherorts schaut man 25 Meter tief auf die Autobahn hinab. Besonders stolz sind die Brückenkonstrukteure auf die Lahntalbrücke, nicht zu verwechseln mit der gleichnamigen Autobahnbrücke. Bei dem 116 Meter weiten Brückenbogen wurden auf schwierigem Untergrund modernste Bautechniken eingesetzt. Wer einen Eindruck davon bekommen möchte, erhascht mit etwas Glück einen Blick auf die langen Schatten, die diese Brücke am frühen Morgen oder späten Nachmittag ins Lahntal wirft.

Das Licht geht im ICE 3 nie aus, denn **ein Streckendrittel ist untertunnelt**. Nicht überall sind Berge der Grund dafür: Das berühmte Kölner Gestüt Schloss Röttgen wird unterfahren, damit die edlen Rennpferde nicht durch die Zuggeräusche gestört werden. Auf der Siegaue steht ein Kirchlein, tief unter ihm rasen die Bahnen durch den 2,5 Kilometer langen Siegauentunnel. Und gut, dass man nicht sieht, was sich über dem 1.555 Meter langen Fernthaltunnel bei Neustadt (Wied) aufgetürmt wurde – hier taucht der ICE unter einer riesigen Mülldeponie hinweg. Wenn es draußen auf 4,5 Kilometern dunkel wird, ist auch schon der Schulwaldtunnel bei Wiesbaden erreicht.

Der „Endbahnhof" der Schnellstrecke ist der Fernbahnhof des Frankfurter Flughafens. Für viele Fahrgäste stellt er erst den Anfang einer großen Reise dar, was man an den großen Koffern und den Kofferanhängern mit exotischen Zielen erkennt. Der Fernbahnhof war zur Zeit seiner Fertigstellung der einzige Bahnhof der Deutschen Bahn, der ausschließlich im Fernverkehr bedient wurde. Heute gibt es noch einen zweiten, nämlich Limburg Süd, der ebenfalls an dieser außergewöhnlichen Strecke liegt.

Strecke: 169 Kilometer zwischen den Bahnhöfen „Köln Messe/Deutz" und „Frankfurt am Main Flughafen Fernbahnhof"
Information: Die schnellste Verbindung überwindet die Strecke derzeit in 49 Minuten. Je nach ICE-Linie überquert man nach dem Halt am Flughafen den Main und fährt auf die Skyline der Finanzmetropole zu, um im Kopf des Frankfurter Hauptbahnhofes zu halten, oder es geht weiter gen Süden. Ab Nürnberg Anschluss an die Schnellstrecke über Ingolstadt nach München, die 2006 eingeweiht wurde. www.bahn.de.

INFO

9 Weltkulturerbe Oberes Mittelrheintal: von Koblenz nach Mainz/Wiesbaden und zurück

Seit dem 27. Juni 2002 stehen beide Seiten des Rheintals von Koblenz bis auf der Höhe von Bingen (linksrheinisch) und Rüdesheim (rechtsrheinisch) als „Kulturlandschaft Oberes Mittelrheintal" auf der Liste des UNESCO-Welterbes. **36 Burgen hintereinander** auf einer Strecke von nur 90 Kilometern verteilt, alle 2,5 Kilometer eine. Dazu ein tiefes Tal, das der Rhein im Laufe der Jahrmillionen mitten durch das Gebirge gegraben hat. Malerische Dörfer und Städte in dichter Folge. Dazu alles, was durchziehende Völker, Soldaten oder Händler hier seit dem Altertum an Kultur zurückgelassen haben. Das alles müsste doch für eine Bewerbung um den Titel „Weltkulturerbe" reichen, dachte sich die Landesregierung von Rheinland-Pfalz. Und die Aufzählung überzeugte!

Meistfotografiert: die Pfalz bei Kaub

Die Ehrung ist völlig verdient. Dies ist eine der schönsten Landschaften Deutschlands mit einer überreichlichen Zahl an Denkmälern. Zum Kulturerbe gehört etwa die Festung Ehrenbreitstein nahe Koblenz, gegenüber der Mündung der Mosel in den Rhein. Die Marksburg bei Braubach, Burg Rheinfels bei St. Goar und Burg Stahleck über Bacharach (heute eine Jugendherberge) gehören ebenfalls zu den wichtigsten Sehenswürdigkeiten im Rheintal. **Die meistfotografierte aller Burgen** entlang des Stroms ist die Burg Pfalzgrafenstein bei Kaub, die auch als „Pfalz bei Kaub" bekannt ist. Diese über 700 Jahre alte Inselburg mitten im Rhein war nie Wohnsitz einer Adelsfamilie wie die übrigen Burgen. Sie diente einem profaneren Zweck und war nichts anderes als eine sehr wehrhafte Zollstation, von der aus bis 1867 Zöllner von den vorbeifahrenden Rheinschiffen Wegzölle erhoben. Dem gleichen Zweck diente der Mäuseturm auf der Rheininsel zwischen Bingen und Rüdesheim, der zum Zollsystem der Burg Ehrenfels am südlichen Beginn des Mittelrheins gehörte.

Am und auf dem Rhein konnten hohe Abgaben erhoben werden, dieses Tal war das **Nadelöhr im Nord-Süd-Verkehr**. Genauso wie die Städte in Süddeutschland darauf angewiesen waren, dass die Rheinschiffe sie mit Waren von der See belieferten, brauchten die holländischen Schiffbauer an der Rheinmündung die Baumstämme aus dem Schwarzwald, die ihnen die Flößer brachten. Deren Flöße waren manchmal bis zu einem halben Kilometer lang. Ohnehin war auch der Rheinwein ein begehrtes Handelsgut.

Als ab Anfang des 19. Jahrhunderts die ersten Dampfschiffe den Rhein befuhren, kamen auch Touristen, um das tief ins Rheinische Schiefergebirge eingeschnittene Flusstal vom Schiff aus zu erleben, und auch, um den Wein von den Hängen beidseits des Flusses zu genießen. Die Rheintouren waren bei den Briten bald so beliebt, dass Thomas Cook, der Erfinder des Pauschaltourismus, sein erstes Büro außerhalb von England am Rhein einrichtete.

Als in der zweiten Hälfte des 19. Jahrhunderts die Nord-Süd-Fernbahnen gebaut werden sollten, kamen dafür nur **Trassen entlang des Rheins** in Frage. Hier waren die Steigungen für die Lokomotiven erträglich und die Schienen konnten direkt am Fluss verlegt werden, dazu hochwassersichere Dämme zu mauern war kein Problem. Wo Felsen der Bahn im Wege standen, entschied man sich für Tunnel, weil der Platz nicht überall ausreichte, um die Hindernisse zu umfahren.

Zuerst wurde die linksrheinische Bahn von Köln über Bonn und Koblenz nach Mainz gebaut, ein paar Jahre später folgte die rechtsrheinische Bahn. Links fuhren von da an die Schnellzüge, die rechte Rheinseite wurde zur Güterzugstrecke. Hier wie da aber werden Regional-Express-Züge und Regionalbahnen eingesetzt und bieten sich für **Mittelrhein-Rundfahrten** geradezu an.

Ein Güterzug auf der rechten Rheinstrecke vor Burg Maus zwischen St. Goarshausen und Kestert

Strecke: 91 Kilometer von Koblenz nach Mainz (linke Rheinstrecke), 94 Kilometer von Wiesbaden nach Koblenz (rechte Rheinstrecke) **Information**: Ein Regional-Express der Deutschen Bahn von Koblenz Hbf nach Mainz Hbf dauert etwas über 1 Std. In Mainz kann man eine Regionalbahn nach Wiesbaden Hbf nehmen (ca. 15 Minuten), die Städte liegen sich am Rhein direkt gegenüber. In Wiesbaden Umstieg in eine VIAS-Bahn der „RheingauLinie" zurück nach Koblenz, die Fahrt dauert ca. 1,5 Std. Mit Wartezeiten ist man also rund 3 Std. unterwegs.

www.bahn.de; www.vias-online.de. Das „Rheinland-Pfalz-Ticket" erlaubt diese Rundfahrten für Einzelreisende, Paare und Gruppen bis zu 5 Pers. in der Preisspanne 22–38 €, eigene Kinder/Enkel im Alter von 6–14 J. fahren gratis mit. Das Ticket kann online gekauft werden: www. bahn.de/regional/view/index.shtml. Darüber hinaus gibt es die Möglichkeit, Kombi-Tickets für Schiff und Bahn zu erstehen. Die Aussicht vom Deck der Rheinschiffe ist grandios, von hier aus sieht man das beidseitige Panorama.

INFO

⑩ Der „Harzbulle" ist ein Gipfelstürmer: von Wernigerode auf den Brocken

Wo genau der „Harzbulle" zu Hause ist, weiß im Harz jeder. Dampflokomotive Nummer 99.7222, Baujahr 1930, ist stärker als jede andere Dampflokomotive Sachsen-Anhalts. Wenn sie nicht gerade auf den Brocken hinauf fährt, wartet sie seitlich des Bahnhofs Wernigerode auf dem dortigen Betriebsgelände der **Harzer Schmalspurbahnen** (HSB) auf ihren Einsatz. Wernigerode ist so etwas wie der Hauptbahnhof des HSB-Schienennetzes mit seinen 140 Schienenkilometern. Auf die drei Strecken (s. Info) ist die Bahngesellschaft stolz, entsprechend wird geworben: „Wir sind die Größten unter den Kleinen."

Einfach einsteigen und starten, so wie es die Lokführer bei Dieselloks gewöhnt sind, funktioniert im Dampfbetrieb nicht. Stunden bevor eine Dampflok losfahren kann, muss ein Feuer unter dem Kessel brennen. Damit man die unter Dampf stehenden Kolosse vor der Übernahme eines Zuges in Wernigerode **gut sehen und fotografieren** kann, hat die HSB am Bahnausbesserungswerk Podeste aufgebaut. Links hat man einen Blick auf die abfahrbereiten Züge, rechts auf die geparkten Lokomotiven. Im Harz fahren mit insgesamt 10 Dampfloks mehr als in anderen Regionen, und sie kommen alle regelmäßig zur Wartung hierher.

Die **Brockenbahn** hat der Dreiseenbahn im Südschwarzwald (s. S. 38) einen Rekord streitig gemacht: Bis zur Wiedervereinigung war die dortige, 967 Meter hoch gelegene Bahnstation „Feldberg-Bärental" der höchste Bahnhof der Bundesrepublik Deutschland. Zum Brocken hinauf müssen die Züge aber noch 158 Meter mehr schaffen, um die Höhe von 1.125 Metern zu erreichen. Das war schon Reichsbahnrekord und ist jetzt wieder bundesdeutscher Rekord. Doch so leicht geben die Schwarzwälder und die Deutsche Bahn nicht auf: Sie feiern ihren Haltepunkt in Bärental nun als „höchstgelege-

Endstation Brocken. Deutschlands höchster Bahnhof und ziemlich schneesicher

nen Bahnhof entlang einer Normalspurstrecke", denn im Harz sind die Bahnen auf der Meterspur unterwegs.

Die Fahrt auf den Brocken ist für die Schmalspurbahn eine Herausforderung. Um die 891 Höhenmeter zwischen Wernigerode und dem Brockenbahnhof zu überwinden, müssen die Loks hart arbeiten. Nur zwischen Wernigerode und dem Stadtteil Hasserode (hier wird das „Hasseröder Bier" gebraut) geht es geradeaus, danach folgt Kehre auf Kehre. An der Station **Drei Annen Hohne** wartet die Brockenbahn nicht nur darauf, dass der Gegenzug die Strecke frei macht, sondern auch auf die Umsteiger der Harzquerbahn, die aus Richtung Nordhausen im Südharz anreisen.

Die Fahrt geht weiter zum Bahnhof „Schierke", oberhalb davon fährt die Brockenbahn auf einer Steilstrecke durch die dichten Wälder des Nationalparks Harz (s. Info). Zu dieser Zeit hat die Bahnangestellte im Bistrowagen hinten im Zug schon alle Hände voll zu tun. **Auf dem Brocken** ist es deutlich kälter als unten im Tal, da kommt ein Heißgetränk gerade recht. Auf dem letzten Abschnitt gelingen auch die besten Fotos, denn die Brockenbahn fährt auf einem spiralig angelegten Schienenweg zum Brockenbahnhof.

Dass es die Harzer Schmalspurbahnen im Jahr 2012 auf ein Sonderpostwertzeichen (45 Cent) der Deutschen Post geschafft haben, ist verdient – schließlich konnte nur einmal **125-jähriges Jubiläum** gefeiert werden.

Halberstadt-Blankenburger Eisenbahn

Drei Annen Hohne, der Umsteigebahnhof mitten im Wald, war früher noch wichtiger. Hier endete von 1870–1949 die Trasse der H.B.E., die heute zu einem Wanderweg geworden ist.

Eine Doppelausfahrt an der Eisfelder Talmühle

Die „Stasi-Moschee"

So wird das Gebäude der ehemaligen Abhörstation der DDR-Staatsicherheit auf dem Brocken genannt, weil seine Form dem eines islamischen Bethauses ähnelt. Die Kuppel wurde von Kulissenbauern der Filmgesellschaft DEFA in Potsdam-Babelsberg gebaut. Sie beherrschten die Kunst, aus glasfaserverstärktem Polyesterharz fantastische Gebilde zu schaffen. Genau das wurde beim Bau von Radartürmen und Abhörstationen im Kalten Krieg gebraucht, denn Metallverschraubungen hätten die empfindlichen Empfänger gestört.

⑪ Zum Dampflokwerk Meiningen: ab Eisenach an der Werra entlang

Dass an der Bahnlinie 6311 auf Höhe Meiningen im Eisenbahnatlas der Deutschen Bahn ein roter Stern gesetzt wurde, ist völlig berechtigt. Hier ist der außergewöhnlichste Betrieb der Deutsche Bahn AG zu Hause, das Dampflokwerk Meiningen. Es ist nicht nur das einzige, das sich auf die Instandsetzung und den Neubau von Dampflokomotiven versteht, das Werk ist auch der Arbeitsplatz der **Bahn-Fachleute für Spezielles**. Egal ob Schneefräsen, rollende Eisenbahnkräne oder sonstiges schweres Gerät, das auf Schienen fährt – dies alles kann in Meiningen gewartet, repariert und auf Wunsch von Grund auf neu gebaut werden.

Meiningen hat mehr zu bieten ...

... als dampfende und zischende Lokomotiven. Dieses Städtchen sieht vielerorts noch so aus, als sei die Zeit vor 100 Jahren stehen geblieben. Weil dazu die Übernachtungspreise recht niedrig sind, können auch weitere Bahnausflüge von hier aus geplant werden, etwa auf der Strecke hinüber nach Suhl und Oberhof. www.meiningen.de.

Als für die Bäderbahn „Molli" an der Ostsee eine neue Dampflok gebraucht wurde (s. S. 12), holten die Meininger Ingenieure **80 Jahre alte Konstruktionszeichnungen** aus dem Archiv und fingen mit der Arbeit an. Inzwischen dampft Neubau 99.2324 im Liniendienst zwischen Bad Doberan und Kühlungsborn West hin und zurück. Dieser Auftrag war für die 121 Dampfschlosser, Schweißer, Kesselschmiede, Konstrukteure und Ingenieure hier mitten im Thüringer Wald keine besondere Herausforderung, denn die Tenderlok ist mit ihren 11 Metern Länge und 44 Tonnen Gewicht „nur" eine mittelgroße Dampflokomotive. „Wir beschäftigen uns mit allem, was in Europa mit Dampf fährt", beschreibt Werkslei-

Besuchertag in Meiningen

ter Jürgen Eichhorn das Arbeitsfeld seiner Meininger Dampflokfabrik. „Wir renovieren Loks mit bis zu 25 Metern Länge und 180 Tonnen oder mehr Gewicht, sodass sie wieder wie neu sind."

Weit über Europa hinaus wird die **Thüringer Wertarbeit** geschätzt. Ein 25 Tonnen schwerer Großkessel, 9 Meter lang und aus 2.500 Einzelteilen zusammengesetzt, wurde für eine australische Pazifiklok neu gebaut. Alle anderen Teile der Lok kamen aus Asien und wurden in Australien zusammengesetzt. Die Auftraggeber setzten beim Kessel aber auf Sicherheit: „So ein Kessel muss enormen Dampfdruck aushalten. Um so etwas zu bauen, braucht man erfahrene Spezialisten wie uns!"

Die Meininger hüten zudem einen besonderen Schatz: „Wir haben etwa 20.000 Konstruktionszeichnungen von Loks unterschiedlichster Typen und Hersteller archiviert".

Die Fahrt **von Eisenach nach Meiningen** auf einer Strecke, die ab Bad Salzach der Werra folgt, ist zwar schön, aber nicht spektakulär. In Fahrtrichtung links beginnt der Thüringer Wald, rechts davon folgen die Vorderrhön und die Kuppenrhön aufeinander. Das erkennt aber nur, wer mit der Landkarte auf dem Schoß in einem der Dieseltriebwagen der Süd-Thüringen-Bahn sitzt. Alle anderen können ausgedehnte Laubwälder, meist Buchen, bestaunen.

Der Ausflug lohnt am meisten am ersten September-Wochenende des Jahres, wenn die **Meininger Dampfloktage** gefeiert werden. Außer den Loks, die ohnehin in Arbeit sind, kann man alles besichtigen, was zu diesem Datum nach Meiningen gedampft ist. Mit etwas Glück etwa werden Fahrten mit einer Lok der Baureihe 18.201 angeboten. Diese 25 Meter lange Dampfschönheit ist ein technisches Meisterwerk und steht mit Recht auf der Liste der Kulturdenkmäler Sachsen-Anhalts. Sie war der Stolz der DDR-Reichsbahn und diente ab 1961 vor allem dem Zweck, die guten Fahreigenschaften der staatlichen Eisenbahnwagen zu demonstrieren. Für die Kunden aus dem Ausland mussten damals Probefahrten organisiert werden. Zudem fuhr die repräsentative Dampflok schneller als jede andere: 182,5 Kilometer pro Stunde – Rekord!

Strecke: 61 Kilometer von Eisenach nach Meiningen
Information: Die Fahrt mit der Linie STB 1 der Süd-Thüringen-Bahn dauert ca. 1 Std. Das „Länder-Ticket Thüringen" für 5 Pers. (max. 2 Erw. mit eigenen Kindern/Enkeln zwischen 6 und 14 J.) kostet für einen Tag 22 € und 3 € für jeden Mitfahrer, es gilt auch in Sachsen und Sachsen-Anhalt. Es kann auch online gekauft werden: www.bahn.de/regional/view/index.shtml.
Nicht nur an den Dampfloktagen (s.o.) kann man das Dampflokwerk besichtigen, von 1. April bis 30. September – außer in den Werksferien – ist dies jeden Samstag um 10 Uhr ohne Anmeldung möglich (in den anderen Monaten jeden 1. und 3. Samstag im Monat). Die Führung dauert ca. 90 Minuten, Eintritt 5 €, 10 € während der Arbeitszeit.
Das Werk ist vom Bahnhof Meiningen nicht weit entfernt, man sieht es beim Vorbeifahren schon von der Bahn aus. Es stammt noch aus der Zeit, als hier Loks in großen Serien gebaut wurden und ist entsprechend groß – auch weil es zu DDR-Zeiten viele Loks zu reparieren gab. Dampflokwerk Meiningen, Am Flutgraben 2, 98617 Meiningen, Tel. 03693-851602, www.dampflokwerk.de.

INFO

⑫ Auf 81 Ziegelsteinbögen über die Göltzsch: von Leipzig nach Hof

Deutsche Eisenbahnbauer hatten um die Mitte und in der zweiten Hälfte des 19. Jahrhunderts gut zu tun, die Sachsen entwickelten dabei einen besonderen Ehrgeiz. Das Königreich plante, jeden Ort mit nennenswerter Industrie oder Bergbau an das Eisenbahnnetz anzuschließen – eine **bahntechnische Mammutaufgabe**. Sachsen ist bergig, so müssen die Bahnen entweder den Flüssen folgen, durch Tunnel fahren oder auf Serpentinen und Viadukten große Steigungen überwinden. Hier konnten sich die Sachsen auf ihre Fabriken verlassen, ihre Lokomotivbauer lieferten starke Maschinen. Die Hartmann-Lokomotiven aus Chemnitz galten als besonders robust und waren ein Exportschlager, sie wurden bis in den Orient verkauft.

Die **sächsische Eisenbahnbegeisterung** scheint auch 150 Jahre nach dem Bau der wichtigsten Strecken ungebrochen zu sein. Zudem fahren in keinem anderen deutschen Bundesland dank tatkräftiger Fördervereine so viele Museumsbahnen. Nur, nicht immer

Die Göltzschtalbrücke im schönen Vogtland

zeigt sich die Schönheit allein vom Zug aus. Sachsen ist ein Eisenbahnland, das per Auto – oder auf manchen Strecken vom Bus aus – erobert werden muss. Wer die berühmteste Ziegelsteinbrücke der Welt sehen will, reist ohnehin am besten im Pkw an.

Täler quer zur Fahrtrichtung waren und sind für Eisenbahnbauer immer eine Herausforderung, besonders wenn die Taleinschnitte so tief sind wie im Göltzschtal. Für den Schienenweg von Leipzig über Plauen nach Hof und weiter Richtung Nürnberg mussten die Eisenbahningenieure einen Weg finden, dieses Tal zu überwinden. Man entschied sich für den schnurgeraden Weg über den Fluss zwischen den Städten Mylau auf der einen und Netzschkau auf der anderen Talseite.

Verschiedene Möglichkeiten des Brückenbaus wurden diskutiert. Weil die Sächsisch-Bayerische Eisenbahn-Compagnie selbst keine überzeugende Lösung für ihr Brückenproblem fand, lobte sie in Zeitschriftenanzeigen ein Preisgeld von 1.000 Talern für den besten Vorschlag aus – damals ein hübsches Sümmchen. Das war nicht nur Eigenwerbung, sondern sollte auch Kosten sparen helfen, was auch funktionierte. Der Bau-Professor und Brückenspezialist Johann Andreas Schubert bestätigte später, dass die eingesandten Anregungen ihm bei der Planung geholfen hätten. Er selbst bekam schlussendlich den Auftrag für die **Göltzschtalbrücke**, weil er schon das 1842 fertiggestellte, 172 Meter lange Leubnitzer Viadukt auf der Strecke zwischen Leipzig und Altenburg gebaut hatte.

Schubert entschied sich für ein eher ungewöhnliches Material für ein solch großes Bauprojekt: Lehm. Den gab und gibt es in Sachsen überreichlich, ebenso Ziegeleien. Wie schon das Leubnitzer Viadukt sollte auch die Göltzschtalbrücke Stein auf Stein gebaut werden. Ein überaus kühnes und ehrgeiziges Vorhaben, denn hier sollte die damals höchste Eisenbahnbrücke überhaupt entstehen: Ein Viadukt mit vier Etagen, bestehend aus 81 Ziegelsteinbogen, 574 Meter lang, 78 Meter hoch und komplett aus Backsteinen gebaut – die paar Granitblöcke für besonders beanspruchte Brückenteile zählen angesichts von Millionen Ziegelsteinen nicht. Das alles war zur Zeit der Grundsteinlegung 1846 einmalig. Heute gibt es weitaus höhere Eisenbahnbrücken, aber den Rekord als **welthöchste Ziegelsteinbrücke** hält das 1851 vollendete Bauwerk noch immer.

Nach der alten Methode „viel trägt viel" zu bauen, schied für ein solch gewaltiges Backsteinbauwerk aus. Die Planer mussten definitiv wissen, wie schwer die Brucke werden würde, welche Belastungen auf die vielen Brückenbogen verteilt werden mussten und mit welcher Tragkraft zu rechnen war. Es wurden deshalb umfangreiche **statische Berechnungen** durchgeführt, was damals ein Novum im Brückenbau war. Es ging auch darum, nicht mehr Baumaterial zu verwenden als nötig, die Sächsisch-Bayerische Eisenbahn-Compagnie war knapp bei Kasse. Auch das trug zum Ruhm der Brücke bei. Die Rechenmethoden, die für diesen Bau entwickelt worden waren, wurden danach für alle Brückenbauvorhaben Pflicht.

Elstertalbrücke – die kleine Schwester

Als wäre ein Eisenbahnbrucken-Rekord auf der Strecke Leipzig–Hof nicht genug, ist hier im Vogtland noch die weltweit **zweithöchste Ziegelsteinbrücke** zu sehen. Die Elstertalbrücke liegt weiter südlich bei Jocketa, ist ca. 9 Meter kleiner als ihre große Schwester im Göltzschtal und wurde ebenfalls 1851 vollendet. Auch sie ist nicht mit einer gleichnamigen Brücke über die Autobahn 72 zu verwechseln (s. Info).

Strecke: Die Kursbuchtrecke 530 Leipzig–Hof ist ca. 165 Kilometer lang, kann aber heute nicht mehr durchgängig befahren werden (Umstieg in Zwickau). Heute ist der Abschnitt, an dem die Göltzschtalbrücke liegt, auch Teil der ca. 390 Kilometer langen „Sachsen-Franken-Magistrale" von Dresden nach Nürnberg.
Information: Anfahrt mit dem Auto über die A 72, Ausfahrt „Reichenbach im Vogtland". Die gleichnamige Autobahnbrücke ist dabei nicht mit der Göltzschtalbrücke zu verwechseln. Vom Reichenbacher Bahnhof fährt der Bus V 81 samstags die Haltestelle „Netzschkau Göltzschtalbrücke" an (Fahrt ca. 20 Min.), Auskünfte beim Verkehrsverbund Vogtland: www.vogtlandauskunft.de.
Tipp: Im Sommer werden vom Tal aus Fesselballonfahrten angeboten (www.vogtland-ballon.info). Allerdings stand der Ballon Anfang 2014 vor dem Aus.
Ob die Ballons aufsteigen können, hängt vom Wetter ab.

INFO

⓭ Mehr Tunnel auf kurzer Strecke gibt es nicht: die Schwarzwaldbahn

Licht an! Selbst wenn strahlend die Sonne scheint, bleibt in der Schwarzwaldbahn die Beleuchtung eingeschaltet. Hier folgen so viele Tunnel aufeinander, dass es sich kaum lohnen würde, das Licht ständig an- und auszuknipsen. „Mehr Tunnel auf kurzer Strecke als bei uns gibt es nicht. Wir halten den Bahnrekord", sagt der Schaffner.

Auf den Wiesen unterhalb der Bahntrasse grasen rotbunte Kühe, man schaut genauer hin. Doch dann verschwindet der Zug hinter Hornberg im Glasträgertunnel I, 23 Meter lang. Hohe Schwarzwaldtannen säumen den Schienenweg – aber nur kurz, der Glasträgertunnel II, 43 Meter lang, folgt unmittelbar auf den ersten. Der Glasträgertunnel III ist dann nur 18 Meter lang. Und so geht es **Tunnel um Tunnel** weiter. Von der Schwarzwaldbahn aus erleben die Bahnreisenden den Schwarzwald mit Schwarzblenden zwischen hinreißenden Landschaftsbildern.

Mit der Planung für diese spektakuläre Bahnlinie wurde bereits in den 1840er-Jahren begonnen. Eine Pionierleistung, wenn man bedenkt, dass erst seit 1835 Bahnen auf deutschem Boden fuhren. Sie führt entlang der Kinzig und folgt dann der Gutach. „Die schönste Gegend des Schwarzwaldes", versprechen die Gemeinden, an deren Bahnhöfen der Zug hält. Doch allein um die Schönheit der Landschaft zu genießen, wurde sie nicht gebaut. Das Großherzogtum Baden brauchte eine direkte Hauptbahn zum Bodensee, und dafür gab es nur den Weg durch die Täler und über die Schwarzwaldhöhen.

Namentliche Abgrenzung

Bei der beschriebenen Strecke spricht man auch von der „Badischen Schwarzwaldbahn". Das kommt daher, weil die Strecke von Stuttgart-Zuffenhausen nach Calw im Nordschwarzwald ebenfalls als „Schwarzwaldbahn" bezeichnet wurde. Da diese „Württembergische Schwarzwaldbahn" heute aber nicht mehr komplett in Betrieb ist, kann man von der „Badischen" getrost als DER Schwarzwaldbahn sprechen.

Was das bedeutete, sehe man am besten vom **Hornberger Schlossberg** aus, raten die Einheimischen: „Über die Stadt hinweg musste ein Viadukt gebaut werden und gleich dahinter verschwinden die Züge in einem Tunnel". Von der anderen Seite dieses Aussichtspunkts hat man den besten Blick hinunter ins obere Gutachtal. „Das ist der Schwarzwald wie aus dem Bilderbuch, mit Wiesen und dunklen Wäldern an den Berghängen links und rechts des Tales". Eisenbahnschienen sind vom Schlossberg aus nicht zu erkennen, dennoch gibt es sie. Die Trasse wurde in die Bergflanken hinein gegraben. Die Züge fahren versteckt durch die Wälder auf der einen Seite des Tals hinauf und wechseln danach auf die andere Seite, um auch dort in den Bergflanken an Höhe zu gewinnen.

Die Schwarzwaldbahn ist die **Meisterleistung** des badischen Ingenieurs Robert Gerwig, der später auch die Höllentalbahn plante

Ein Güterzug auf der Schwarzwaldbahn bei Triberg

Das Hornberger Viadukt überspannt das Tal des Reichenbachs vom Schlossberg aus

(s. S. 38). Er fand die Lösung für das größte Problem dieses Eisenbahnprojektes. Die Städte Hornberg und St. Georgen liegen zwar nur neun Kilometer Luftlinie auseinander, aber zwischen ihnen gibt es einen Höhenunterschied von 448 Metern. Die Dampflokomotiven zu Zeiten Gerwigs aber schafften mit Mühe gerade einmal Steigungen von 20 Metern je Kilometer Fahrstrecke. Die Höhen-Herausforderung, der sich die Bahnbauern stellten, wird in Triberg auf halbem Weg zwischen Hornberg und St. Georgen sichtbar: Die Triberger Wasserfälle gehören zu den höchsten in ganz Deutschland, hier stürzt die Gutach in sieben Stufen 163 Meter tief ins Tal.

Kehre um Kehre geht es in die Höhe. Um von Hornberg nach St. Georgen zu kommen, mussten 37 Tunnel gebohrt werden, also einer auf je 700 Metern Fahrstrecke. Teilweise ging es durch namenloses Gebiet. Davon zeugen bis heute die Tunnelbezeichnungen: Es gibt einen „Tunnel beim 3. Bauern" und auch einen „beim 4. Bauern". Es gibt auf der gesamten Schwarzwaldstrecke noch drei weitere Tunnel – einer vor dem Schwarzwaldaufstieg, zwei dahinter – doch sie sind bei weitem nicht so berühmt wie dieses Tunnelsystem mitten im Schwarzwald.

Die besten Plätze ...

... sind die an den Fenstern im oberen Stock der hier eingesetzten Doppelstockwagen. Ab St. Georgen, wo die Tunnelstrecke endet, wechseln die Bäche ihre Fließrichtung. Dies ist die Wasserscheide, ab hier fließen die Bäche nicht mehr in Richtung Rhein, sondern sind Zuflüsse der Donau.
Die schönsten Fotos von der Bahn gelingen vom Schlossberg in Hornberg aus, wenn die Züge über ein Viadukt quer über die Stadt hinweg fahren.

Strecke: 149 Kilometer auf der ursprünglichen Strecke von Offenburg nach Singen (Hohentwiel). 179 Kilometer, wenn man bis Konstanz am Bodensee durchfährt.

Information: Zum Umstieg in die Höllentalbahn und zum günstigen „Baden-Württemberg-Ticket" s. S. 39.

INFO

⓵ Vorbei am Hirsch hoch in den Südschwarz-wald: Höllentalbahn und Dreiseenbahn

Dass der Flecken Höllsteig an der Strecke der **Höllentalbahn** liegt, kann nicht über-raschen. Wenn aber der Höllentalzug in Kirchzarten und Himmelreich hält, wie soll man das verstehen?

Die Strecke 4300 im Eisenbahnatlas der Deutschen Bahn wurde 1882 von der „Groß-herzoglich Badischen Staatseisenbahn" als Nebenbahn eingestuft, nichts Großes also. Der geniale Bahnbauer Robert Gerwig, der schon mit der Schwarzwaldbahn (s. S. 36) von Offenburg durch das Gebirge in Richtung Bo-densee ein Meisterstück geliefert hatte, konnte deshalb hier ganz neue Ideen verwirklichen:

Alter Wiehrebahnhof Freiburg

Anfang der 1930er-Jahre, fast 50 Jahre nach der Eröffnung der Höllentalbahn, veränderte man die Trasse zwischen Freiburg Hbf und Freiburg-Littenweiler, weil die vielen Bahnübergänge im Stadt-gebiet störten. Es wurde ein Tunnel gebaut, der den Bahnhof Freiburg-Wiehre von der Strecke abschnitt. Ein neuer Bahnhof wurde 300 Meter weiter südlich gebaut, aus dem Alten Wiehre-bahnhof machte die Stadt einen „Kultur-stützpunkt" mit Café, dem Kommunalen Kino und dem Literaturbüro Freiburg. www.alter-wiehrebahnhof.de.

Von der Oberrheinebene den Schwarzwald hin-auf wurde nur ein Gleis verlegt statt zwei wie bei der Schwarzwaldbahn. Im Höllental sollten ei-gens dafür in Baden gebaute Zahnrad-Lokomoti-ven eingesetzt werden. Das vereinfachte den Bau, es ging ziemlich geradeaus bergaufwärts. Zwischen Freiburg-Wiehre und Neustadt (Schwarzwald) reichten sieben meist kurze Tun-nelbauten – nicht viel bei einer Bahn, die auf 23 Kilometern 623 Höhenmeter schafft. Kurz hinter der engsten Stelle des Höllentals bei Hirschsprung muss die Höllentalbahn auf je 10 Metern Fahrstrecke 57,1 Zentimeter Anstieg schaffen. **Das ist Rekord**: die steilste Haupt-bahn Deutschlands.

Landschaftlich gehört die Höllentalbahn zu den interessantesten deutschen Bergstrecken. Wer viel sehen will, sichert sich einen Fensterplatz talseitig-oben in den hier üblichen Doppelstock-wagen. Sogar den **Bronzehirsch** auf dem Fel-sen nahe dem Bahnhof „Hirschsprung" kann man vom Zug aus gut sehen. Er erinnert daran, dass hier im Mittelalter ein Hirsch einen Satz von 9 Metern über das Tal hinweg gemacht ha-ben soll. Ob es wirklich so war? Dies interessier-te bei der Einweihung des Denkmals 1907 nie-manden mehr, denn der Hirsch ist die beste Werbung für das Feriengebiet. In den ersten Jah-ren endete hier die Bahn, danach wurde sie in Richtung Donaueschingen verlängert. Das be-

Landschaft bei Hinterzarten,
zu erreichen mit der Höllentalbahn

rühmteste Bauwerk entlang der Strecke ist das 40 Meter hohe **Ravenna-Viadukt** über die gleichnamige Schlucht.

In Titisee zweigt die 19,2 Kilometer lange **Dreiseenbahn** in Richtung Feldberg ab, dem mit 1.493 Metern nicht nur höchsten Berg des Schwarzwalds, sondern auch des gesamten Landes Baden-Württemberg. Die Station „Feldberg-Bärental" ist der höchstgelegene Bahnhof im Netz der Deutschen Bahn, aber nicht Deutschlands (s. S. 30). Weiter geht die Fahrt an den beiden weiteren Seen vorbei, am Windgfällweiher und am Schluchsee, bevor sie in Seebrugg endet.

Eisenbahnhistoriker kennen diese Bahn sehr genau. Schon ab 1934 wurde die Strecke elektrifiziert. Hier wurden gemeinsam mit den österreichischen und französischen Bahngesellschaften Stromsysteme erprobt. Bis 1960 fuhren die Höllentalbahn und die Dreiseenbahn mit 15.000–20.000 Volt und einer Wechselstromfrequenz von 50 Hertz, erst danach wurden sie auf die in Deutschland gängigen 15.000 Volt umgestellt. Die Franzosen entschieden sich für die alte Höllental-Variante. So gesehen steckt in jedem der superschnellen TGV-Züge der Franzosen (s. S. 84 und S. 86) auch ein Stück Höllental-Technik.

Ein Zug der Dreiseenbahn am Schluchsee

Strecke: 76 Kilometer lang ist die Höllentalstrecke zwischen Freiburg und Donaueschingen (31 Kilometer bis Titisee), 19 km die Strecke der Dreiseenbahn von Titisee nach Seebrugg.
Information: Die gesamte Höllentalstrecke ist nicht mehr umstiegsfrei befahrbar, ab Neustadt (Schwarzwald) wechselt man nach Donaueschingen.
Am günstigsten für beide Strecken ist das „Baden-Württemberg-Ticket", das auch online gekauft werden kann: www.bahn.de/regional/view/index.shtml. Das Ticket wird für 1–5 Pers. angeboten (1 Pers. 22 €, jeder Mitfahrer 4 €), wobei Kinder/Enkel bis 15 J. gratis mitfahren. Bei guter Planung kann damit an einem Tag die Höllentalstrecke bis Donaueschingen befahren und dort in die Schwarzwaldbahn (s. S. 36) umgestiegen werden.

INFO

⓯ Deutsch-österreichischer Grenzverkehr: die Mittenwaldbahn von München nach Innsbruck

Mitten in München steht ein Bergbahnhof – sozusagen wenigstens. So sehen Alt-Münchner und Alpenbewohner den Nordteil des Münchner Hauptbahnhofs, die Gleise 27–36, die früher einmal „Starnberger Bahnhof" hießen. Und daran, dass von hier aus Züge Richtung Starnberger See, Garmisch-Partenkirchen und weiter nach Seefeld in Tirol und sogar bis nach Innsbruck abfahren, hält die Bahn heute noch fest.

Außerfernbahn

Von Garmisch aus kann ein Ausflug mit der Außerfernbahn über Reutte in Tirol und weiter nach Kempten (Allgäu) eingeplant werden. Das ist die Verbindung hinüber zum österreichischen Außerfern und weiter zur Bayerischen Allgäu- und der Illertalbahn. Diese Gebirgsstrecke ist wegen der schönen Aussichten auf das Zugspitzmassiv und wegen der beiden Grenzübergänge berühmt. Ab Griesen (Oberbayern) fahren die Züge bis Pfronten-Steinach auf österreichischem Gebiet durch Tirol.

Von München aus hat man die Wahl: Die bekannteste und meistgefahrene Strecke über die Alpen führt über Weilheim und Rosenheim. Aber wer vom Zug aus viel sehen will, nimmt einen Zug entlang des Starnberger Sees (Halt in Tutzing) und des Staffelsees (Halt in Murnau) über Garmisch-Partenkirchen in die Alpen. Das ist die schönere und abwechslungsreichere Strecke, bekannt als **Mittenwaldbahn**.

Der Name erinnert daran, dass Mittenwald auf der Reise hinüber nach Österreich die letzte Station auf deutscher Seite ist. Ein paar Minuten später hält der Zug in Scharnitz, das ist bereits der Grenzort auf österreichischer Seite. Auch der Name **Karwendelbahn** wird für diese Strecke verwendet. Das ist aber nicht ganz korrekt, weil es zu Missverständnissen führt, denn die Seilbahn hinauf zu den westlichen Spitzen des Karwendelgebirges oberhalb von Mittenwald wird ebenfalls „Karwendelbahn" genannt. Zudem wäre der Hinweis auf den Karwendel auch etwas zu kurz gegriffen, denn zu den Bayerischen Alpen gehören auch das Ammergebirge links der Strecke sowie das Estergebirge rechts davon. Bei Mittenwald würde auch noch ein Hinweis auf das Wetter-

Eine Regionalbahn auf der Schlossbachgrabenbrücke

steingebirge passen. Und wenn der Zug erst einmal Tirol erreicht hat, dann ist von der Bahn aus das Mieminger Gebirge zu sehen.

Der **bahntechnisch spannendste Streckenteil** beginnt hinter Reith. Auf der 15 Kilometer langen Fahrt bis „Innsbruck Allerheiligenhöfe" (ca. 4 Kilometer vor der Endstation Innsbruck Hbf) wird im Zug das Licht nicht ausgemacht, schließlich fährt die Bahn hier durch 16 Tunnel, über 9 Brücken und die berühmte, 228 Meter lange Galerie an der Martinswand.

Da die Bahntechnik schon fortgeschritten war, konnten die Trassen steiler gebaut werden als bei den Hochgebirgsbahnen zuvor. Mit einem Anstieg von 36,5 Metern auf einem Kilometer Fahrstrecke übertraf die Mittenwaldbahn die älteren Strecken der Brennerbahn (s. S. 50) und der Arlbergbahn (s. S. 48) deutlich. Die Planer hatten sich für einen bis heute aufregenden Schienenweg entlang der Bergflanken entschieden, und das nicht nur an der **Martinswand**, einer fast senkrecht ins Inntal abfallenden Bergwand, entlang, sondern auch den zerklüfteten Schlossbachgraben kreuzend: Die 66 Meter lange, aus eisernem Bogenfachwerk mit Unterbogen bestehende **Schlossbachgrabenbrücke** überbrückt den Fluss in einer Höhe von 60 Metern. Sie gehört neben der Isarbrücke bei Scharnitz, dem Gurgelbach-Viadukt – einem Betonbau

*Fahrt durch blühende
Sommerwiesen bei Klais*

bei Reith –, dem Kaiserstand-Viadukt unterhalb der Burgruine Fragenstein und dem Finstertal-Viadukt am Hang des Hechenbergs zu den Meisterwerken der Brückenbauer entlang der Mittenwaldbahn. Das Inn-Viadukt – eine Stahl- und Steinkonstruktion – ist mit 203,5 Metern die längste, wenn auch nicht aufregendste Brücke, die kurz vor Innsbruck über den Inn gebaut wurde.

Für den ersten Spatenstich dieser Verbindung **vom Inn an die Isar** – denn die Bemühungen gingen von Österreich aus – hatten sich die Bahningenieure die Martinswand ausgesucht. Durch die vielen Tunnel- und Brückenbauten war der Bau der Mittenwaldbahn extrem kostspielig und musste 1910–1912 auch mittels Schuldverschreibungen finanziert werden. Dieser spektakuläre Ort schien genau der richtige zu sein, um die notwendige Aufmerksamkeit auf das Projekt zu lenken – man musste den Geldgebern schließlich etwas bieten.

Strecke: 159 Kilometer von München Hbf nach Innsbruck Hbf
Information: Von München nach Innsbruck über Garmisch-Patenkirchen und Mittenwald fährt man knapp 3 Std. (www.bahn.de). Das günstige „Bayern-Ticket" für bis zu 5 Pers. – eigene Kinder/Enkel 6–14 J. gratis – kostet 22 € für 1 Pers., jeder Mitfahrer 4 €, gilt auf der Mittenwaldbahn nur bis Mittenwald! Die Strecke der Außerfernbahn kann damit allerdings im Verkehr von und nach Deutschland befahren werden.

INFO

Österreich

Über eine weite Kurve den Berg hinauf. ÖBB-Zug am Brazer Bogen

16 Hier wurden die Alpenbahnen erfunden: die Semmeringbahn von Gloggnitz nach Mürzzuschlag

Mitte des 19. Jahrhunderts war Triest ein wichtiger Handelshafen des österreichischen Kaiserreiches und dazu der Kriegshafen der k. u. k. Monarchie. Weil die Züge dorthin über Ungarn fahren mussten, sollte eine direktere Bahnlinie gebaut werden. Das Problem war, dass dazu der 984 Meter hohe Semmering überquert werden musste. Der Gebirgspass galt selbst bei Fuhrleuten als **äußerst schwierige Fahrstrecke**. Sie spannten bis zu zwölf Pferde vor ihre Wagen, um überhaupt auf die andere Seite zu kommen. Solch ein Gelände sei für Eisenbahnen gänzlich ungeeignet und das Vorhaben utopisch, lautete die Meinung vieler Ingenieure in Wien.

Eindrucksvolle Viadukte

Einige der **Schönheiten der Semmeringbahn** sind vom Zug aus nicht zu erkennen. Von der Straße aus sieht man aber die großartigen Viadukte, die hier gebaut wurden, etwa das 228 Meter lange Schwarzatal-Viadukt hinter Payerbach-Reichenau – das längste Brückenbauwerk der Semmeringbahn. Es folgt mit 184 Metern das Kalte-Rinne-Viadukt hinter Breitenstein, das dank seiner Höhe von 46 Metern das höchste Bauwerk entlang der Semmeringbahn ist.

Dass die Semmeringbahn ab 1841 geplant und ab 1848 tatsächlich gebaut wurde, ist das Verdienst des Ingenieurs und Architekten **Carl Ghega**. Er kümmerte sich nicht um die lautstark vorgetragenen Bedenken der etablierten Wiener Ingenieure, die ihm eine „grandiose Fehlplanung" vorwarfen. Eine Bahn über die Alpen, von der Raxalpe im Norden zum Wechselgebirge im Süden – also von Niederösterreich in die Steiermark – musste eine Höhendifferenz von 459 Metern überwinden. An einigen Stellen waren Steigungen von bis zu 28 Prozent zu bewältigen, das bedeutet einen Anstieg von einem Meter auf je 40 Metern Fahrweg. Für Normalzüge seien solche Aufstiege völlig unmöglich, meinten die Ingenieurskollegen. Sie würden entweder plötzlich stehenbleiben, als gäbe es eine Mauer quer über die Schienen, oder die Räder der Loks würden an den steilen Bergaufstiegen durchdrehen. Ghega ließ sich nicht irritieren. Es werde schon bald stärkere Maschinen geben, davon sei er überzeugt, ließ er seine Widersacher wissen.

Irgendwann hörte man nicht mehr auf die Kritiker. Der während der Planungsperiode zum „Generalinspektor der Staatsbahnbauvorhaben Österreichs" avancierte Carl Ghega verband die 21 Kilometer Luftlinie voneinander entfernten Orte Gloggnitz auf der einen Seite des Gebirges und Mürzzuschlag auf der anderen mit einer enorm 41 Kilometer langen Bahntrasse. 15 Tunnel mit einer Gesamtlänge von viereinhalb Kilometern wurden gebohrt. 16 Viadukte, die größ-

16 Viadukte gibt es auf der nur 41 Kilometer langen Trasse

Die 1854 fertiggestellte Semmeringbahn war die erste Bahnstrecke über die Alpen

ten davon zweistöckig, 118 kleinere Brücken in traditioneller Steinbogenbauweise und elf Eisenbrücken überquerten Taleinschnitte und überbrückten kleinere Flussläufe. An einigen Stellen mussten Kehren mit einem für Bahnen auf der Normalspur sensationell engen Bogenradius von 190 Metern der Bahn beim Klettern helfen. So etwas hatte es beim Bahnbau noch nicht gegeben – was allerdings wenig verwunderlich war: Die Semmeringbahn ist die erste Bahn über die Alpen überhaupt. Der Personenzug, der am 17. Juni 1854 über den Semmering fuhr, war der **erste Hochgebirgszug Europas**.

Der österreichische Kaiser meinte auf einer Fahrt mit der neuen Bahn durch die Berge „kräuterdurchwürzte Luft" einzuatmen. Derartige Werbung ist unbezahlbar – umso mehr, als die Kaiserfamilie sich in Reichenau einen Palast bauen ließ. Der Adel – nicht nur der österreichische – folgte. Entlang der Strecke wurden **prächtige hochherrschaftliche Häuser** und Villen gebaut. Sie gehören heute zu den Sehenswürdigkeiten der Semmering-Strecke. Hotels und Pensionen folgten; auch wer nicht zum (Geld-)Adel zählte, wollte die Hochgebirgslandschaft genießen.

Die Strecke wurde nie offiziell eingeweiht. Sie sei ein Teil der in Wien beginnenden Südbahn und habe nur eine Lücke geschlossen, hieß es 1854. Carl Ghega erhielt dennoch seine Anerkennung durch das Kaiserreich Österreich, der Ingenieur wurde in den Adelsstand erhoben. Er starb 1860 als „Carl Ritter von Ghega". Auch sein Lebenswerk wurde ‚geadelt'. Seit 1998 steht die Semmeringbahn als eine der ersten Bahnen überhaupt in der **UNESCO-Liste des Weltkulturerbes**.

Strecke: 41 Kilometer von Gloggnitz nach Mürzzuschlag
Information: Buchung über www.oebb.at; die Fahrt dauert eine Stunde und kostet etwa 10 €. Informationen über die Bahn und ihre Geschichte auch auf der privaten Webseite www.semmeringbahn.at.

INFO

⑰ Die höchste Eisenbahnbrücke Österreichs: die Tauernbahn von Schwarzach-St. Veit nach Spittal-Millstättersee

Das alte Österreich verfügte im Norden über eine florierende Industrie und ganz im Süden mit Triest über einen wichtigen Hafen, den einzigen in Österreich überhaupt. Eine direkte **Verbindung vom Hafen zu den Industrieregionen** aber fehlte. Ab Mitte des 18. Jahrhunderts war Europa vom Eisenbahnfieber ergriffen und Österreich beschloss, eine Bahn von Salzburg bis hinunter an das Mittelmeer zu bauen – ein ebenso schwieriges wie ehrgeiziges Projekt, das auf dem Weg von den Industriezentren zum Mittelmeer 200 Fahrkilometer einsparen sollte. Dem Bahnbau stand ein gewaltiges Hindernis im Weg: die Tauern. Irgendwo zwischen Schwarzach-St. Veit im Salzburger Land und Spittal an der Drau in Kärnten musste eine Trasse über das Gebirgsmassiv gefunden werden. Das Problem war, dass die Alpen hier höher als überall sonst in Österreich sind.

Noch einige Jahre zuvor hätten die Ingenieure ein solches Unterfangen als Spinnerei abgetan. Als das Projekt beschlossen wurde, konnten sie jedoch die Erfahrungen aus 53 Jahren Eisenbahnbau im Hochgebirge nutzen. 1901 wurde zum **ersten Spatenstich** für die neue Bahn eingeladen. Neue Techniken, die sich anderswo schon bewährt hatten, sollten die Kosten im Rahmen halten. Beim Tunnel- und Brückenbau hatte man gewaltig dazugelernt. Zudem waren die Lokomotiven entscheidend verbessert worden, sie waren deutlich zugstärker und schafften steilere Bergfahrten. An Steigungen von

Rekorde auch bei der Autobahn. Die Bahn fährt unter spektakulären Autobahnbrücken hindurch

30 Metern pro Kilometer Fahrstrecke, wie sie hier geplant waren, wären Loks der Baureihen von 1850 noch gescheitert.

Dass die Tauernbahn auch bei Nicht-Eisenbahnern eine der bekanntesten Alpenbahnen ist, liegt daran, dass sie auch als „Autobahn" genutzt wird. Um vom Gasteinertal auf Salzburger Gebiet ins Mölltal in Kärnten zu kommen, können Autofahrer den **Autozug** durch den 8.370 Meter langen Tauerntunnel nehmen. Dieser fährt von früh morgens bis in die späte Nacht stündlich von den Verladerampen in Böckstein bis nach Mallnitz-Obervellach. Dabei geht es über den höchsten Punkt der Strecke – 1.226 Meter über dem Meer.

Falsch und doch richtig: Kilometerangaben

Der Eisenbahnatlas und die Streckenschilder in Spittal-Millstättersee gehen von einer **Entfernung** von 80,8 Kilometern nach Schwarzach-St. Veit aus. Diese Angabe ist falsch. Durch Um- und Neubauten ist die Strecke etwas kürzer geworden, aber soll man deshalb Schilder auswechseln und Karten neu drucken? Die ÖBB hat sich dagegen entschieden.

Die 79 Kilometer lange Tauernbahn beginnt gleich hinter dem Ausgangsbahnhof Schwarzach-St. Veit mit einer eisenbahntechnischen Delikatesse. Ab hier muss die Bahn klettern und es geht auf „Anhangsbauwerk" in die Höhe. So nennen die Eisenbahner eine Art Terrasse, auf der die Schienen verlegt werden, wenn der Platz für andere Bauarten nicht reicht. Gleich hinter der Aluminium-Fabrik bei Lend fährt die Bahn in den 739 Meter langen **Unteren Klammtunnel** ein. Zwischen dem Unteren und dem Oberen Klammtunnel gibt es nur fünf Meter freie Strecke – genug für einen raschen Blick auf das wilde Wasser der Gasteiner Ache, das tief unter dem Zug in der Klammschlucht zu Tal stürzt. Nach dem zweiten Klammtunnel kann man mit etwas Glück die Burgfestung Klammstein erkennen. Anschließend sieht man für ein paar Kilometer gar nichts, denn zwischen Dorfgastein und Bad Hofgastein versperren Lärmschutzwände die Aussicht. Schade eigentlich!

Danach wird die Strecke eingleisig, denn das Pyrker-, das Weitmoser-, das Hundsdorfer- und auch das Schlossbach-Viadukt sind nicht breit genug für zwei Gleise. Kurz vor dem Bahnhof Angertal fährt die Tauernbahn über die tief eingeschnittene Angerschlucht. 137 Meter geht es hier über die Anger, 65 Meter unterhalb der Stahlfachwerk-Unterbogenbrücke. Von den Brücken, über die ein Zug fährt, sieht man in der Regel nichts. Weil hier aber eine neue Trasse für die Bahn gebaut wurde, ist die alte Brücke vom neuen Gleis aus gut zu sehen – für Eisenbahninteressierte ist das ein Höhepunkt der Reise. Kurze Zeit später gibt es ein weiteres Highlight, das aber nur im Winter zu sehen ist. Bei Frost entstehen an den Wasserwällen neben der Bahn hohe Eisskulpturen. Auf dem letzten Teil der Fahrt geht es über die **Pfaffenberg-Brücke**, die in 117 Metern Höhe ein Tal überspannt. Einen so hohen Brückenbau gibt es in Österreich nur einmal. Von der Länge her – 377 Meter – ist das Bauwerk weniger imposant.

Strecke: 79 Kilometer von Schwarzach-St. Veit nach Spittal-Millstättersee
Information: Buchung über www.oebb.at; die Fahrt dauert 1:07 Stunden und kostet ab 17 €. Die private Webseite www.tauernbahn.at bietet Infos zur Geschichte, zum Streckenverlauf und zu aktuellen Aktionen und Ereignissen rund um die Bahn.
Tipp: Das Museum Tauernbahn in Schwarzach im Pongau ist einen Besuch wert, Infos auf www.museum-tauernbahn.at.

INFO

18 West-Ost-Verbindung über die Alpen: die Arlbergbahn von Bludenz nach Innsbruck

Die Arlbergbahn ist die ‚andere' Alpenbahn. Sie verbindet nicht den Norden Europas mit dem Süden, sondern ist eine Ost-West-Querverbindung über die Alpen. Es geht auf 136,3 Kilometern von Innsbruck nach Bludenz und zurück, einmal über den Arlberg. Diese **„Ausnahme-Bahn"** verbindet den Osten Österreichs mit dem Westen des Landes und sorgt so auch für die Anbindung an die Bahnen von Südwest-Deutschland.

Die Arlbergbahn ist jünger als die anderen spektakulären Eisenbahnstrecken, die in den Alpen gebaut wurden. Mit dem Bau dieser Hauptbahn ließen sich die Österreicher Zeit. 1854 etwa wurde die Bahn über den Semmering fertig. Die Brennerbahn fuhr ab 1867 über den Brennerpass von Innsbruck nach Italien, und die feierliche Eröffnung der Gotthardbahn in der Schweiz wurde 1882 gefeiert. Erst **1884** wurde die Arlbergbahn fertiggestellt.

Wie herum?

Die Fahrt von Bludenz aus in Richtung Innsbruck ist wegen des **Berganstiegs** eindrucksvoller als die Reise in Gegenrichtung. Auch die letzten 72 Kilometer der Strecke vor Innsbruck sind ein Genuss, denn hier fährt die Arlbergbahn kilometerweit direkt entlang des Inn. Mancherorts ist das Inntal so eng, dass für die Strecke ein Bahndamm ins Flussufer hineingebaut werden musste.

Von Bludenz aus geht es für Eisenbahnverhältnisse erst einmal **sehr steil bergauf**. Hier, auf der Westseite des Gebirges, müssen Steigungen von bis zu 31 Metern pro Kilometer Fahrweg bewältigt werden. Das war im 19. Jahrhundert eine große Herausforderung für die Zugmaschinen und auch heute noch müssen besonders kräftige Lokomotiven auf dieser Bahnstrecke eingesetzt werden.

Gleich hinter Bludenz (559 Meter über dem Meer) führt die Strecke durch ein **lawinengefährdetes Gebiet**, deshalb wurden über den Schienenweg hinweg reihenweise schwere Lawinenschutzdächer gebaut. Lawinen stürzen aber nicht nur dort zu Tal, wo man damit rechnet. Der Bahnhof Dalaas – 912 Meter über dem Meer – galt bis 1954 als lawinensicher. In der Nacht vom 11. auf den 12. Januar 1954 jedoch zerstörte eine Lawine diesen Bahnhof und begrub dabei auch einen vor dem Bahnhofsgebäude wartenden Zug un-

Einer der modernen Railjet-Züge auf der Trisannabrücke

ter sich. Unter den Toten waren auch der Chef der Bahnmeisterei Dalaas, **Josef Wilhelm Purtscher**, und seine Frau, die in ihrer Dienstwohnung im Bahnhofsgebäude von der abgehenden Lawine überrascht wurden. Tragisch war, dass die vielen Steinschlag-, Felsabbruch- und Lawinenverbauungen entlang der Eisenbahnlinie auf Purtschers Veranlassung gebaut worden waren. Dass der „unbestritten erfahrenste Lawinenfachmann für Bahnsicherung in Österreich", wie er bis heute beschrieben wird, an „seinem Arlberg" auf diese Weise ums Leben kam, ist ein besonders grausames Schicksal.

Die Trasse führt teilweise sehr steil hinauf, wie hier beim Bahnhof Wald am Arlberg

Zwischen Wald und Langen ist der **Wäldlitobel** die wichtigste Sehenswürdigkeit. Diese tiefe Felsenschlucht wird von einem Viadukt überbrückt, das in einem kühnen Bogen mit einer Spannweite von 41 Metern darüber hinweg gebaut wurde. Das Bauwerk war in der zweiten Hälfte des 19. Jahrhunderts eine bautechnische Sensation. Nicht minder aufsehenerregend war und ist der **Arlbergtunnel** mit einer Länge von 10.648 Metern. Im Tunnel fährt die Arlbergbahn über den höchsten Punkt der Strecke, 1.311 Meter über dem Meer. Der Tunnel erspart der Bahn einen weiteren Bergaufstieg von 500 Metern. Autos dagegen müssen bis zur Passhöhe von über 1.800 Metern hinauf fahren.

Gleich auf den Tunnel folgt eine weitere bahntechnische Meisterleistung. Die Arlbergbahn fährt auf der 87,4 Meter hohen **Trisanna-Brücke** über das tief eingeschnittene Paznaun-Tal mit der Burg Wiesberg hinweg. Schöner als hier bei Wiesberg kann der Blick aus der Bahn auf eine Alpenlandschaft nicht sein! Der Schienenweg führt danach an Ski- und Ferienorten wie Sankt Anton, Pettneu, Flirsch, Strengen und Pians vorbei. In den nun folgenden Ötztaler Alpen wurde am Hauslabjoch die Gletschermumie eines Mannes gefunden, der vor über 3.000 Jahren gelebt hat – der „Ötzi".

Strecke: 136,3 Kilometer von Bludenz nach Innsbruck
Information: Buchung über www. oebb.at; diese Bahnfahrt von Vorderösterreich nach Tirol dauert je nach Zug zwischen 100 und 140 Minuten und kostet ab etwa 25 €. Auf der privaten Webseite www.arlbergbahn.at finden sich ausführliche Beiträge zur Geschichte und zum Betrieb der Bahn.

INFO

⑲ Ein Flussbett als Schienenweg: die Brennerbahn von Innsbruck nach Verona

Innsbruck ist unverkennbar eine wohlhabende Stadt und ein Blick auf die Landkarte reicht aus, um den Grund für diesen Reichtum zu erkennen. Mitten durch Tirol, von Norden nach Süden, verläuft eine uralte Handelsstraße. Mit nur 1.370 Metern über dem Meer gehört der Brennerpass im Süden von Innsbruck zu den niedrigsten Alpenübergängen überhaupt. Er ist selbst im Winter meist passierbar. Die Innsbrucker sorgten schon im Altertum dafür, dass sie von den Warenströmen, die durch ihre Stadt flossen, ihren Teil abbekamen. Im Eisenbahnzeitalter wurde dann eine Bahnstrecke über den Brenner notwendig, eine Verlängerung der Bahn in Richtung Bayern, die es seit 1858 gab. Es ging ums Geschäft: Die Alternative wäre gewesen, dass Güter- und Reisezüge über die Schweiz ans Mittelmeer fuhren – und das kam für Österreich aus verständlichen Gründen nicht in Frage.

Anders als bei der Semmeringbahn von 1854, die im Staatsauftrag und mit öffentlichen Geldern gebaut worden war, finanzierten hier **Privatinvestoren** den Streckenbau über das Hochgebirge. Um die Kosten überschaubar zu halten, holten sich die Bahnunternehmer für ihre Südbahn-Gesellschaft einen Schwaben als Chefplaner in die Alpen. Der Stuttgarter Karl Etzel setzte alles daran, ohne großartige Brückenbauten auszukommen. Kurvenstrecken weit in die Seitentäler hinein – wie bei der Semmeringbahn – gab es bei ihm nicht. Nur weil es nicht anders ging, wurden die Schleife und der Kehrtunnel bei Sankt Jodok, nördlich des Brennerpasses, und im Pflerschtal, südlich davon, gebaut.

Der schwäbische Eisenbahnbauer wagte, was zuvor als unmöglich galt. Er wählte eine Trasse durch die **schroffe Sill-Schlucht** und ließ sogar ein neues Flussbett graben, um Platz für seine Bahn zu schaffen. Für den Eisack bohrten die Bahnarbeiter sogar einen Tunnel durch einen Bergrücken, um den Fluss umzuleiten. Das nun trockene ehemalige Flussbett wurde zum Schienenweg.

Auf die Idee, die Passhöhe zu untertunneln, kam hier niemand. Das wäre viel zu teuer gewesen, denn man hätte mindestens zehn Kilometer lange Tunnelröhren unter dem Brenner-Hochplateau in den felsigen Untergrund sprengen müssen. Den Zügen wären dadurch 120 Höhenmeter erspart geblieben, was aber in keinem Verhältnis zu den dafür nötigen Baukosten stand. Die Brenner-Bahn ist deshalb die einzige Normalspurbahn, die ohne einen Scheiteltunnel über einen Alpenhauptkamm fährt. Das beschert ihr einen **Rekord**: Der Bahnhof „Brenner/Brennero" ist die höchstgelegene Station der Österreichischen Bundesbahnen. Etwa auf der Hälfte des Bahnsteigs endet das österreichische Oberleitungsnetz und beginnt das Fahrgebiet der Ferrovie dello Stato Italiane. Weil die italienischen Bahnen – anders als die österreichischen – mit Gleichstrom fahren, müssen am Brenner neue Loks vor die Züge gespannt werden, es sei denn, sie werden von modernen Mehrsystemlokomotiven gezogen, die mit verschiedenen Stromsystemen zurechtkommen.

Der österreichische Teil der Strecke ist **wildromantisch** und verlangt den Zugmaschinen alles ab. Auf 37 Fahrkilometern müssen die Züge bis zum Brenner 789 Höhenmeter schaffen. Auf der italienischen Seite fährt die Brenner-Bahn weitgehend durch eine liebliche Tallandschaft mit Apfelplantagen und Weinbergen sowie durch viele kleine Dörfer bis Bozen. Ab Bozen folgt die Strecke der Etsch, bis auf den Abschnitt zwischen Mata-

Zweigleisig durch Obstplantagen und das Weinland Südtirols hindurch

rello und Calliano, wo eine große Steinschlaggalerie gebaut werden musste – eine schöne, aber unspektakuläre Bahnfahrt.

In **Sankt Jodok** auf österreichischem Gebiet sind fotografierende Bahnenthusiasten bei den Bergbauern nicht sonderlich beliebt. Sie treten das Gras auf den Hängen über der Bahn nieder, weil sie die Kehrschleife, einen Bahndamm, der in einem eleganten Bogen über das Valserbachtal hinweg gebaut wurde, fotografieren wollen. Im Ort empfiehlt man den Fremden, die Züge doch lieber vom westlichen Ortseingang zu beobachten. Da sieht man sie dank der Schleife gleich zweifach – einmal auf der linken Talseite und dann wieder rechts.

Die zweite große Schleife – auf italienischer Seite zwischen Brennerbad und Gossensaß – kann vom Pflerschtal gut fotografiert werden. Damit die vielen Güterzüge, die auf dieser Strecke unterwegs sind, besser vorankommen, wurde der neue 7,3 Kilometer lange **Pflerschtunnel** gebaut. Er ersetzte ab 1999 einen sehr kurvigen Streckenabschnitt entlang der Berge und den alten, nur 761 Meter langen Astertunnel. Die alte Trasse ist inzwischen ein beliebter Wanderweg.

Strecke: 275 Kilometer von Innsbruck nach Verona
Information: Buchung über www.oebb.at; die Fahrt mit dem EC dauert ca. dreieinhalb Stunden und kostet ab etwa 37 €. Wer nur den alpinen Teil der Brenner-Strecke sehen will, kommt mit der S 4 von Innsbruck aus bis zur Brennerstation. Die schnellen Euro-City-Züge von Innsbruck bis nach Bozen verkehren im Zweistundentakt und brauchen für diese Strecke zwei Stunden und zwei Minuten. Wer von Deutschland aus bis an den Canale Grande in Venedig fahren will, nimmt von München aus den EC 87 über Innsbruck und den Brenner. Diese Dreiländertour durch die Alpen an die Adria dauert etwa sechs Stunden und 40 Minuten.

INFO

Schweiz

*Über eine Schlucht direkt in den Berg –
das Landwasser-Viadukt ist das berühmteste Eisenbahnbauwerk der Schweiz*

20 Kurvenfahrt durch den Schweizer Jura: von La Chaux-de-Fonds nach Tavannes oder Glovelier

Wer per Bahn in den Schweizer Jura fährt, kommt entweder von Basel – Umsteigen in Delémont – oder aus Biel am Bieler See. Dazu gibt es noch eine Bahnlinie, die von Neuchâtel hinauf ins Hochland von La Chaux-de-Fonds fährt. Der **Jura** selbst ist ein Mittelgebirge, das im französischen Chambery beginnt und 300 Kilometer weiter nordöstlich bei Schaffhausen endet, wobei es sich noch dem Rhein in den Weg stellt, was den Rheinfall erklärt (s. S. 60).

Die Gegend oben auf den Höhenzügen zwischen La Chaux-de-Fonds im Süden und Tavannes und Glovelier weiter nördlich erinnert an den Schwarzwald und die Vogesen, aber die Landschaft würde auch zu Skandinavien (vor allem Schweden) passen. Grasland und viel Wald – meist Nadelwald – sind typisch für dieses wenig bekannte Stück West-Schweiz in der Grenzregion zu Frankreich. Wie im Schwarzwald hat sich auch im Jura eine **Uhrenindustrie** entwickelt. Dass hier Schweizer Uhren hergestellt werden, hängt auch mit den langen Wintern zusammen. „Was sollte man sonst an Tagen machen, in denen man wegen des Schnees das Haus kaum verlassen konnte", erklären die Schweizer die Ursprünge der Firmen, die die berühmten Uhren oder feinmechanische Spezialitäten herstellen.

Am Bahnhof Glovelier

Ein guter Ausgangsort, um dieses Wander- und Skigebiet per Bahn zu erkunden, ist La Chaux-de-Fonds, auf 994 Metern über dem Meer gelegen. Zunächst erinnert die Bahn hier an eine Straßenbahn, nur dass sie zumindest für die Hälfte der Autofahrer auf der falschen Straßenseite fährt. Die Schienen wurden 1913 links auf der Rue de Manège verlegt, als hier vor allem noch Pferdewagen unterwegs waren. Heute müssen entgegenkommende Autos ausweichen, wenn ihnen die Triebwagen der **Chemins de fer du Jura** entgegen kommen. Auch sonst waren die Eisenbahnbauer des frühen 20. Jahrhunderts erfinderisch, einen möglichst kostensparenden Weg für ihre Bahnen über die Höhen zu finden. Viele Kurven ersparten den Bau von Brücken oder das Bohren von Tunnelröhren hinauf nach **Bellevue**, wo auf 1.073 Metern der Scheitelpunkt der Strecke erreicht wird.

Dieser Teil des Jura sind die Freiberge. Das ist eine besondere Hügellandschaft mit vielen Waldstreifen und zahlreichen Wytweiden. So nennt man Grasland mit riesigen, einzeln stehenden Fichten oder Baumgruppen, die wie Inseln mitten auf Weiden wachsen.

In **Le Noirmont** muss der Zug auf den Gegenzug warten, falls der nicht schon auf dem Nebengleis steht. Ein zweigleisiger Ausbau der Strecke hätte sich nicht rentiert. Wer im

Die Chemins de Fer du Jura ist stolz auf ihre modernen Stadler-Gelenktriebwagen GTW 2/6

Zug sitzen bleibt, fährt weiter auf der bahntechnisch interessanten Linie in Richtung Glovelier. An der Strecke liegt auch **Saignelégier**, das touristische Zentrum der Region und Zentrum der Schweizer Pferdezucht. Weiter geht es zu einer berühmten Spitzkehre mitten im Wald bei **Combe Tabeillon**. „Das ist ein Sackbahnhof zwischen einem Wald und einem Bach. Da gibt es außer dem Bahnhof keine Häuser. Das wurde so gebaut, weil der Platz für eine 180-Grad-Kurve nicht reichte", erklären die „Bähnler", warum ihre Züge hier mitten in der Einsamkeit ihre Fahrtrichtung ändern. In Glovelier steigt man dann von der Meterbahn um in die Normalspurzüge der SBB, die weiter nach Delémont fahren, den Hauptort des erst 1979 gegründeten Kantons Jura.

Landschaftlich ist die Tour ab Le Noirmont nach **Tavannes** noch spannender. Der Zug muss einen Pass auf 1.050 Meter Höhe über dem Meer überqueren und fährt dann auf einer kurvigen Gefällstrecke hinunter über Les Breuleux nach Tramelan. Die Station wird nach einer doppelten Kehrschleife erreicht. Durch das Tal der Trame fährt die Chemin de Fer du Jura danach bis nach Tavannes im längs zum Jura verlaufenden Vallée de Tavannes, wo der Jura-Zug über eine 246 Meter lange Brücke den dortigen Normalspurbahnhof erreicht. Tavannes ist mit seinen 3.500 Einwohnern ein kleiner Ort. Für den Chemin de Fer du Jura aber ist es die Hauptstadt. Die Bahngesellschaft hat hier ihren Verwaltungssitz.

Strecke: La Chaux-de-Fonds–Glovelier ca. 50 Kilometer, Le Noirmont–Tavannes ca. 23 Kilometer
Information: Die Fahrt von La Chaux-de-Fonds nach Le Noirmont dauert ca. 30 Minuten, nach Glovelier ist es dann noch eine knappe Stunde, nach Tavannes gute 30 Minuten. Einfache Fahrt ab CHF 24. Informationen zum Fahrplan unter www.les-cj.ch und www.sbb.ch, zu Sehenswürdigkeiten in der Region unter www.juratourisme.ch.

INFO

㉑ Zwei-Städte-Reise per Kurzstrecke: über das Grandfey-Viadukt von Bern nach Fribourg

In der Schweiz gibt es eine Brücke, deren Geschichte an das Märchen vom hässlichen Entlein erinnert. Aus dem alten schmucklosen Grandfey-Viadukt, vier Kilometer östlich von Fribourg, wurde die **schönste Eisenbahnbrücke** der Schweiz. Wie in der Geschichte von Hans Christian Andersen, in der sich ein unscheinbares Entenküken in einen wunderschönen Schwan verwandelt.

Über den „Röstigraben"

Für Schweizer hat das Viadukt auch noch eine andere Bedeutung. Auf ihm fahren die Züge von der deutschsprachigen in die frankophone Schweiz, diese Sprachgrenze nennen die Eidgenossen „Röstigraben".

Das 334 Meter lange Grandfey-Viadukt, 82 Meter hoch über dem Fluss Saane, wurde von 1858 bis 1862 gebaut. Schon an der langen Bauzeit kann man ermessen, dass es ein für die damalige Zeit gewagter Brückenschlag war. Acht unterschiedlich hohe, auf gewaltige steinerne Fundamente gesetzte Stahlgitterpfeiler waren nötig, um die stählerne Fachwerkkonstruktion darüber zu tragen, die wie ein langgestreckter Käfig aussah. Oben auf diesem Gitterkasten fuhren dann die Züge. Hier gab man sich nicht wie sonst üblich mit nur einem Gleis zufrieden. Die Westschweizer waren stolz darauf, dass ihr Viadukt **zweigleisig** war wie die gesamte Strecke von Bern nach Fribourg und weiter bis Genf. Und auf Schönheit kam es den Bahningenieuren hier nicht an. Die alte Brücke sah in etwa aus wie ein zu groß geratenes, sehr hohes Malergerüst mit nur einer Arbeitsplattform.

Schon einige Jahre nach der Inbetriebnahme stellte sich heraus, dass dieses Viadukt zu schwach war, um ständig die Last von zwei Zügen zu gleicher Zeit tragen. Angesichts von Rissen in der Konstruktion gab es nur eins – aus zwei Spuren wurde eine. Die Inge-

Eines der beeindruckendsten Viadukte der Schweiz führt über die Saane

nieure der Schweizer Bundesbahn kamen dabei auf eine **geniale Lösung**: Die Stahlgitterpfeiler, die ähnlich zusammengesetzt waren wie Überlandmasten für Stromleitungen, wurden zu innenliegenden Stützgerüsten der neuen Betonpfeiler, die mit sieben je 42 Meter weiten Betonbögen untereinander verbunden wurden. Über diese Portale wurde eine Reihe schlanker Arkaden gesetzt, jede mit neun Bögen. Aus der einfachen Balkenbrücke war so beim Umbau ein schönes Viadukt geworden. Dass es sich bei diesem klassizistisch wirkenden Brückenbauwerk um eine Notlösung handelt, sieht man ihm nicht an. Grandfey wird seither als Baukunst gefeiert.

Außer bei Eisenbahnfreunden ist das Viadukt auch bei den **Wanderern** beliebt. Wie schon bei der Gitterkastenkonstruktion der ursprünglichen Brücke wurde auch beim Umbau wieder ein Weg für Wanderer und „leichte Fahrzeuge" innerhalb des Viadukts eingeplant. Diese Passage durch den Arkadengang unterhalb der Eisenbahntrasse und direkt über den großen Tragebögen des Grandfey-Viadukts erspart lange Umwege durch die Saaneschlucht und bietet in Richtung Süden großartige Aussicht auf die Schlucht und die tief unten fließende Saane. Wer nach Norden schaut, sieht den Beginn eines großen Sees, der bis an das Viadukt reicht. Der Schiffenensee entstand, als die Saane von 1959 an zur Elektrizitätsgewinnung aufgestaut wurde.

Fahrradfahrer, die durch die Galerie des Viadukts fahren, sollten sich vom Ausblick nicht ablenken lassen. Mitten im Arkadenweg wurde eine L-förmige Stahlskulptur des amerikanischen Künstlers Richard Serra aufgestellt. Weil einige Radfahrer dagegen fuhren, war zeitweilig ein Geländer rund um das Kunstwerk aufgestellt worden. Nach wie vor ist das Werk Serras umstritten.

Wer mit dem Intercity in Richtung Bern fährt, passiert diese Brücke. Sie ist aber auch für den Nahverkehr sehr wichtig. Die Fahrt mit der S 1 entlang den elf Stationen von Bern nach Fribourg ist sehr preiswert. Auf diese Zwei-Städte-Tour sollte man auf keinen Fall verzichten. Sowohl Bern als auch Fribourg wurden im Mittelalter mitten in weite Flussschleifen hinein gebaut. Die beiden Städte sind miteinander „verwandt": es sind beides Zähringerstädte, wie Freiburg im Br. oder Offenburg. Hier wie da blieb der alte Stadtkern erhalten und man kann sehen, welchen Regeln die mittelalterlichen Stadtplaner folgten, für

Tipp

Vom Berner Bahnhof einfach abzufahren, ohne sich umzuschauen, wäre schade. Der zweitgrößte Bahnhof der Schweiz – nach Zürich – ist auch einer der modernsten. Hier am Bollwerk folgen die Schienen bananenförmig der Großen Schanze. Die Fußgängerbrücke auf der Westseite des Bahnhofs zu den Gleisen hinunter ist berühmt. Dieser Zugang wird allgemein „Welle von Bern" genannt. Warum? – das versteht man, wenn man unter dem gebogenen Dach der Brücke steht.

die es auch darauf ankam, ihre Stadt vor anrückenden Feinden zu schützen. Die Fahrt vom Bernerland über die Grandfey-Brücke in den Nachbarkanton Fribourg dauert etwa eine knappe halbe Stunde. Eine Zwei-Städte-Reise per Kurzstrecke also.

Strecke: Bern–Fribourg ca. 35 Kilometer

Information: Die Fahrt dauert nur knappe 30 Minuten und kostet knapp CHF 7, www.sbb.ch.

INFO

㉒ Quer durch die Alpen: von Bern nach Brig mit dem Lötschberger

Es gibt viele Gründe, eine Eisenbahn zu bauen. Bei der Lötschbergbahn spielte die Rivalität benachbarter Schweizer Kantone eine nicht zu unterschätzende Rolle. So etwas wie die Gotthardbahn von 1882 (s. S. 62) wünschten sich die Verantwortlichen im Kanton Bern und – jenseits der Alpen – im Wallis für ihre Region auch. Sie kämpften für eine Alpenquerung am Lötschberg. Mit entsprechendem Pomp wurde dann der neue Alpendurchstich am 28. Juni 1913 gefeiert. Die ersten Züge fuhren bald darauf über die 22 Brücken und durch die 36 Tunnel und Galerien, die für diese Alpentransitstrecke notwendig waren. Das wichtigste und entscheidende Bauwerk war ohne jeden Zweifel

Lötschberger-Züge in Doppeltraktion auf dem Bietschtalviadukt/Ausserberg

der **Lötschbergtunnel** zwischen Kandersteg und Goppenstein. Mit seinen 14,6 Kilometern Länge war den Tunnelbauern eine weltweit bestaunte Meisterleistung gelungen.

Anders als bei anderen Alpenbahnen war Vorsorge getroffen worden, dass diese Alpenstrecke, auch der Tunnel, auf zwei Spuren erweitert werden konnte. Zudem sollten hier keine Dampflokomotiven ziehen, da deren Rauch in so einem langen Tunnel zu Problemen geführt hätte. Die Schweizer hatten bereits große Erfahrung mit dem Bau von Elektrolokomotiven gesammelt, deshalb wurden für den Lötschberg besondere Baureihen entwickelt. Hier konnten der Steigungen wegen nicht irgendwelche Loks eingesetzt werden, für das Berner Oberland und das Wallis wurden die kräftigsten Zugmaschinen gebraucht, die es damals überhaupt gab. Um die nötige Zugkraft auf die Schiene zu bringen, wurde für diese Bergfahrt ein **neues Elektrosystem** gewählt. Die 15 kV-, 16,7 Hz-Antriebe bewährten sich, deshalb wurde diese Technik von den Schweizer, den österreichischen, deutschen und weiteren Bahnen übernommen. Man sollte auf einer Fahrt von Spiez am Thuner See bis nach Brig auf der anderen Seite des Bergs unbedingt einmal voller Bewunderung zu den Fahrdrähten der Oberleitung dieser Bahn hinaufschauen!

Bei der Fahrt quer durch die Alpen hinter **Spiez** muss man im richtigen Zug sitzen, um viel zu sehen. Der 100-jährige Lötschbergtunnel hat Konkurrenz bekommen. Im Jahr 2007 wurde der Lötschbergbasistunnel fertig. Er ist mit seinen 34,6 Kilometern mehr als doppelt so lang wie der alte obere Lötschbergscheiteltunnel. Durch den neuen Alpendurchstich rauschen die Züge mit großem Tempo durch den Berg hindurch. Deshalb fährt, wer die Schweiz vom Zug aus genießen will, hier mit dem RegioExpress. Die eigentliche Lötschbergfahrt beginnt etwas später, nämlich in Spiez, dem großen Umsteigebahnhof, von dem aus die Golden-Pass-Züge nach Interlaken und Luzern oder aber in Richtung Montreux am Genfer See fahren (s. S. 66 und S. 68).

Nach Frutigen geht es durch eine Schweiz mit zwischen 2.500 und 3.000 Meter hohen Bergen und durch sattgrüne Täler dazwischen, so wie man das von Hochglanz-Fotobänden über die Alpen kennt. Der Zug gewinnt jetzt an Höhe, über weite Kurven und oberhalb des Ortes geht es auf dem **Kanderviadukt** einmal quer über das Kandertal. Dieses Brückenbauwerk mit seinen acht steinernen Brückenbögen ist auch vom Auto her eine Sehenswürdigkeit sondergleichen. Eisenbahnfreunde kennen die Kirche von Kandergrund. Sie ist berühmt, weil man sie vom Zug aus, der hier schon auf der Nordrampe des Scheiteltunnels fährt, gleich mehrfach zu sehen bekommt. Die Bahn gewinnt am Kirchhang auf Serpentinen an Höhe. Auf der Landkarte wirkt die Strecke wie eine nachlässig geschriebene Acht. Um auf die Südtrasse zu kommen, muss die Bahn bei Blausee-Mitholz erst einmal länger in nördliche Richtung fahren. Sie beschreibt dabei einen weiten exakten Halbkreis bergan. Kurz darauf wird der Bahnhof Kandersteg erreicht, der wegen seiner **Autoverladestation** weit über die Schweiz hinaus bekannt geworden ist. Die 15 Minuten Tunnelfahrt nach Goppenstein auf der anderen Seite des Lötschbergtunnels ersparen den Autofahrern zeitaufwändige Umwege. Eine Straße über den Lötschberg gibt es nicht.

Goppenstein droht im Winter Lawinengefahr. Deshalb gibt es schon beim Bahnhof massive Lawinengalerien, die vor der Gefahr von zu Tal donnernden Schneemassen schützen. Der Zug wird auf der Weiterfahrt nach Hohtenn – eine der nächsten Stationen – mehrfach durch Galerien geschützt.

Die Viadukte hier auf der Südseite des Lötschbergs sind wegen ihrer Architektur berühmt. Das gilt für das Luogelkinviadukt mit seinen hohen Steinbögen ebenso wie für das **Bietschtalviadukt**, das die Bietsch in einer Höhe von 78 Metern überbrückt. Dass das mit einem einzigen 95 Meter langen Stahlfachwerkbogen zwischen zwei Tunnels geschafft wurde, sieht man, wenn man mit den gelb-silbernen Triebwagen der Regionalbahn darüber hinwegfährt, naturgemäß nicht. Da haben es Wanderer besser, sie können über das Brückengeländer schauen, um die Konstruktion des Brückenbauwerks zu sehen.

Ab Hohtenn sollte man der Aussicht wegen auf der Talseite sitzen. Weit unter dieser Bahntrasse fließt unten die Rhône, die hier noch Rotten heißt, und man sieht Züge der Schweizer Bundesbahn, die entlang des Flusses nach Lausanne und Genf fahren. Wer dorthin will, steigt in Brig, der Endstation der Lötschbergbahn, aus, oder aber man wartet auf einen der Züge des „Glacier Express" in Richtung St. Moritz oder nach Zermatt.

Bus und Bahn

Wer in dieser Gegend Ferien machen will, fährt auch gut mit dem Postauto. Die Schweizer Post schickt Busse auch in Weiler hinauf, die fernab jeder Bahn liegen und – vielleicht deshalb – ganz besondere Alpenerlebnisse garantieren, www.postauto.ch.

Strecke: Bern–Brig ca. 100 Kilometer
Information: Der BLS (Bern-Lötschberg-Simplon-Bahn) RegioExpress Lötschberger fährt tgl. ab Bern nach Brig und braucht dafür 1 Std. 45 Min. (der IC durch den Tunnel 64 Min.), Preis ca. 51 CHF. www.bls.ch, www.loetschberger.ch.

INFO

23 Zur Quelle des Rheins: von Winterthur nach Schaffhausen

Der Rheinfall hat Bahnanschluss. Die S-Bahnzüge von Winterthur nach Schaffhausen halten an der Station Schloss Laufen/Rheinfall oberhalb des Wasserfalls. Vom Bahnsteig führt ein Weg mit Treppen direkt hinunter zum „Känzeli", einem Felsen über dem tosenden Rhein. Weil der Besuch des Rheinfalls Eintritt kostet, ist das Törchen an der Station hinunter zum Rheinfallabstieg meist geschlossen. Deshalb muss, wer per S 33 anreist, zuerst zum Schloss hinauf steigen, um dann von dort aus mit einer Eintrittskarte wieder zum Fluss hinab wandern zu können. Aber auch, wer im Triebwagen sitzen bleibt, bekommt etwas vom „größten Wasserfall Europas" zu sehen. Von der Haltestelle am Rheinfall aus fährt die S-Bahn zunächst durch einen kurzen Tunnel unter dem Schloss Laufen hindurch, um dann auf die Rheinbrücke ungefähr 100 Meter östlich des Rheinfalls abzubiegen. Nur von ihr aus kann man den Rheinfall „von oben" erleben. Das ist so attraktiv, dass früher einmal überlegt wurde, genau auf der Brückenmitte einen Halteplatz einzurichten. Das Vorhaben scheiterte letztlich an den Kosten.

Endhaltestelle der S 33, die 1857 als „**Rheinfallbahn**" gebaut wurde, ist Schaffhausen. Dieser Bahnhof wird in deutsch-Schweizer Staatsverträgen erwähnt. Darin wurde 1852 der Badischen Staatsbahn das Recht eingeräumt, hier für ihre Strecke Basel–Konstanz auf Schweizer Gebiet Land für eine Bahntrasse zu kaufen und darauf Züge fahren zu lassen. Weil in Schaffhausen deutsche und Schweizer Züge den gleichen Bahnhof anfahren, wurde daraus ein deutsch-Schweizer Bahnhof gemacht, der beiden gemeinsam gehört. Die deutsche Bahnstrecke Nummer 4000 ist älter als die erst fünf Jahre danach gebaute „Rheinfallbahn" auf der anderen Seite des Rheins von Winterthur nach Schaffhausen.

So verwegen, diese Strecke als Eisenbahnbesonderheit zu beschreiben, wären selbst national- und eisenbahnstolze Schweizer nicht. Die S 33 ist im wahrsten Sinne des Wortes eine **Wald- und Wiesenbahn**, die durch den unspektakulären Teil der Schweiz fährt, in dem es keine Alpen, sondern nur Hügel gibt. Dass auf ihnen der beliebte Blauburgunder wächst, sei nur zur Aufwertung dieser S-Bahnlinie erwähnt. Immerhin, es gibt eine Schlucht. Der Fluss Thur fließt bei Andelfingen durch ein tief eingegrabenes Talstück mit steilen Seitenwänden. Die Rheinfallbahn überquert ihn auf einer hohen Brücke, die auf schlanken steinernen Pfeilern steht.

Abstecher zur „Sauschwänzlebahn"

In dieser Region lohnt der Abstecher zur Wutachtalbahn in Deutschland. Zwischen Weizen und Blumberg-Zollhaus folgt eine Kehre auf die andere, was diesem Teil der Strecke mit seinen hohen Viadukten den anschaulichen Namen „Sauschwänzlebahn" einbrachte. Im Sommer fahren an fünf bis sechs Tagen pro Woche Museumszüge auf der (übersetzt) Schweineschwanz-Linie (www.sauschwaenzlebahn.de).

Winterthur selbst darf sich Eisenbahnstadt nennen, auch wenn die großen Eisenbahnareale vor der Stadt bestenfalls zum Abstellen von Zügen genutzt werden, wenn überhaupt. Ansonsten liegt das Schienenareal brach. Historisch gesehen half Winterthur der Schweiz auf die Schienen. Die frühere „Schweizerische Lokomotiv- und Maschinenfabrik" lieferte über viele Jahrzehnte kräftige Loks, die weit über die Schweiz hinaus begehrt waren. Und dann gibt es noch den „Bähnlerfriedhof". Die Schweizer Bahnrangierer haben an der Kapelle zwischen der Vogelsangstraße und der Eisenbahn Grabsteine

Der „Hintereingang" zum Rheinfall führt am Schloss vorbei

gesetzt und 45 Gedenktäfelchen daran angeschraubt. Sie erinnern an die Bahnkollegen, die im Dienst ums Leben gekommen sind.

Aus Sicht der Bahn stimmt die von den Schaffhausern oft genutzte Ortsbeschreibung „Rheinfall von Schaffhausen" nicht. Die Stadt Schaffhausen ist vom Rheinfall etwa vier Kilometer entfernt. Dagegen liegt Laufen-Uhwiesen mit dem Schloss Laufen und der entsprechenden Station linksrheinisch direkt über dem Rheinfall. Und rechtsrheinisch grenzt Neuhausen direkt an den Rheinfall. Vom „Neuhausen Badischer Bahnhof" sind es nur ein paar Schritte hinunter zum Rheinfall und auch von „Neuhausen SBB", wo die S-Bahn Nummer 22 aus Richtung Bülach und Zürich hält, ist es nicht viel weiter. Dass die von dort aus sichtbare Eisenbahnbrücke Neuhausener Brücke heißt, versteht sich von selbst.

Eine Rundfahrt rund um den Rheinfall mit S-Bahnen und Zügen der Deutschen Bahn ist ein sehr preiswertes Vergnügen. Mit dem Kurzstreckenticket ist das zu schaffen. Wie genau, wird im Bahnhof Schaffhausen gern entweder von einer deutschen Bahnange-stellten oder einem eidgenössischen Bähnler erklärt.

Strecke: Winterthur–Schaffhausen knapp 30 Kilometer
Information: Die Schweizer S-Bahn 33 von Winterthur und S 22 von Bülach und Zürich – Rheinquerung bei Eglisau – und die deutsche Bahn von Waldshut her fahren nahe am Rheinfall entlang. Preis ca. 7 CHF, Infos zum Fahrplan unter www.sbb.ch.

INFO

24 Der alte und der neue Gotthardtunnel: von Luzern nach Chiasso

Dies ist, auch wenn das niemand so sagt, die deutscheste aller Alpenquerungen. Als zum ersten Mal über eine Verbindung Luzern–Chiasso diskutiert wurde, meldeten sich sofort alle Bedenkenträger. Solch eine Bahn müsse ja über den Gotthard gebaut werden, eine Bergregion mit 3.000 und mehr Meter hohen Gipfeln. Diese Berge seien so hoch, dass die Menschen auf beiden Seiten des Gotthards kaum zu einander kommen. Auf der Nordseite des Gotthard wird Schweizerdeutsch gesprochen, auf der Südseite Italienisch. Und hier sollte eine **Nord-Süd-Bahn** gebaut werden? Dafür, dass die Gegner des Projekts kaum Gehör fanden, sorgten die Deutschen.

Das Deutsche Kaiserreich drängte darauf, eine Gotthardbahn zu bauen und, was besonders überzeugte, war auch bereit, erhebliche Mittel beizusteuern. Dahinter steckte politisches Kalkül. Ohne eine Bahn über die Schweiz nach Italien wäre man im Verkehr zum Mittelmeer auf Österreich und Frankreich angewiesen. Beides keine Option für Berlin, wo man weder der Republik Frankreich noch dem Kaiser von Österreich traute. So wurde die Gotthardbahn ein **schweizerisch-italienisch-deutsches Gemeinschaftswerk**, so wie es sich 1871 Otto von Bismarck wünschte. Eine Eisenbahn quer durch die neutrale Schweiz bot sich da an, umso mehr, als die Schweizer sich wenig darum kümmerten, was da durch ihr Land transportiert wurde. Selbst während des Zweiten Weltkriegs rollten die Züge von Deutschland nach Italien unkontrolliert durch das Land, was wegen der Militärtransporte immer wieder zu Protesten seitens der Alliier-

Liegt an der Strecke: Bellinzona, die unbekannte Hauptstadt des Tessins

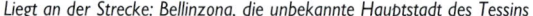

ten führte. Die Schweiz hat Deutschland und Italien ihre Anteile später zurückgezahlt.

Die Investition in die Gotthardbahn hat sich von Anfang an für alle Beteiligten gelohnt. Schon bald nach der Eröffnung im Jahr 1882 wurden über diese Strecke mehr Güter transportiert als über die konkurrierenden Alpentrassen. Dazu waren auch die Reisezüge über den Gotthard stets gut gebucht, geht es hier doch durch einige der schönsten Landschaften der Schweiz. Außerdem wollten alle zuhause erzählen, sie seien durch den Gotthardtunnel gefahren. Bis 1905 war er mit 15 Kilometern der **längste Tunnel** in den Alpen. Das änderte sich erst, als der Simplontunnel fertig wurde. Der war fünf Kilometer länger.

> ### Tipp: Swiss Pass
>
> Mit den Bahnen und dem Postauto ist so ziemlich jeder Ort der Schweiz gut zu erreichen. Das Land hat das dichteste Verkehrsnetz der Welt. Deshalb ist der Swiss Pass, der freie Fahrt in Bahnen und Bussen garantiert, ein besonders günstiges Angebot (www.swisstravelsystem.com). Ausgesprochene Panoramazüge können nur mit Platzreservierung genutzt werden. Auch wenn der Pass hier anerkannt wird, die Reservierungsgebühr kommt hinzu. In den Regelzügen, die die Strecken bedienen, wird keine Reservierung verlangt.

Die Gotthardbahnfahrt beginnt zwischen dem Vierwaldstättersee und dem Zugersee unterhalb des Rigis. Die Züge fahren am Lauerzersee entlang zum Kantonshauptort Schwyz, also durch die **Urschweiz**. Bei Brunnen wird aus dem Vierwaldstättersee der Urnersee und danach, ab Erstfeld – 472 Meter über dem Meer – beginnt die Gotthard-Nordrampe. Weil eine Lokomotive meist nicht reichte, die schweren Züge über den Gotthard zu bringen, wurde der Ort für ein Lokomotivdepot ausgewählt. Hinter Gurtnellen, die Züge sind hier nun schon seit Immensee 54 Kilometer gefahren, geht es durch zwei kürzere Tunnel – 92 und 53 Meter lang – in den Pfaffensprungtunnel. Das ist der erste **Spiraltunnel** der Strecke, in dem sich der Zug in Kehren hochwindet. Dabei schafft er fast 100 Höhenmeter. Gerade Strecken gibt es im Gebirge kaum und für die notwendigen Kehren fehlt oft der Platz. Deshalb mussten gleich mehrere Spiraltunnel gebaut werden, es geht weiter spiralig durch den Freggiotunnel, Pratotunnel, den Pianotondotunnel und Travitunnel, jeder eineinhalb oder mehr Kilometer lang.

Die Trasse der Gotthardbahn bis Chiasso an der italienischen Grenze ist 147 Kilometer lang, das wird sich Ende 2016 ändern. Dann fahren die Züge durch den neuen **Gotthard-Basistunnel**, der mit seinen 57 Kilometern wieder der längste Eisenbahntunnel der Welt sein wird. Die Gotthardbahn wird dann nördlich von Erstfeld in den neuen Tunnel hineinfahren und ihn erst bei Bodio im Tessin wieder verlassen. Dadurch kommen die Fernzüge zwar schneller ans Ziel, wer dann noch die schneebedeckten Alpengipfel oder das **Kirchlein von Wassen** vom Zug aus sehen oder unterwegs in die Seil- und Schmalspurbahnen entlang der Strecke umsteigen will, muss eine Lokalbahn nehmen, die es hoffentlich noch geben wird.

Strecke: Luzern–Chiasso 147 Kilometer
Information: Ohne Umsteigen dauert die Fahrt rund 3,5 Stunden mit dem IR, steigt man in Arth-Goldau um, sind es knappe zwei Stunden. Die einfache Fahrt kostet ca. 62 CHF. www.sbb.ch, Infos zur Bahn www.gotthardbahn.ch.

INFO

25 Entlang des Vierwaldstättersees in die Berge: von Luzern nach Engelberg

Wenigstens das Bahnhofsportal von 1896 gibt es noch: In Luzern fahren die Züge vom modernsten Bahnhof der Schweiz ab. Doch den wollten die Luzerner eigentlich gar nicht haben. Sie liebten ihren alten Hauptbahnhof. Leider ist er 1971 bis auf die Grundmauern abgebrannt. Ein Gebäudekomplex im Stil der späten 1980er-Jahre ersetzte ihn. 1990 wurde er in Betrieb genommen. An die Vorgängerstation erinnert das wie durch ein Wunder nicht zerstörte alte Portal mit seinen Figuren, das wie ein Denkmal auf dem Bahnhofsvorplatz, zwischen der Schiffsanlegestelle der Vierwaldstättersee-Passagierschiffe und dem Haupteingang von „Luzern Hbf.", aufgestellt wurde.

Für die Bahn hatten die Luzerner in den Eisenbahnpionierzeiten des 19. Jahrhunderts einen der schönsten Standorte der Stadt ausgewählt. Nicht nur der **Vierwaldstättersee** macht die Lage einzigartig, von den Gleisen aus sind es nur ein paar Schritte zur Kapellbrücke, die von der Bahnhofstraße schräg mit einem Knick über die hier in den See mündende Reuss führt und wegen ihres Rundturms im Wasser ein Ansichtskartenmotiv par excellence ist.

Gute Aussicht? Überall

In diesem Kopfbahnhof liegen Schienen verschiedener Breite nebeneinander. Auf den Schmalspurgleisen warten die Züge der **Zentralbahn** – so genannt, weil sie hier in der Zentralschweiz eingesetzt werden. Die Bahnen hinauf nach Engelberg ins Gebirge südlich von Luzern fahren im Stundentakt ab. Bis Stansstad geht es am Ufer des Vierwaldstättersees entlang. Hier geht es über die Brücke der Verengung zwischen dem Vierwaldstättersee auf der einen und dem Alpnacher See auf der anderen Seite. In Stansstad ist vom Bahnhof aus die Verwaltung der Zentralbahn zu sehen, die von diesem Städtchen und nicht etwa von Zürich gemanagt wird. Für Schweizer ist dabei wichtig: Dieser Teil des Vierwaldstättersees gehört schon zum **Kanton Nidwalden** und nicht mehr zum Kanton Luzern auf der Nordseite des Sees. Dies ist auch nicht mehr das Voralpenland, die Berge sind hier schon 1.898 und 1.807 Meter hoch, wie das Stanserhorn und das Buochserhorn links und rechts der Engelbergbahn. Das ist nur der Anfang. Die Engelberger Aa, der Fluss, dessen Verlauf diese Eisenbahn folgt, wird von Bergbächen gespeist, die am 2.593 Meter hohen Rigidalstock oder anderen Bergen der Urner Alpen entspringen, wie etwa dem Titlis – 3.239 Meter hoch und auf der Grenze der Kantone Nidwalden, Obwalden und Bern gelegen.

In dieser Alpenregion gibt es viele **Wandergebiete**. Hinter dem Bahnhof Stans beginnen die Wege in Richtung Stanserhorn. Dallenwil ist die Station für das Wandergebiet

Der Luzern–Engelberg Express

Wirzweli und von Engelberg geht es für Bergwanderer in Richtung Titlis/Brunni weiter. Gute Wanderregionen werden im Winter zu Skigebieten – wobei im Winter außer dem Titlis-Gebiet auch die Klewenalp oberhalb von Stans empfohlen wird.

Die Bahnen, die hier eingesetzt werden, mögen von außen wie eine normale, sehr moderne Triebwagenkombination aussehen. Was man nicht sieht, sind die **Zahnräder** unter dem Zug, die zwischen Grafenort und Engelberg in die zwischen den Schienen montierten Zahnstangen greifen. Ohne diese Kletterhilfe würden die Züge stehen bleiben, hier steigt die Bahn pro Meter 10,5 Zentimeter in die Höhe. Allerdings sieht man davon nicht allzuviel. Die Zentralbahn hat hier im Jahre 2010 einen neuen Tunnel in Betrieb genommen, der eine Steilrampe ersetzt hat.

Die Frage nach den **schönsten Aussichten** vom Zug aus kann man sich ersparen. Die heimatstolzen Zentralschweizer antworten darauf: „Man hat von überall gute Aussicht auf die Berge, die Strecke verläuft schließlich zwischen den Bergen" – 2.000 Meter hoch und höher.

INFO

Strecke: Luzern–Engelberg rund 35 Kilometer
Information: Die Züge von Luzern hoch nach Engelberg fahren im Stundentakt und brauchen für die Fahrt 47 Minuten (ca. CHF 17,40). Wem das zu wenig ist, der kann auch deutlich länger mit dem Zug unterwegs sein – als **Lokführer**. Die Zentralbahn bietet auf ihren Strecken Mitfahrten auf der Lok an – das kostet am Tag 500 Schweizer Franken. Der Preis wird mit den Bahnvorschriften begründet. „Es muss ein zweiter Lokführer mitfahren". Damit der auch disponiert werden kann, erwartet die „Zentralbahn" in 6362 Stansstad, Bahnhofsstraße 23, dass mindestens 14 Tage im Voraus solch eine Lokführerstandtour gebucht wird. Infos unter www.zentralbahn.ch.

26 Golden Pass I: Nach dem fünften See wechselt die Spur: von Luzern nach Interlaken

Die Schweizer Bundesbahnen fahren von den deutschen Grenzbahnhöfen über Bern oder Biel und Neuchâtel an den Genfer See. Das sind schöne Strecken mit großartigen Aussichten auf einerseits den Bieler See und den Lac de Neuchâtel oder andererseits oberhalb der Aare mit wunderbarem Blick auf Bern. Aber interessanter ist es, sozusagen über den Hinterhof an den Lac Léman – den Genfer See eben – zu reisen.

Solch eine **Quer-durch-die-Schweizer-Zentralalpen-Fahrt** beginnt am besten in Luzern. Hier fährt die Zentralbahn stündlich in Richtung Interlaken ab. Endstation ist der Bahnhof Interlaken-Ost, der größere der beiden Bahnhöfe dieser Stadt.

Die Reise von Luzern nach Interlaken ist eine **Fünfseen-Fahrt**. Auf den Vierwaldstättersee folgen, nachdem die Bahn nach Hergiswil unterhalb des 2.129 Meter hohen Pilatus auf dem westlichen Zweig des Schienennetzes der Schweizer Zentralbahn weiterfährt, der Alpnachersee, der Saarnersee, der Lungernsee und der Brienzersee.

Zu den landschaftlichen Höhepunkten der Fahrt gehören die Streckenabschnitte Alpnachstad – Giswil durch das Saarner Aachtal und vor allem die Schleife von Giswil nach Meiringen über den **Brünigpass**. Ohne Zahnradantrieb könnten die Bahnen die Steigungen hier nicht schaffen. Auf 100 Metern Fahrstrecke muss die Bahn 12 Meter klettern. Das ist ein Mehrfaches dessen, was „Normalbahnen" zugemutet werden kann.

Schweizerischer geht's nimmer: die Zentralbahn am Lungernsee

Der Blick aus dem Zug lohnt sich, auch die Brücken und Viadukte auf dem letzten Streckenabschnitt nach Interlaken-Ost sind Bahnattraktionen.

Wanderern werden entlang der Luzern-Interlaken-Verbindung das Pilatusgebiet, die Region Lungern-Schönbuel, Brünig-Hasliberg und wegen der Aareschlucht Meiringen und die Wege am **Brienzer Rothorn** (2.350 Meter hoch) empfohlen. Hier wartet mit der Brienzer Rothornbahn (www.brienz-rothorn-bahn.ch) noch eine historische **Dampflokfahrt** auf den Eisenbahn-Enthusiasten.

Reisende, die mit der GoldenPass-Linie ins Waadtland nach Montreux weiterfahren wollen, müssen (noch) in Interlaken-Ost vom Zentralbahn-Zug in die Wagen der BLS-Bahn (der Name erinnert an das ursprüngliche Fahrgebiet Bern, Lötschberg und Simplon) umsteigen, um damit bis nach Zweisimmen im Simmental zu fahren. Der Zugwechsel ist technisch bedingt. Während die Zentralbahn auf der Meterspur fährt, wurde für die BLS-Bahn die Normalspur – 1.435 mm breit – gewählt.

Durch den Schnee zu den Palmen

Hinter Zweisimmen fährt dann die MOB, die Montreux-Berner-Oberlandbahn, über Saanenmöser, Gstaad und Montbovon hinunter zur Endstation Montreux am Genfer See (zu diesem Teil der Strecke s. S. 68).

Auf dieser Reise ist man nie richtig angezogen. Während es oben in den Bergen noch eisig kalt ist, kann man unten am Genfer See unter Palmen in Sommerkleidung spazieren gehen. Oben in den Bergen ist die Landwirtschaft auf Viehhaltung angewiesen – von hier kommt ein großer Teil der Schweizer Käseproduktion – am Genfer See fährt die Bahn durch Weinberge.

Die gesamte Fahrstrecke ist 189 Kilometer lang – aber nur auf den 53 Kilometern der BLS-Bahn fahren die Züge auf der Normalspur. Damit in Zukunft das lästige Umsteigen entfällt, sollen ab 2016 auch Züge eingesetzt werden, deren Radsätze von der Meterspur auf die Normalspur umgestellt werden können. Wenn das wie erwartet funktioniert, ist die Bahn vom Thunersee an den Genfer See um eine bahntechnische Besonderheit reicher.

(zu diesem Teil der Strecke s. S. 68).

Strecke: Luzern–Interlaken Ost ca. 70 Kilometer
Information: Die Fahrt dauert ca. zwei Stunden und kostet ca. CHF 31, Infos unter www.zentralbahn.ch, Fahrplan unter www.sbb.ch. Luzern ist auch ein guter Ausgangsort für **Rundfahrten** mit Normal- und Schmalspurbahnen und dazu mit dem Postauto durch die Zentralschweiz. Auch die Kombination von Bahn, Bus, Bergbahn und den Schiffen auf dem Vierwaldstättersee ist möglich. Der Swiss Pass und der Swiss Flexi Pass gilt 3 bis 6 Tage innerhalb eines Monats, dabei können die Reisetage frei gewählt werden. Kinder bis zu 16 Jahren in Begleitung der Eltern fahren gratis mit.

INFO

27 Golden Pass II: Über den „Röstigraben" und auf dem Käsepfad: von Interlaken über Zweisimmen nach Montreux

Wer quer durch die Alpen von Luzern am Vierwaldstättersee über Interlaken und Zweisimmen nach Montreux am Genfer See fahren will, muss zwei Mal umsteigen. Denn für die steilen Stücke der Linie wurden Schmalspurgleise gewählt, wo es aber ging, wurde die um 43,5 Zentimeter breitere Normalspur gelegt. Das ist auf dem Teilstück von Interlaken nach Zweisimmen der Fall. Dahinter wählten die Bahnbauer für die einspurige Bahnlinie aus gutem Grund die Meterspur. Schmalspurgleise erlauben engere Kurven und können leichter in Schluchten hinein gebaut werden. Auf dieser geht es in Richtung **Gstaad**, dem Prominenten-Ort im Kanton Bern. Gstaad wäre möglicherweise ein armes Bergbauerndorf geblieben, wenn sich die Gemeinde nicht beim Bahnbau durchgesetzt hätte. Die Bahn gab nach, und heute fahren die Züge auf einer großen Schleife einmal mitten durch den Ort. Der Bahndamm ist eine Sehenswürdigkeit und Gstaad mit seinen Chalet-Häusern ein Höhepunkt der Bahnfahrt durch das Gebirge.

Der Panorama-Zug auf der Strecke zwischen Interlaken und Zweisimmen (BLS)

GoldenPass Classic bei Rougemont

Die Schmalspurbahn, die auch gebaut wurde, weil die Engländer um 1900 die Schweiz als Ferienland für sich entdeckten, brachte viele Touristen hierher ins Berner Oberland. Überall entstanden Berghotels, die auf die ebenso zahlungskräftigen wie anspruchsvollen Briten eingerichtet waren. An der höchsten Station der Strecke – in **Saanenmöser**, 1.274 Meter über dem Meer und noch vor Gstaad gelegen – investierten die Bergbauern in den Tourismus und das mit großem Erfolg. Der prominenteste Engländer, der regelmäßig hierher zum Skifahren kam, war der spätere Feldmarschall Bernard Montgomery.

Auch hier muss sich die Bahn auf kurviger Strecke den Berg hinauf- und auf dessen anderer Seite wieder hinunterkämpfen. Weiter Richtung Genfer See kreuzt man den

„Röstigraben", die französisch-deutsche Sprachgrenze der Schweiz. Die Anfang des 20. Jahrhunderts gebaute Bahntrasse folgt an vielen Stellen alten Alpenwegen, auf denen früher der **Gruyèrekäse** ins Tal gebracht wurde. Das dauerte bis zu 10 Stunden.

Auf den letzten 10 Kilometern vor Montreux vom 2.424 Meter langen Jaman-Tunnel zum See geht es **717 Höhenmeter** hinunter – die auf dem Rückweg nach oben für die Bahn Schwerstarbeit bedeuten, so als müsste sie eine Mauer überwinden. Die Steigung beginnt gleich nach der Abfahrt unten in Montreux, nur eine Straße von der prächtigen Promenade entlang des Genfer Sees entfernt Für solche Kraftanstrengungen braucht man spezielle Loks, die besonders stark sind. Eisenbahner nennen sie zärtlich „**unsere Bergziegen**".

GoldenPass Line

Drei Bahngesellschaften arbeiten hier zusammen. Auf die Schmalspurzüge der Zentralbahn AG von Luzern nach Interlaken, die für die Reise über den 1.001 Meter hohen Brünig wahre Klettertalente braucht (s. S. 66), folgt die BLS, die Bern-Lötschberg-Simplon-Bahn AG. Mit ihren Zügen geht es entlang dem Thunersee und durch das Simmental auf der Normalspur bis nach Zweisimmen. Den letzten Abschnitt nach Montreux übernimmt die GoldenPass-Bahn. Manchmal ist auch von der **Neun-Seen-Strecke** die Rede, um daran zu erinnern, dass keine andere Bahn der Schweiz an so vielen Seen nacheinander vorbei fährt. Für die 210 Kilometer kreuz und quer durch den schönsten Teil der Schweizer Alpen brauchen die Züge der drei Bahngesellschaften, die gemeinsam diese Verbindung anbieten, vier Stunden und 45 Minuten.

Auf gerader Linie geht so etwas überhaupt nicht. Ins Gebirge fahren Züge nur auf krummen Linien. Gerade deshalb sind sie bei den Fahrgästen so beliebt. Egal auf welcher Zugseite man in den Panoramazügen sitzt, **gute Aussichten** auf Montreux und den Genfer See sind garantiert, denn der Zug ändert auf vier Haarnadelkehren seine Fahrtrichtung.

Unten in Montreux kann man bei der Abfahrt nach Zweisimmen noch eine Besonderheit beobachten: Hier sind Loks unterwegs, die drei Wagen vor sich her schieben und weitere drei ziehen. Dass die bulligen Maschinen, die 2.700 Pferdestärken auf die Schiene bringen, mitten im Zug fahren, hat nicht nur technische Gründe. Die Plätze ganz vorne im ersten Wagen, dort wo der Lokführer sitzt, sind in den Bahnen der GoldenPass Line mit den **Panoramawagen** für Erster-Klasse-Fahrgäste reserviert, die für das Vergnügen, die Alpen aus der Lokführerperspektive zu erleben, einen Extraobolus zahlen. Der Lokführer selbst sitzt in einem engen Führerstand, der aus dem Wagendach des Steuerwagens als Kuppel herausragt. Die Lok in der Zugmitte wird von hier aus ferngesteuert.

Strecke: Luzern–Montreux 210 Kilometer
Information: Die Fahrt dauert 4 Std. 45 Min. und schlägt mit CHF 73 zu Buche zzgl. CHF 21 Platzreservierung. www.goldenpass.ch.
Hinweis: Die Schweizer Bundesbahn braucht für die Fahrt von Luzern nach Montreux zwei Stunden und 40 Minuten. Auch die SBB-Züge fahren in die Berge hinein – doch unvergessliche Anstiege wie auf der Alpenquerung der GoldenPass-Partner gibt es nicht. Allerdings fährt die SBB ab Genf entlang des Genfer Sees. Auch das hat was. Deshalb sind Rundfahrten – hin mit GoldenPass und zurück per SBB – durchaus beliebt, auch Zeitgründe sind dabei entscheidend.

INFO

28 Top of Europe: von Interlaken zum Jungfraujoch

Wer in Interlaken-Ost den Zug besteigt, fährt mit der **BOB** (Berner Oberlandbahn) nach Lauterbrunnen oder Grindelwald. Die Kundschaft auf dieser Strecke ist international wie selten, deshalb sind am Bahnhof auch japanische und chinesische Tafeln lesbar. Wählt man Lauterbrunnen, steigt man dort um in die **Wengernalp-Bahn**. Die 1893 eröffnete Schmalspurzahnradbahn hat 800 mm Spurbreite. Die gelbgrünen Zugkompositionen steigen nach Verlassen des Bahnhofs mit bis zu 180 Promille hinauf nach Wengen, einem der wenigen Dörfer im Alpenbogen ohne Autoverkehr. Der Blick öffnet sich zu den Trümmelbach-Wasserfällen und später zum Schilthorn, dem bekannten **Piz Gloria** aus dem James-Bond-Film. Wengen ist immer in der ersten Januarhälfte Zentrum des Skiweltcups vor der wohl zauberhaftesten Bergkulisse: Vor **Eiger, Mönch und Jungfrau** beginnt am Lauberhorn die längste Herrenabfahrt des Skizirkus. Die Bahn steigt weiter an zur Wengernalp und erreicht die Kleine Scheidegg auf 2.061 Meter. Am Bahnhof heißt es erneut umsteigen auf die Jungfraubahn. Von der Kleinen Scheidegg zum Jungfraujoch erklimmt die Bahn in 52 Minuten das fast 1.400 Meter höher gelegene Jungfraujoch auf **3.454 Metern** über Meer.

Ende des 19. Jahrhunderts war nicht das Matterhorn der berühmteste Berg der Schweiz, sondern die Jungfrau. Der Industrielle Adolf Guyer-Zeller kam auf einer Wanderung am Schilthorn auf die Idee, die Bahn auf die Jungfrau nicht ab Lauterbrunnen zu realisieren, wie von anderen früher geplant, sondern ab der Kleinen Scheidegg mit einem langen Tunnel durch die Berge Eiger und Mönch, denn die Wengernalp-Bahn war ja bereits im Betrieb. Im Sommer 1896 begann man mit dem Bau der 9,3 Kilometer langen Strecke. Von Eis, Lawinen, Nebel, tödlichen Unfällen und finanziellen Schwierigkeiten behindert,

Welche Kulisse! Die Jungfraubahn vor dem Jungfraumassiv

wurde die Bahn in 16 Jahren gebaut. Guyer-Zeller erlebte die Vollendung nicht mehr. Erst während des Baus wurde als Zielbahnhof nicht mehr die Jungfrau, sondern das Jungfraujoch geplant. Am Schweizer Nationalfeiertag, dem 1. August 1912, wurde die Strecke eingeweiht.

Bis zur Station Eigergletscher (2.320 m) fährt die rotfarbene Bahn je nach Saison über grüne Almwiesen oder entlang von Skipisten. Dann beginnt der Aufstieg im Tunnel. Bei der Station Eigerwand hält der Zug ein paar Minuten, um den Reisenden den Ausblick auf die **Eigernordwand** (2.865 m) zu er-möglichen. Diese Wand steht seit Jahr-zehnten im Blickpunkt vieler Alpinisten. Viele ließen ihr Leben bei dem Versuch, die Eigernordwand zu bezwingen. Bei kla-rem Wetter sieht man über Grindelwald, den Talboden von Interlaken, den Thuner-see ins Berner Mittelland bis zum Neuen-burger-, Bieler- und Murtensee vor dem Jurasüdfuß. Die Bahn steigt weiter, bewegt sich in eine Rechtskurve und erreicht die Station Eismeer auf 3.160 Metern. Auch hier hält der Zug, damit man einen Blick auf die imposante Eiswüste mit dem Schreckhorn und dem Lauteraarhorn rich-ten kann. Nach einigen Minuten Fahrt er-

Mit der BOB geht es zum Kleinen Scheidegg (hier bei Grindelwald)

reicht der Zug die höchstgelegene Bahnstation Europas. Die Station liegt noch im Tun-nel. Es geht noch ein paar Hundert Meter zu Fuß, bevor man den Stollen verlassen kann. Aus dem angrenzenden Restaurant hat man einen ersten Blick ins weiße Panorama in den Süden der Jungfrauregion, die als Ganzes zum **UNESCO-Naturwelterbe** gehört.

Über den Jungfrau-Gletscher und den Konkordiaplatz hinweg öffnet sich der Blick zum Aletschhorn und zum Eggishorn sowie zum **Aletschgletscher**, dem längsten Glet-scher der Alpen. Auf dem Jungfraujoch gibt es mehrere Restaurants, aber keine Über-nachtungsmöglichkeit. Wer oben bleiben will, kann das nur im Sommer, indem er mit guten Bergschuhen, Windjacke und Pullover in etwa einer Stunde zur Mönchsjochhütte (3.657 m) mit 120 Schlafplätzen wandert. Dort kann man bei Voranmeldung übernach-ten. Man kann auf dem Jungfraujoch den Eispalast besuchen, eine ca. 1.000 Quadrat-meter große Fläche, die ins Eis gehauen wurde. Mit dem Lift erreicht man die Plattform des Sphinx Observatoriums (3.571 m), von dessen Plattform man bei klarem Wetter bis nach Deutschland, Frankreich und Italien sehen kann. Sonst gibt es allemal noch Zeit für eine Schneeballschlacht. Das Wetter auf dieser Höhe kann extrem sein. Für die Rück-fahrt nach Interlaken nimmt man ab der Kleinen Scheidegg am besten die Wengernalp-Bahn nach Grindelwald, die am Fuß der Eigernordwand entlang abwärts fährt und steigt dort wieder um in die BOB. (ga)

Strecke: Von Kleine Scheidegg bis zum Jungfraujoch sind es 9,43 Kilo-meter (eine knappe Stunde), die max. Steigung beträgt 250‰.

Information: Die Fahrt ab Inter-laken Ost kostet stolze CHF 197. Infos zu Betriebszeiten unter www.jungfrau.ch.

INFO

29   Oben auf der Höhe beginnt Frankreich: von Nyon nach La Cure

Einige Bahnen scheinen ganz verschiedene Welten zu verbinden. Das kann man am Genfer See erleben. Nyon unten am See ist ein reicher und recht vornehmer Ort. Das ist nicht erstaunlich: In den Orten oberhalb des Sees leben Reiche aus aller Welt, aber auch die Größen des Showbusiness oder Filmstars schätzen diese auch steuergünstige Region kurz vor Genf. Oben auf den Bergen, 760 Meter über dem See, sieht die Welt ganz anders aus. Das fängt schon beim Klima an. Es gibt Tage, da kann man am Ufer des **Genfer Sees** mit leichter Kleidung spazieren gehen – oben aber bei La Cure direkt an der französischen Grenze werden gleichzeitig dicke Pullover und wetterfeste Winterkleidung gebraucht. Die Gegend liegt auf den südlichen Ausläufern des Jura. Auch in den Preisen unterscheiden sich Nyon und die Orte in der Höhe erheblich. In der Stadt Nyon, wo die **„Chemin de fer Nyon–St-Cergue–Morez"** zu Hause ist, werden Preise nach „Schweizer Art" festgelegt. Oben gilt das französische Preisniveau, das die Reisekasse schont.

Solche Unterschiede machen den Reiz dieser grenzüberschreitenden Region aus. Wer mag, kann an einem Tag den warmen Frühling und den sonnigen Herbst am Genfer See

genießen und am nächsten Tag im französischen Jura Ski fahren und auf zugefrorenen Bergseen Schlittschuh laufen, vorausgesetzt, auf der Eisfläche wurde der Schnee beiseite gefegt. Die Bahn den Berg hinauf und hinunter pendelt dabei zwischen einer grünen und einer schneeweißen Landschaft.

Auf der Meterspur geht es hinauf in den Jura

Die Region ist beliebt bei Skifahrern – auch an sie wurde gedacht

Der Name „Chemin de fer Nyon–St-Cergue–Morez" verspricht mehr, als diese Bergbahn halten kann. Züge zum französischen Ort **Morez**, 39 Kilometer von Nyon entfernt, gibt es nicht mehr. 1958 wurde das französische Teilstück der Schmalspurbahn stillgelegt. Seither heißt die Endstation der Bahn La Cure – 12 Kilometer vor Morez. Wer von La Cure nach Morez weiterfahren will, muss in den Bahnbus umsteigen. Damit geht es dann bis zum Bahnhof von Morez, wo die Züge der französischen Staatsbahn SNCF halten.

Die Züge der „Chemin de fer Nyon–St-Cergue–Morez" wurden von Firmen geliefert, die sich auf Straßenbahnen spezialisiert haben. Sie haben sich hier am Berg auf der Meterspur bewährt und ihr geringeres Eigengewicht macht sie zu wahren

Bergstation La Cure für die Bahn hinunter nach Nyon

Bergziegen. Eine Steigung von sechs Promille wie bei dieser Bergbahn über Nyon würde kein Normalzug schaffen.

Ob der obere Streckenabschnitt durch Wälder, almenähnliches Grasland und zerklüftetes Gelände schöner ist als die Strecke unterhalb des Bassins-Tunnels (116 Meter lang), wo es durch Weinberge geht und von wo aus man den Genfer See, die Savoyer Alpen und sogar den Mont Blanc sehen kann, muss jeder Fahrgast für sich selbst entscheiden. Die Frage, von welcher Seite des Zuges man die bessere Aussicht hat, stellt sich hier nicht. Die Bahn kämpft sich über viele enge Kehren – eine hinter der anderen – den Jura hinauf, sodass man mal von der rechten Zugseite aus den Genfer See sieht und gleich danach von der linken Seite. Der höchste Punkt der Strecke wird mit 1.233 Metern am Col de la Givrine erreicht. Hier hat der Zug einen Aufstieg über 838 Höhenmeter geschafft. Zur Endstation geht es wieder bergab.

Die Züge fahren stündlich und halten – bei Bedarf – an zehn Haltepunkten. So viele Orte liegen entlang der Strecke. Im Winter fahren einige Züge nur bis **Saint Cergue**. Das ist ein bekannter Wintersportort, der wegen der guten Bahnanbindung bei den Menschen entlang des Genfer Sees recht beliebt ist. Früher kamen viele Eisenbahnhistoriker, um diese Bahn zu erleben. Sie fuhr bis 1985 mit 2.500 Volt Gleichstrom – das war eine Besonderheit. Danach aber wurde sie auf 1.500 Volt umgestellt.

Wer Bilder von **Eisenbahnbrücken** sammelt, hat es von Nyon aus nicht weit. Ungefähr bei Streckenkilometer 3 beginnt das 74 Meter lange Asse-Viadukt, und nach Trélex etwa bei Bahnkilometer 5 geht es über das 110 Meter lange Colline-Viadukt. Wann hier einer der roten Züge zu erwarten ist, steht jeweils im Fahrplan.

Strecke: Nyon–La Cure ca. 24 Kilometer
Information: Die Fahrt dauert eine knappe Stunde und kostet ca. CHF 11. Infos unter www.bustpn.ch, zum Tourismus in der Region www.nyon-tourisme.ch, www.st-cergue-tourisme.ch.

INFO

30 Entlang des abgestürzten Bergs: von Ilanz nach Reichenau

Die Natur kann ganze Berge versetzen, wie etwa beim Flimser Bergsturz. Vor etwa 10.000 Jahren geriet am Tal des Vorderrheins ein ganzes Bergmassiv in Bewegung. 13 Kubikkilometer Fels und Stein stürzten beim Ort Flims im Schweizer Kanton Graubünden in die Tiefe – eine kaum vorstellbare Menge an Geröll. Man solle sich das Matterhorn vor Augen führen, raten die hier lebenden Einwohner. Was da das gesamte Tal des jungen Rheins unter sich begrub, entsprach von der Menge her dem Zehnfachen des Matterhorns: zehn Matterhörner also. In diesem Teil Graubündens wurde lange Zeit Rätoromanisch gesprochen. Deshalb heißt diese Gegend auch Ruinaulta – rätoromanisch für „**hohe Geröllhalde**".

Rheintouren

Bahnen folgen dem Rhein so ziemlich auf seinem gesamten Lauf durch die Schweiz hin zum Bodensee und danach am Bodenseeabfluss des Rheins bei Stein am Rhein bis nach Basel. Wer eine solche Rheinreise machen will, muss die Tour aber stückeln, einen Zug immer am Fluss entlang gibt es nicht. Dafür aber geht es durch sehr unterschiedliche Landschaften, und wer mag, kann auf dem Bodensee mit Schiffen von Rorschach auf der einen Seite bis Stein auf der anderen sogar hier dem Rhein folgen.

Wo genau der Berg abbrach, ist gut zu sehen. Der Vorderrhein hat sich ein neues Bett durch die Geröllhalde gegraben, dabei ist eine tiefe Schlucht entstanden, die von weißen Felswänden gekrönt wird, die Abbruchkante eben. Wie es hier aussieht, verrät auch eine andere Beschreibung dieser Schlucht: Es handle sich um den „**Grand Canyon der Schweiz**", wird zu Recht gesagt.

Dieser Schweizer Canyon ist tief und dabei eng. Das aber genau macht seinen Reiz aus. Er ist so eng, dass keine Autostraße entlang des jungen Rheins, der hier noch sehr schnell fließt und dank der vielen mitgerissenen Sandpartikel immer türkisfarben aussieht, Platz findet. Ein echter Alpenfluss. Entlang des Flusses reichte der Platz gerade einmal für einen nicht zu breiten Wanderweg – und eine einspurige Eisenbahn. Eine

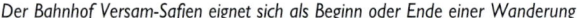

Der Bahnhof Versam-Safien eignet sich als Beginn oder Ende einer Wanderung

Normalspurbahn durch diese Schlucht zu bauen wäre nicht möglich gewesen. Nicht allein dass das Rheintal hier nicht breit genug ist, eine Normalspurbahn hätte dem Fluss nicht folgen können. Der Schienenweg muss hier jeder Flussbiegung folgen und da sind Schmalspurbahnen im Vorteil. Die Reise durch das Vorderrheintal ist eine **Kurvenfahrt**. Gerade Streckenabschnitte gibt es nicht. Die vielen Biegungen ersparen der Bahn steile Streckenabschnitte die Berge hinauf. Was da notwendig gewesen wäre, kann man aus dem Zugfenster heraus sehen. Die Felswände beiderseits der Bahnlinie sind bis zu 400 Meter hoch.

Wer nur durch die Ruinaulta fahren will, kann den Zug von Ilanz nach Reichenau (Richtung Chur) nehmen. Wanderer können unterwegs in Valendas aussteigen und bis zur nächsten Station **Versam-Safien** wandern (ca. 1,5 Stunden) oder hier einen kleinen Rundwanderweg nehmen und auf den jeweils nächsten Zug warten. Nicht jeder Zug aber hält hier. Der Glacier-Express von St. Moritz nach Zermatt fährt ohne Stopp durch die Ruinaulta. Trotzdem ist sie einer der Höhepunkte der Reise.

Wer den jungen Rhein besonders intensiv erleben will, kauft sich ein **Ruinaulta-Ticket**, das für die roten Züge der Rhätischen Bahn unten im Tal ebenso gilt wie für die gelben Postautos, die über die Berge oberhalb der Rheinschlucht fahren. Der Linienbus empfiehlt sich auch für die Wanderer, die in Laax oder Flims auf steilen Pfaden zum hier noch wilden Rhein hinab klettern wollen. Die Wege seien auch für Mountainbiker geeignet, versichern die dortigen Fremdenverkehrsvereine. Man sollte aber vielleicht gut im Sattel sitzen! In Conn wurde eine zwölfeinhalb Meter über den Abgrund ragende Aussichtsplattform gebaut, von der aus man einen guten Blick hinunter in die Schlucht hat – und natürlich auf die Bahnen, die dort fahren.

Der „Grand Canyon" der Schweiz

Strecke: Ilanz–Reichenau 13 Kilometer
Information: Die Fahrt dauert ca. 25 Minuten und kostet ca. CHF 11. Infos unter www.sbb.ch, zu Wanderwegen und Reisemöglichkeiten in der Umgebung: www.ruinaulta.ch.

INFO

31 Wahnsinnsbahn in Graubünden: auf der Albulalinie von Chur nach St. Moritz

Das Landwasser-Viadukt braucht man nicht zu fotografieren. Von kaum einer anderen Eisenbahnbrücke gibt es mehr Bilder als von dieser. Reiseführer zur Schweiz oder Bildbände über die Alpen ohne die Fotos dieser 65 Meter hohen Steinbogenbrücke gibt es nicht. Titelblätter mit den in einer eleganten Kurve über die wilde Landwasser-Schlucht hinweg fahrenden Zügen, die am Ende des Viadukts direkt in einer Tunnelöffnung – mitten in einer steil aufragenden Felswand – verschwinden, sind bei Kalendermachern beliebt.

Schräg!

Ein Souvenir sollte man aus dem Zug mitnehmen. Um den Fahrgästen die Steigungen auf diesem Schienenweg vor Augen zu führen, werden, wenn es passt, Weingläser mit krummem Stiel auf die Tische gestellt. Bei Bergauf- und -abfahrten stehen sie dann gerade. Natürlich werden die Gläser auch verkauft – dies ist ja die Schweiz!

Trotzdem, die Reisenden, die eine Fahrt mit der Rhätischen Bahn quer durch die Schweizer Alpen in Richtung St. Moritz gebucht haben, werden, sobald der Ort Alvaneu hinter ihnen liegt, nervös. Von hier aus sind schon das hohe Schmittentobel-Viadukt zu sehen und das noch höhere Landwasser-Viadukt dazu. Ab hier wird vom Zug aus fotografiert, als gäbe es bisher kein einziges Foto von diesem Motiv. Mit Entschuldigungen wie „das muss ich einfach fotografieren" drängen die Hobbyfotografen dicht an die Fenster. Wer keine Kamera in der Hand hält, wird jetzt gar nicht mehr wahrgenommen. Während der Kurvenfahrt auf der Brücke werden Fotos gleich in Serie gemacht. Wie die Lokomotive und die ersten Wagen des Zuges im Felsentunnel verschwinden, das Bild muss man einfach haben! Dieses Stück Eisenbahn begeistert auch solche Menschen, die sonst nie mit dem Zug fahren.

Für „**Pufferküsser**", die eingefleischten Eisenbahnfreunde also, ist die Landwasserbrücke so etwas wie ein Wallfahrtsort. „Hier in den Bündner Alpen findest du die gewagtesten Eisenbahnbauwerke überhaupt", schwärmt einer von ihnen. „Die Strecke zwischen Tiefencastell und Filisur ist der Wahnsinn", begeistert er sich, „die sechs hohen Steinbögen wurden 1901 mit Hilfe von Kränen gebaut. Das war neu. Anderswo war man noch auf große Holzgerüste angewiesen!"

Der Eisenbahnfan kommt oft hierher. Er kennt jeden Meter Schienenweg. „Die hier geplante Trasse war selbst für die Schweiz, wo man um 1900 schon viele Erfahrungen mit Bergbahnen hatte, sensationell". Die Bahnbauer entschieden sich damals für die Meterspur – „etwa ein Drittel schmaler als die Normalspur, wie es sie meist gibt, dadurch sind engere Kurven möglich".

Kurven, Schleifen und Kehren gibt es hier bei der Albula-Bahn hoch in den Bergen von Graubünden in der Tat reichlich, gerade Streckenabschnitte dagegen kaum. Die Bergabhänge sind hier so steil, dass die Bahnarbeiter kaum ihre Baustellen erreichen konnten, als die Trasse in den Fels gesprengt wurde. Die Bahningenieure aber wussten sich Ende des 19. Jahrhunderts zu helfen. „Die haben Bergsteiger engagiert, damit sie die Bauleute dorthin bringen konnten, wo sie gerade eingesetzt wurden". Arbeit gab es genug. 55 Brücken, Viadukte inklusive, zwei lange Galerien, die vor Steinschlag und Lawi-

Glacier Express zwischen Preda und Bergün

nen schützen, wurden gebaut und 39 Tunnel gebohrt. „Fünf davon sind wie ein Korkenzieher gebaut, spiralig. Die Züge schrauben sich darin in die Höhe. Doch leider kann man das nicht sehen. Im Tunnel ist es dunkel." All das geschah hoch in den Alpen, „die Luft ist hier dünn", umso mehr muss man bewundern, was hier geleistet wurde. Der Albula-Tunnel, der Name kommt vom Albula-Pass darüber, ist der höchstgelegene Alpendurchstich überhaupt. Hier und da verfolgen die Reisenden die Fahrt auf einer Landkarte: „Die Strecke sieht aus wie von der Gabel gerutschte Spaghetti."

Dazu gehört, dass man ein und denselben Ort während der Fahrt gleich mehrfach sieht. An der Kirche von Bergün etwa fahren die Albula-Züge gleich drei Mal vorbei, jedes Mal ein Stück höher. Preda ist eigentlich ein Nachbarort von Bergün – fünf Kilometer in direkter Linie entfernt. Doch direkte Linien gibt es bei der Gebirgsbahn nicht. Von Bergün aus mussten fast 13 Kilometer Schiene gelegt werden, um zur Station Preda zu kommen.

Gegen Ende der Fahrt gibt es nochmal Gedränge an den Fenstern der Panoramawagen. Vom Zug aus ist schon St. Moritz zu sehen. Und wieder heißt es, wenn von einer Gleisbiegung aus all die bekannten Grandhotels der Stadt zu sehen sind: „Das Foto brauche ich einfach." Wenn es verwackelt wird – macht nichts. Auch dieses Bild findet sich in den meisten Schweiz-Büchern.

Strecke: Chur–St. Moritz ca. 85 Kilometer
Information: Die Fahrt dauert ca. 1,5 Stunden. Die Albula-Bahn ist eine Teilstrecke des **Glacier-Express**. Der fährt mit Panorama-wagen von St. Moritz bis nach Zermatt – Ausblicke auf das Matterhorn inklusive (CHF 145). Infos und Fahrplan: www.glacierexpress.ch, www.rhb.ch, www.sbb.ch.

INFO

32 Bernina-Bahn: von St. Moritz nach Tirano

Eisenbahnen sind keine guten Kletterer. Es gibt Ausnahmen. Die Bernina-Bahn schafft als **Adhäsionsbahn** (ohne Zahnrad) 7 Promille, d.h. auf 100 Metern Strecke steigt oder fällt sie 7 Meter. Das sind Rekordwerte. Das macht sie zu einer der steilsten Adhäsionsbahnen der Welt und der Schweizer Alpen sowieso und zu einem Liebling der Eisenbahn-Fans. **1.824 Höhenmeter** schafft die Bahn von Tirano im Veltlin in der Lombardei hinauf auf den Berninapass. Sie hat Kurvenradien von 70 Metern.

Die Berninabahn gehört zu den absolut **spektakulärsten Bahnstrecken** Europas. Von St. Moritz über Pontresina schlängelt sich die Bahn in gemütlichem Tempo aufwärts. In der Montebello-Kurve hat man einen großartigen Blick auf den Morteratschgletscher und zum Piz Bernina (4.020 m). Die Landschaft verändert sich allmählich, Wälder und Bäume werden seltener, in hochalpinem Gelände geht es durch kurze Tunnels, die vor Lawinen und Steinschlag schützen.

Wenn es über Gebirgspässe geht, ersparten sich die Eisenbahningenieure gerne die letzten Höhenmeter, indem sie unter dem Pass hindurch einen Scheiteltunnel planten. Die Bernina-Bahn fährt als einzige Alpenbahn über den Pass hinweg und bietet unvergessliche Ausblicke auf die Gletscher. Man kommt an zwei kleinen „schwarzen" Seen vorbei, dem Lej Pitschen und dem Lej Nair und gleich dahinter die Staumauer des Lago Bianco, was bedeutet, dass die Sprachgrenze erreicht ist. Im Engadin wird Rätoromanisch gesprochen (und viel Schwyzertütsch), die Passhöhe des Bernina gehört bereits zum Valposchiavo, auf Deutsch Puschlav. Hier wird Italienisch gesprochen.

Die Straße verlief bisher parallel zur Bahn. Von der Passhöhe bis Poschiavo verläuft die Bahn auf einer viel imposanteren und spektakuläreren Trasse. An der Station **Ospizio Bernina** – direkt am Scheitelpunkt des Passes – hat sich der Bernina-Zug bis auf die Höhe 2.253 Meter über dem Meer hinauf gearbeitet. „Die höchste Alpenquerung einer Bahn" feiert die RhB ihre Bernina-Linie. Über den Stausee hinweg hat man nun Ausblick auf den Piz Cambrena und den Cambrenagletscher. Die Bahn fährt entlang dem herrlichen Bergsee, parallel zum schön ausgebauten Wanderweg, auf welchem man in etwas

Bernina-Bahn am Lago Bianco kurz vor Ospizio Bernina

mehr als einer Stunde die nächste Bahnstation Alp Grüm erreicht. Auf dem Weg zur Station Alp Grüm (2.091 m) wird nun der Blick frei hinauf zum Palügletscher und hinunter zum grünen Lagh da Palü.

Gleich nach der Alp Grüm hat man in Fahrtrichtung links einen wunderbaren Ausblick auf das Puschlav, das Veltlin und die dahinter liegenden Bergamasker Alpen. Die Bahn schaukelt den Fahrgast nun in gut zehn Spitzkehren und Haarnadelkurven durch Lawinenverbauungen, kurzen Tunnels und durch Wälder über den Maiensäss Cavaglia hinunter nach Poschia-

Karussellfahren auf dem Viadukt von Brusio

vo (sprich Posgiavo), den schmucken Hauptort des Tales mit Schieferdächern, Kopfsteinpflaster und der Stiftkirche San Vittore. Poschiavo (oder Le Prese) eignet sich für Autofahrer besonders als Ausgangspunkt für die Bahnreise. Der Zug fährt weiter leicht talabwärts mitten durch die engen Dörfer von San Antonio und Le Prese, wo die Bernina-Bahn zur Straßenbahn wird. Verkehrssignale verhindern nun gegenüber früher ein Chaos auf der Straße. Entlang dem schönen Puschlaversee erreicht der Zug Miralago.

Jetzt geht es wieder steil abwärts, der Zug erreicht in Serpentinen Brusio. Unterhalb des Dorfes bauten die Ingenieure einen „Kehrtunnel auf offenem Feld", einen spiralförmig gebauten Viadukt mit einem Durchmesser von 107 Metern, damit der Zug Höhe verlieren oder gewinnen kann. Ob es nun schöner ist, hier im Zug **Karussell zu fahren**, oder aber von unten her – am besten vom Mittelpunkt dieses spiraligen Bahnkreisverkehrs aus – die im Stundentakt fahrenden Züge zu beobachten (und zu fotografieren), ist Ansichtssache. In Campocologno erreicht die Bahn die Grenze zwischen der Schweiz und Italien und wenige Minuten später, nach 60,7 Kilometern, den Zielbahnhof Tirano im Veltlin.

Die Rhätische Bahn wirbt für die Bernina-Bahn mit dem Versprechen „von den Gletschern zu den Palmen" (in Tirano). Die Strecke ist **UNESCO-Weltkulturerbe**. Die Fahrt ist das ganze Jahr hindurch ein Erlebnis, im Sommer hat es bei gutem Wetter gelbe Aussichtswagen ohne Fenster, im März sind bei der Station Ospizio Bernina auch schon acht Meter Schnee gelegen, während in Tirano unten schon Blumen blühen. Besonders schön ist die Fahrt zwischen Mitte Oktober und Mitte November, wenn bei stahlblauem Himmel die Bergspitzen schon weiß gezuckert sind und die Wälder mit grünen Fichten und goldigen Lärchen einen speziellen Glanz haben. Die Strecke ist auch deshalb interessant, weil die RhB im Sommer noch mit dem ganzen Rollmaterial unterwegs ist: mit über 100jährigen Loks aus der Gründungszeit in gelber Originalfarbe bis zu Panoramawagen des „Trenino rosso" und ganz neuen roten Triebwagen-Kompositionen.

Strecke: 60,7 Kilometer von St. Moritz nach Tirano

Information: Die Fahrt dauert ca. 2,5 Stunden. Infos unter www.rhb.ch, www.valposchiavo.ch, Fahrplan: www.sbb.ch.

INFO

③ Von Locarno nach Domodossola: eine Reise über „gefühlte" hundert Täler

„Die Treppe hinunter": die Fahrt mit der „Centovallina" – so wird der Zug hier genannt – beginnt im Kellergeschoss des FFS-Bahnhofs von Locarno. Oben in der Belletage halten die großen Züge der Ferrovie Federali Svizzere – FFS ist die SBB/Schweizer Bundesbahn auf Italienisch.

Von Locarno aus, mit 193 Metern über dem Meer der tiefstgelegene Ort der Schweiz, hat die Centovallibahn genau 52 Kilometer Strecke vom Lago Maggiore in das italienische Domodossola vor sich. Bahntechnisch ist die Reise über die Grenze in die italienische Provinz Verban-Cusio-Ossola, also von der Gotthardstrecke auf der einen und der Simplon-Bahn auf der anderen Seite, eine Herausforderung an die Züge. Die blau-weißen Triebwagen müssen es bis auf die Höhe von 836 Meter über dem Meer bei Santa Maria Maggiore schaffen. Auf der Strecke gibt es Steigungen von 60 Metern pro Kilometer. Das schaffen nur leichte, straßenbahnähnlich konstruierte Bahnen, zumal wenn sie Tempo 60 erreichen sollen.

Die Centovallina fährt vom lieblichsten Teil der Schweiz, in dem die Fauna und Flora des Lago Maggiore bereits ans Mittelmeer erinnert, durch eine schroffe Gebirgslandschaft, bis dann schließlich das italienische, kühlere Domodossola – 270 Meter über dem Meer

Historische Lok der Centovalli-Bahn

– erreicht ist. Die Reise beginnt unter einem Bahnhof und endet auch unter einer Bahnstation. Das ist dann die „Stazione" der „Ferrovie dello Stato Italiane", der italienischen Staatsbahn.

Dass diese Bergstrecke als Centovallibahn bekannt wurde, kann man durchgehen lassen, denn zumindest der Schweizer Teil dieser italienisch-Schweizer Bahn heißt so. Der Name bedeutet übersetzt „100 Täler". Das ist natürlich höchst übertrieben, denn auch wenn der Zug insgesamt durch 31 Tunnel und über 83 Brücken fährt, sind es höchstens „gefühlte" hundert Täler. Doch wen stört das angesichts der **spektakulären Kurvenfahrt**. Es gibt zwischen Locarno und Domodossola kaum ein gerades Stück Strecke und Kurvenradien von 50 Metern sind auch bei einer Meterspurbahn so, als würde der Zug auf der Stelle wenden. Einige der Viadukte dieses 1912 begonnenen und erst 1923 vollendeten Bahnprojekts sind technische Meisterwerke. Das gilt sowohl für die elegante Stahlfachwerkkonstruktion des Isorno-Viadukts bei Intragna im Tessin – sechseinhalb Kilometer hinter Locarno – als auch die Ponte Brolla, eine hohe Steinbogenbrücke über die Maggia drei Kilometer zuvor, die sich hier ein Flussbett durch riesige Felsbrocken hindurch gebahnt hat.

Mit die schönste Eisenbahnbrücke der Schweiz:
das filigrane Isorno-Viadukt, etwa sieben Kilometer hinter Locarno

Der italienische Fahrabschnitt hinter der Grenzstation Camedo und dem dortigen Rui-nacci-Viadukt führt durch das Vigezzo-Tal, weshalb die Bahn in Italien Vigezzina genannt wird. Doch weil die Touristen mit einem Doppelnamen wie Centovalli-Vigezzina (oder umgekehrt) wohl Probleme bekämen, wird der Schweizer Name bevorzugt, umso mehr, als der **Lago Maggiore** ohnehin ein Touristenmagnet ist und hier Fahrten mit den Touristensonderzügen gerne gebucht werden. Die Menschen rund um den See sprechen dazu auch von ihrem „kleinen blauen Zug". Auch das ist nicht ganz so richtig. Die Triebwagen der Bahn, egal ob sie von Italien her kommen oder dorthin fahren, sind weiß – aber mit breiten blauen Streifen.

Egal, von den weißblauen Triebwagen aus und dem Panoramazug sowieso erlebt man auf bequeme Art eine besonders wilde Gebirgsgegend mit reißenden Bächen unterhalb der Bahntrasse und Wasserfällen an den Hängen darüber mit dichten Buchenwäldern dazwischen. Die knapp zweistündige Fahrt durch das Schweizer-italienische Voralpen-land endet nach einer Kurvenfahrt über fünf Kehren unterhalb der Stazione Domodos-sola, wo es wieder eine Treppe gibt. Diesmal nach oben.

Strecke: Locarno–Domodossola 52 Kilometer
Information: Die Fahrt dauert knapp zwei Stunden, das Ticket kostet ca. CHF 42. Die Schweizer Discountsysteme für Bahn- und Bus-reisen, wie Swiss Pass, Flexi Pass oder Halbpreis-Karte gelten auf der Centovalli/Vigezzina, egal von wel-cher Seite der Strecke aus, da die SBB die Bahnstrecke vom Wallis (Brig) durch den Simplon bis Domo-dossola betreiben. Infos unter www. centovalli.ch, www.sbb.ch.

INFO

Frankreich

Hoch in den Pyrenäen: Latour-de-Carol. Ein Bahnhof für gleich drei Spurweiten, die Normalspur, die spanische Breitspur und die Schmalspur des Train Jaune

34 Tour de France auf Schienen: im TGV von Deutschland ans Mittelmeer

Köln, Frankfurt, Stuttgart – mit Verlängerung nach München – und Freiburg sind die östlichsten Stationen der französischen Bahnen. Täglich pendeln französische Züge und dazu einige ICEs der Deutschen Bahn zwischen Deutschland und **Paris** hin und her. Das dauert je nach Strecke um die drei bis vier Stunden – eine gute Zeit also, mit diesen Bahnen sind die Reisenden schneller im Zentrum der französischen Hauptstadt, als das per Flugzeug möglich wäre.

Der beste Ausgangspunkt für eine Tour de France in 300 Stundenkilometer schnellen Zügen ist vom Westen Deutschlands aus nicht Brüssel, sondern das 35 TGV-Minuten entfernte französische Lille. Von Südbaden, Basel und den Kantonen der Westschweiz sind die Bahnhöfe von **Mulhouse** im Elsass oder Belfort und Besançon gute Zugänge zum französischen TGV-Netz.

Ein Zwischenstopp in **Valence** mit dem modernen Turmbahnhof Valence TGV lohnt sich. Das Städtchen am Zusammenfluss von Isère und Rhône ist selbst in Frankreich wenig bekannt, obwohl es hier die schönste Uferpromende am Strom und eine besonders malerische Altstadt gibt. Zudem hat sich die Stadt die berühmtesten Wassertürme Frankreichs geleistet. Die 57 Meter hohen Zwillingstürme stehen wie nebeneinander abgestellte Riesenstiefel am Stadtrand. Valence hat allen Grund, Wasser und Stiefel zu feiern. Überall im Stadtgebiet gibt es Quellen, und Bachläufe durchziehen den ganzen

Das Flaggschiff der französischen Bahn: der TGV

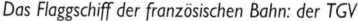

Ort. Der Wasserreichtum zog einst Gerber an, ihnen folgten die Schuhfabrikanten. Viel Pariser Schuh-Schick stammt von hier.

Valence wirkt, als sei es entlang der vielen **Wasserläufe** gebaut worden, die die Stadt durchfließen. Sie weisen den Weg direkt ins französische Alltagsleben. Hier hängen Villenbesitzer Tauchpumpen ins Wasser, um große Rasenflächen zu sprengen, dort wird mit Gießkannen Wasser für Gemüsegärten hinter einfacheren Häusern geschöpft. Immer noch stehen die steinernen Tröge im Wasser, in denen noch vor dreißig Jahren Wäsche gewaschen wurde. Da und dort sind noch Wasserräder zu sehen, die einst Maschinen antrieben.

Bahn oder Auto?

Wer die Reise in **Mulhouse** beginnt, sollte den Besuch des dortigen Eisenbahnmuseums mit einplanen (www.citedutrain.com). Auto-Interessierte können aber auch die legendäre Auto-Sammlung der Gebrüder Schlumpf besuchen (http://citedelauto mobile.com).

141 Bahnkilometer hinter Valence wird **Marseille**, Endstation und Einsatzbahnhof für täglich 30 TGVs, erreicht. In Marseille wollen die meisten Touristen den alten Hafen besuchen, die Basilika de la Garde – auch wegen ihres unvergleichlichen Rundblicks über die Stadt – oder aber die Gefangeneninsel Château d'If auf einer kleinen Mittelmeerinsel vor der Stadt. Nicht so die Bahnfanatiker: Sie bleiben gleich auf dem Gelände des altehrwürdigen Bahnhofs St.Charles. Er hat es als einer der wenigen alten Hauptbahnhöfe in die Bahnneuzeit geschafft und wurde nicht durch einen Neubau ersetzt. Vor St. Charles, wo die Züge bereitgestellt werden, gibt es so etwas wie eine ungeplante TGV-Eisenbahnschau. Hier sind alle ein- und zweistöckigen Höchstgeschwindigkeitszüge zu sehen, die kreuz und quer durch Frankreich brausen. Die einst so gerühmten Speise- und Schlafwagen fehlen inzwischen – da die Fahrzeiten immer weiter zusammenschrumpften, werden sie nicht mehr gebraucht. Es reicht zeitlich nur noch für schnelle Selbstbedienungsbistros, der Fortschritt hat seinen Preis!

Von **Marseille nach Paris**, dazwischen liegen 883 Kilometer Bahnstrecke, fährt der TGV in drei Stunden und 17 Minuten. Aber es wäre schade, wenn man nicht nach 37 Minuten oder 141 Kilometern eine Fahrtunterbrechung einplanen würde. Vom TGV-Bahnhof **Avignon**, der wie ein Flughafenterminal wirkt, fährt ein Shuttlebus hinunter in die Stadt und damit direkt ins Mittelalter. Der Besuch des Papstpalastes, des wuchtigsten Baus der Gotik, ist beinahe Pflicht.

In **Paris** muss, will man wieder in Richtung Norden zum Ausgangspunkt der Reise, der Bahnhof gewechselt werden. Doch anstatt mit der Metro vom Gare de Lyon zum Gare du Nord zu hetzen, sollte man etwas Zeit für wahre Eisenbahnromantik einplanen. Als vor über 100 Jahren das Restaurant Le Train Bleu über die Empfangshalle des Bahnhofs Gare de Lyon gebaut wurde, gab es viel Arbeit für Stuckateure, Vergolder und Kunstmaler. Das traditionsreiche Restaurant ist ein begehbares Kunstwerk – wo sonst kann man unter riesigen sehenswerten Landschaftsbildern auch noch bestens essen?

Strecke: ca. 750 Kilometer von Mulhouse über Valence nach Marseille, ca. 1.135 Kilometer von Marseille über Paris nach Lille
Information: Buchung über www.sncf.com/de; die Preise variieren je nach Buchungszeitpunkt und gewähltem Tarif. Für die Fahrt von Mulhouse über Valence nach Marseille sind etwa 100 €, für die Fahrt von Marseille über Paris nach Lille etwa 120 € einzuplanen.

INFO

35 Die beiden Bahnhöfe von Lille: In Lille-Flandres warten die Züge auf die Reisenden, in Lille-Europe ist es umgekehrt

Stolz und Liebe liegen im nordfranzösischen Lille nur **519 Schritte** auseinander. Mehr sind nicht nötig, um vom Gare de Lille-Europe, wo die Hochgeschwindigkeitszüge halten, zum altehrwürdigen Gare de Lille-Flandres, dem Regionalbahnhof, zu gelangen.

Auf seinen gläsernen Europa-Bahnhof ist Lille sehr stolz, er ist der wohl wichtigste Fernbahnhof von ganz Nordfrankreich. Vom **Gare de Lille-Europe** aus braucht der Eurostar je nach Verbindung nur ca. 80 bis knapp 100 Minuten nach St. Pancras, seiner Endstation mitten im Zentrum Londons. Marseille, immerhin gute 1.000 Kilometer entfernt, ist von hier aus nur fünf TGV-Stunden entfernt. Bis zu 17-mal täglich geht es nach Brüssel und von dort weiter nach Holland und Deutschland. Einen international derart frequentierten Bahnknotenpunkt haben nur wenige Städte zu bieten, schon gar nicht, wenn sie – wie Lille – nur 225.000 Einwohner haben. Der Stolz auf den neuen Bahnhof ist also berechtigt.

Drehscheibe für den europäischen Bahnverkehr: der Gare de Lille-Europe

Man muss, worauf man stolz ist, nicht unbedingt lieben. Der **Gare de Lille-Flandres** aber wird von den Menschen in und um Lille geliebt, schließlich haben sie ihn Stein für Stein in ihre Stadt geholt. Das Gebäude stand einst als Nordbahnhof in Paris. Als es für die Hauptstadt zu klein wurde, wurde es abgerissen und nach Lille transportiert. Die Verlegung des Bahnhofs war Mitte des 19. Jahrhunderts so preiswert, dass das Geld noch für eine riesige Bahnhofsuhr reichte. Sie war einst der wichtigste Zeitmesser der Stadt und ist noch heute schon von weitem zu sehen.

Den Menschen in Lille genügte eigentlich ihr altvertrauter Bahnhof. Doch die **Hochgeschwindigkeitstechnik** erzwang einen Neubau. Der Kopfbahnhof hätte die TGV-Züge, die mancherorts mit Tempo 300 durchs Land brausen, zu sehr ausgebremst. Außerdem musste das französische Schnellbahnnetz in Richtung Kanaltunnel nach England erweitert werden. Dafür wurde ein neuer Bahnhof – eben Lille-Europe – gebraucht und 1993 fertiggestellt.

Für die französische Bahn gehören in Lille Alt und Neu zusammen: Im Fahrplan steht ein „E" vor der Zugnummer, wenn der Zug in Lille-Europe hält, „F" steht für Lille-Flandres. Wohl, weil der Flandern-Bahnhof so beliebt ist, gönnt ihm die französische Staatsbahn auch ein paar **TGV-Verbindungen nach Paris**. Für die 228 Kilometer dorthin brauchen die verschiedenen Züge 61 bis 63 Minuten, egal ob von E oder F. Allerdings wird die Abfahrt ab Lille-Flandres als angenehmer empfunden. Hier warten die Züge auf die Fahrgäste, die sich gern in der altmodischen Bahnhofshalle aufhalten. Drüben in Lille-Europe ist es umgekehrt. Da stehen die Reisenden auf dem Bahnsteig, bis der Zug ein-

Der beliebte Gare de Lille-Flandres wurde Stein für Stein von Paris nach Lille versetzt

läuft. Nicht ohne Grund also ist Lille-Flandres der französische Regionalbahnhof mit den meisten Fahrgästen gleich hinter dem Rekordhalter in Lyon.

Bahnhofsneubauten beflügeln die Fantasie von Kommunalpolitikern, umso mehr, wenn es dazu viel Geld aus fremden Kassen gibt. Das war auch vor 30 Jahren in Lille so, als die Planungen für den neuen Bahnhof begannen. Lille war damals durch die Bergbaukrise wirtschaftlich ins Abseits geraten. Ein neues, ultramodernes Bahnhofsviertel sollte den Glauben an die Zukunft demonstrieren. Glanzstück sollte der etwa 750 Meter lange Gare de Lille-Europe werden. Die Architekten schwärmten von der **Transparenz** und der Offenheit, die sie mit viel Glas erreichen wollten. Die Fahrgäste von heute erleben diese Offenheit anders: „Es zieht überall", ist eine Klage, die man häufig hört. Lille-Europe ist trotz seiner architektonischen Finessen kein Wohlfühlbahnhof. In Lille-Flandres kommen noch Kellner an die Tische im Bahnhofsrestaurant, drüben in Lille-Europe gibt es nur Selbstbedienungstheken. In Lille-Flandres sind immer noch viele der uralten Fahrkartenschalter geöffnet, während in Lille-Europe reihenweise anonyme Fahrkartenautomaten die Tickets ausspucken.

Auf dem **Platz** zwischen beiden Bahnhöfen ist ständig Betrieb. Wer von der Fernbahn in die Regionalbahnen umsteigen will, muss ihn überqueren. Das Geräusch der 519 Schritte, die dazu nötig sind, geht unter im Klackern der Rollkoffer, die über das Steinpflaster gezogen werden.

Strecke: 228 Kilometer von Lille nach Paris
Information: Buchung über www.sncf.com; die Fahrt nach Paris dauert 61 bis 63 Minuten und kostet zum Normalpreis etwa 64 €. Es gibt aber auch diverse Spartarife. In französischen Bahnhöfen muss man genau auf den richtigen Bahnsteig achten. Das Gleis von dem ein Zug abfährt, kann sich von Tag zu Tag ändern. In den TGVs gibt es Gewichtsbeschränkungen für Gepäck, in der Regel kümmert sich aber niemand um die mitgeschleppten Kofferkilos.

INFO

36 Von U-Bahn-Ingenieuren gebaut: die „Schwalbenlinie" von Saint Claude nach Dole

Warum die Eisenbahnstrecke über den französischen Teil des Jura-Gebirges „**Ligne des Hirondelles**" – Schwalbenlinie – getauft wurde, ist selbst den französischen Eisenbahnern, die entlang dieser Strecke Dienst tun, nicht ganz klar: „Vielleicht wegen der Viadukte hoch in der Luft?" Christine Le Pennec, die an der Strecke wohnt, weist nach oben: „Die Schwalben fliegen im Herbst und Frühjahr hier über uns hinweg." Doch auch diese Erklärung bleibt eine Vermutung. Macht nichts, findet sie: „Ist doch ein schöner Name".

Christine liebt die Züge, die von Saint Claude, tief im französischen Jura, ins 107 Kilometer entfernte Dole auf der anderen Seite des Juragebirges fahren. Obwohl sie regelmäßig mit einem der meist drei täglichen Züge auf dieser Strecke unterwegs ist, erkämpft sie sich gegen Pendler und Schüler stets einen Platz am Fenster. „Das gibt es in Frankreich nicht noch einmal", beginnt sie die Liebeserklärung an ihre Hausstrecke: „Nach Fahrplan durch ein abgeschottetes, **wildreiches Naturschutzgebiet**. Autos sind hier nicht erlaubt, aber die Bahn darf fahren. Sie war schon da, als das noch ein ganz gewöhnlicher Bergwald war." Von ihrem Sitz in Fahrtrichtung hat sie eine gute Aussicht auf die bis zum Grund bewaldete Schlucht unterhalb der Bahntrasse.

Uhrmacherbahn

Die zweite bei Bahnfreunden berühmte Linie der Franche-Comté beginnt in Besançon und fährt ins Richtung Schweiz. Die „**Ligne des Horlogers**" – die Uhrmacherbahn – verbindet die französischen Zentren der Uhrenindustrie mit der Schweizer Uhrmacherregion. Die Strecke wurde die Jura-Berge hinauf über Morteau zum Col des Roches-Pass gebaut, der Grenze zwischen der Schweiz und Frankreich, und weiter ins schweizerische La Chaux-de-Fonds, eine der größten Städte des Hochjura mit 35.000 Einwohnern und bekannten Uhrenfabriken.

Dieser Teil des Jura-Gebirges, wo hohe Gipfel Frankreich zur französischen Schweiz mit dem Genfer See hin abgrenzen, war und ist ein **Zentrum der Feinmechanik**. Die reißenden Flüsse lieferten einst die Wasserkraft, die Uhrenindustrie, Maschinenbauer und Brillenspezialisten für ihre Werkstätten brauchten. Die Feinmechaniker stellten auch kriegswichtige Güter her, deshalb wurde hier vor 150 Jahren eine Bahn gebraucht – nicht wegen Reisenden, sondern wegen der Rüstungsindustrie.

Wer im Schatten hoher Bergrücken lebt, neigt zum Tiefstapeln. Die Häuser gegenüber der Station Saint Claude sind nach dem **Eisbergprinzip** gebaut, nur ihre Spitzen sind sichtbar. Saint Claude duckt sich in die tiefe Schlucht der Bienne. Gebäude, die vom Bahnhof aus gesehen vier Stockwerke haben, stehen auf sechs weiteren Stockwerken, die sich an die Felswand der Bienneschlucht anlehnen.

In solch einer Gegend sind Flachland-Eisenbahningenieure chancenlos. Als 1862 der Bahnbau beschlossen wurde, traf es sich gut, dass viele **Metro-Arbeiter** gerade nach neuen Aufgaben suchten. Sie, die Paris für die U-Bahn untertunnelt hatten, waren die geeigneten Experten für eine Strecke, die von 432 Metern binnen weniger Kilometer auf 2.080 Meter aufsteigen muss. 36 Tunnel, 18 Viadukte und viele, viele Kehren mussten gebaut werden. Allein zehn Brücken und 18 Tunnel waren nötig für die ersten 24 Kilometer nach Morez.

Ein Viadukt über dem anderen,
auf der Ligne des Hirondelles werden kletterfreudige Züge gebraucht

An der Station von Morez und später wieder auf der anderen Seite der Berge in Andelot-en-Montagne wechselt Christine Le Pennec stets von einem Fensterplatz zum gegenüberliegenden. Sie fährt nicht gerne mit dem Rücken zur Fahrtrichtung. Hier konnten die Schienen nicht in Serpentinen gelegt werden, hier geht es im Zick-Zack in die Höhe und wieder hinunter ins Tal. Deshalb halten hier alle Züge und der Lokführer wandert am Zug entlang zu dessen anderem Ende um weiter zu fahren. Die beiden Orte sind auch deshalb berühmt, weil man vom jeweiligen Haltepunkt aus die **kühnen Viadukte** sieht, über die die Bahn gerade gefahren ist. Die Zeit reicht dafür allemal. Ob man aussteigt, um mit dem nächsten Zug weiterzufahren, sollte man sich allerdings gut überlegen: Die Bahn fährt hier nur vier Mal pro Tag hin und zurück.

Strecke: 107 Kilometer von St. Claude nach Dole über das Jura-Gebirge
Information: Buchung über www.sncf.com. Die grandiose Aussichtsstrecke mit hohen Brücken über Orte hinweg einschließlich kühner Eisenbahntechnik kostet rund 20 € für die einfache Fahrt. Wer es touristischer mag, kann von Juni bis September die Fahrt plus Programm und Essen buchen – aber auch bei diesen Fahrten sitzt man im „Regelzug", der für die Strecke knapp zweieinhalb Stunden benötigt. Es sei denn, man erwischt eine Verbindung, bei der in Andelot umgestiegen werden muss, dann dauert es eine halbe Stunde länger.

INFO

37 Unterwegs ins Bronzezeitalter: mit dem Train des Merveilles von Nizza nach Tende

Den superschnellen TGV-Zügen, dem Stolz der französischen Eisenbahn, stiehlt in Nizza eine Regionalbahn die Schau. Schon seit 97 Jahren fährt sie ab Nizza Hauptbahnhof auf einer der **schönsten Bergstrecken Europas** entlang eines alten Handelsweges in die Seealpen hinauf. Durch die Täler des Paillons, der Roya und der Bevera führte einst die Salzstraße, die diese Hochgebirgsgegend reich gemacht hat, ins norditalienische Piemont. Das verpflichtet: Die französische Bahn schickt im 9-Uhr-Zug eine Reiseleiterin mit auf den Weg. Diese schweigt manchmal ganz bewusst. Dann drängen sich die Mitfahrenden an den Fenstern, gibt es doch gerade einen besonders gewagten Trassenabschnitt, der in eine Felswand hinein gesprengt wurde, tiefe Canyons unterhalb der Bahnlinie oder Orte zu sehen, die aussehen, als hätte man die Häuser an einen Berg geklebt.

Dass diese französisch-italienische Verbindung – die Strecke führt weiter bis ins italienische Cuneo – überhaupt besteht, ist ein Wunder für sich. Die Militärs lehnten ihren Bau strikt ab und in den Kriegen war sie heiß umkämpft. Wegen der Waffendepots im Gebirge wurden mehrere Brücken gesprengt. Sie wurden durch Spannbetonkonstruktionen ersetzt, die etwas fremd wirken. Der Zug hält am pompösen Bahnhof von **St. Dalmas de Tende**. „Der Bahnhof stammt noch aus der Mussolini-Zeit", sagt die Reiseleiterin. Mit dem monumentalen Grenzbahnhof wollten die italienischen Faschisten ein

Das Beste zum Schluss: Per Rundviadukt geht es zur Endstation Tende

Zeichen setzen. Als das kleine Dorf 1947 Frankreich zugeschrieben wurde, wusste man nicht, was man mit dem Monstrum anfangen sollte. Längst sind die Fenster vernagelt.

Dies ist die **internationalste Nebenstrecke** von ganz Frankreich. Im heute französischen Breil-sur-Roya zweigt die Verbindung ins italienische Ventimiglia ab und von Tende geht es weiter bis nach Turin in Norditalien. Die Eisenbahnfanatiker kümmert das wenig, sie kommen wegen der Bahnbautechnik nach hier oben, denn diese ist berühmt.

Frischer geht's nicht

Hier in den Bergen gibt es hervorragende Köche und preiswerte Restaurants. Eine Delikatesse ist die **Forelle** frisch aus dem Gebirgsbach. Doch wer „truite" essen möchte, sollte dem Koch nicht so genau auf die Finger sehen. Er holt nach aufgenommener Bestellung die Fische direkt aus einem Bachbassin und erschlägt sie am Beckenrand. Wer mit der Bahn kommt, hat da einen Vorteil. Wenn der Train des Merveilles pfeift und zurück nach Nizza fährt, erinnert man sich nur noch an den herausragenden Geschmack des Fischgerichts.

„Da – das nennen wir **Viadukt der Toten**", die Reiseleiterin zeigt auf eine Brücke etwas entfernt von der Bahn. „Wir sind zwischen Drap und Peillon-Ste-Thècle. Der Berg tötete viele Bahnarbeiter. Die Brücke und der Tunnel davor wurden nie benutzt, wir fahren auf einer neuen Strecke". Ständig geht das Licht an. Von Nizza bis nach Tende sind es 73 Kilometer und es gibt 67 Tunnel. Rekordsüchtige freuen sich auf den von Braus. Mit 5.938,8 Metern ist er der längste in ganz Frankreich. Daran haben auch die vielen neu gebauten Schnellfahrstrecken der Staatsbahn nichts geändert.

Die Bahnfans lässt der Tunnelrekord kalt. Sie fachsimpeln über die **Kehrschleifen** vor Tende, die wie Spiralen über das Tal hinweg und in den Berg gebaut wurden. An Zeit dafür fehlt es nicht, die Reise in die Berge hinauf dauert zwei Stunden. Züge schaffen nur moderate Steigungen und dank der Schienenschraube haben die Züge 1.900 Meter, um 70 Meter in die Höhe zu steigen. Das reicht auch für schwerere Züge.

Als „Train des Merveilles" – Zug der Wunder – steht die Bahn im Regionalfahrplan. Der Name bezieht sich auf die 35.000 Felsenbilder, die vor rund 4.000 Jahren in die Felsen oberhalb von Tende geritzt wurden. Das bis zu 2.600 Meter hohe Gebirge rund um den Bego war ein Heiligtum. Im „Musée des Merveilles" (www.museedesmerveilles.com) gleich am Bahnhof von Tende kann man Felszeichnungen und andere Ausstellungsstücke zum Leben der ligurischen Urbevölkerung sehen – sofern es einen nicht eher in die Schluchten des **Nationalpark Mercantour** zieht.

Sechsmal täglich fährt ein Zug von Nizza nach Tende und wieder zurück. Genug, um die engen Dörfer zu besuchen und steile Bergflanken hinaufzuklettern. Letztere schützten die vom Salz reich gewordenen Dörfler einst vor Überfällen. Heute sind die alten Häuser oft Rückzugsgebiet von Familien, die im Sommer dem heißen Nizza entfliehen wollen.

Strecke: 73 Kilometer von Nizza nach Tende
Information: Buchung über www.sncf.com oder besser vor Ort in Nizza, da es in der Saison Spezialangebote für Touristen gibt. Dann kosten Hin- und Rückfahrt am gleichen Tag nur etwa 15 €. Weitere Informationen (nur französisch) auf www.tendemerveilles.com.

INFO

38 Durch die Seealpen zu den Sauriern: der Pinienzapfenzug von Nizza nach Digne-les-Bains

Die „Zeitreise" um 200 Millionen Jahre zurück **ins Erdmittelalter** dauert genau drei Stunden und zehn Minuten. Dabei muss der Zug von Nizza und dem Mittelmeer zunächst 1.023 Höhenmeter erklimmen, um dann hinunter nach Digne-les-Bains – 601 Meter über dem Meer – zu fahren. Auf die Frage, wie lang die Strecke durch die Seealpen insgesamt ist, antworten die Eisenbahner höchst präzise: „150 Kilometer und 45 Millimeter".

Der Pinienzapfenzug fährt nicht direkt am Hauptbahnhof in Nizza ab, sondern von einem Haltepunkt ein paar Straßen weiter. Die Triebwagen auf dieser Linie sind – wo es möglich ist – mit Tempo 50 unterwegs. Als die Bahn vor etwas mehr als 100 Jahren eröffnet wurde, fuhren die Züge so langsam, dass das Gerücht aufkam, die Fahrgäste würden während der Fahrt **Pinienzapfen** sammeln, um damit das Feuer unter den Kesseln der Dampfloks heißer zu machen, damit es schneller geht. Daneben gibt es auch die Vermutung, dass mit Pinienzapfen die Bolleröfen in den Wagen beheizt wurden. Der Zug ist seither in ganz Südfrankreich als „Train des Pines" – Pinienzapfenzug – bekannt.

Wer für diese Bahn arbeitet, kann die Daten der Strecke in mehreren Sprachen aufzählen: „25 Tunnel, 29 Brücken – 16 davon Viadukte, 13 sind Stahlkonstruktionen". Der Lokführer, hinter dem sich die Fotografen regelmäßig versammeln, um die Trasse zu fotografieren, muss die Daten auf jeder Fahrt mehrfach nennen. Auch warum ausgerechnet eine **Seemuschel** als Wahrzeichen für diese Region hoch über dem Mittelmeer ausgesucht wurde, kann er erklären: „Unsere Alpen sind aus dem Urmeer aufgestiegen."

Ein **riesiges Urmeer** bedeckte einst große Teile Europas. Im Mesozoikum, dem Erdmittelalter, schoben sich aber Erdplatten übereinander. Ein Hochgebirge – die Alpen – stieg aus dem Wasser auf und presste den vorherigen Meeresboden in große Höhen. Deshalb können an der Ortseinfahrt zu Digne an einer Felswand versteinerte Ammoniten, Belemniten, die den heutigen Tintenfischen ähneln, und die steinernen Überreste vom Nautilus besichtigt werden. Ein Museum erinnert an die Zeit von vor 200 Millionen Jahren und zeigt, wie die fremdartigen Meeresbewohner ausgesehen haben.

Die Eisenbahnbauer hatten an den geologischen Besonderheiten dieser Strecke wohl wenig Freude. Für sie galt es, einen Weg durch das Gebirge zu finden, auf dem es keine allzu großen Steigungen gab – und das in einer Gegend, in der es nur Täler mit starkem Gefälle gibt. Die von den Bahnen ringsum genutzte Normalspur taugte für dieses Vorhaben nicht. Die **Meterspur** hingegen erlaubte engere Kurven und darauf kam es hier an. Diese Kurven machen heute den Reiz der Fahrt aus, denn dank der vielen Biegungen kann man die verschneiten Alpengipfel aus unterschiedlichsten Blickwinkeln sehen.

Als die Bahn gebaut wurde, spielten die Kosten keine entscheidende Rolle. Nizza und sein Hinterland wurden damals noch von den **Savoyern** regiert. Sie brauchten für dieses Land, das auch von den Franzosen beansprucht wurde, Vorzeigeprojekte. Eine gewagte Eisenbahnstrecke war da hochwillkommen.

Die besten Plätze im Zug sind die gleich hinter dem Lokführer. Von hier aus sieht man die Berge links, die Orte rechts und durch die Tür zum Führerstand auch die Kasten-

Das alte ...

brücke, über die der Zug fahren wird. Wann es durch den berühmten 3.457 Meter langen **Tunnel** unter dem Col de St. Martin geht, kündigen die Bahnler an.

In **Entrevaux** heißt es: „Wir sind ein bewohntes Freilichtmuseum". Die Fremdenführer weisen darauf hin, dass bei nur 901 Einwohnern alle Häuser vier- bis fünfstöckig sind. Sie wurden so gebaut, weil es unterhalb der Vauban-Festungsanlage aus dem 17. Jahrhundert und rechts vom Fluss an Bauland und an Platz fehlte. Wer hier die Fahrt unterbricht, hat genug Zeit, den Ort zu erkunden. Der nächste Zug kommt erst nach dreieinhalb bis vier Stunden.

... und das neuere Modell des Pinienzapfenzugs

In Veynes im Département Hautes-Alpes öffnet im Sommer das **Eisenbahnmuseum** Écomusée du cheminot Veynois. Der Ort war zur Dampflokzeit ein Eisenbahnknotenpunkt mitten in den französischen Alpen. In einem ehemaligen Eisenbahnerheim wurde ein herausragendes Museum eingerichtet, das liebevoll die Geschichte der Bahnstrecke durchs Gebirge – angefangen vom Fahrkartenschalter bis zum Schienenverlegen – zeigt. Sehr zu empfehlen!

Strecke: 150 Kilometer von Nizza nach Digne-les-Bains
Information: Preise und Abfahrtszeiten auf www.trainprovence.com; die einfache Fahrt kostet etwa 25 €.

Das Museum in Veynes ist von Juni bis September geöffnet, der Eintritt kostet 3,50 €, www.ecomusee-cheminot.com.

INFO

(39) Bergziegen in den Ostpyrenäen: im Train Jaune von Villefranche nach Latour-de-Carol

Manchmal muss man eben etwas warten, bevor ein Zug abfährt. Für viele ist das lästig, aber es gibt auch Menschen, die das genießen. Etwa den Holländer Piet. Er ist in den superschnellen Zügen der französischen Staatsbahn quer durch Frankreich gefahren, nur um einen **Regionalzug** zu erleben, der auf manchen Streckenabschnitten höchstens Tempo 30 schafft. Ihn stört auch nicht, dass es eine Weile dauert, bis eine junge Frau den Kniff heraus hat, wie unten zwischen den Wagen die Kupplungen miteinander verhakt werden müssen. „Das muss bei uns jeder können", erklärt der Schaffner, warum die Fahrkartenverkäuferin sich mit öltriefender Technik beschäftigen muss. Es sei eben alles etwas anders hier bei der Regionalbahn im Nordosten der französischen Pyrenäen.

Piet kniet derweil vor einer Wagenachse. Es sieht so aus, als streichle er den kanariengelb angestrichenen Zug. Die Bahnler hier sind so etwas gewohnt. Ihr Train Jaune ist eine Eisenbahn-Berühmtheit und genießt **Kultstatus**. Selten, dass sie hier in den Bergen unter sich bleiben. Ein Großvater versucht, seinen Enkel für den gelben Zug zu begeistern. Das ist bei einem Achtjährigen nicht leicht. Der Junge ist sichtlich verwundert, dass der Opa so für diesen alten Zug schwärmt – wo es doch so viele tollere und vor allem schnellere Bahnen gibt.

Der Train Jaune ist ein **Regelzug**, die Touristen sitzen also mit Berufspendlern, Schülern und anderen Leuten aus den Dörfern längs der Strecke auf den mit braunem Kunstleder bezogenen Sitzen im Zug.

Als Anfang des 20. Jahrhunderts beschlossen wurde, eine Bahnstrecke durch die enge Tête-Schlucht zu bauen, war das ein sehr waghalsiges Projekt. **Militärisch-politische**

Urahn der superschnellen ICE 3-Züge: Le Train Jaune

Überlegungen spielten damals eine entscheidende Rolle. Dieser Teil der französischen Pyrenäen, in dem noch viel Katalanisch gesprochen wird, war 300 Jahre lang zwischen Spanien und Frankreich umkämpft. Links und rechts der Schlucht hatte deshalb schon Vauban, der berühmteste Festungsbaumeister des französischen Königs Ludwig XIV. mächtige Forts gebaut, die Eindringlingen den Zugang versperren sollten.

Der Bau der Bahnstrecke mit ihren 63 Kilometern Länge stellte die Eisenbahningenieure vor **gewaltige Probleme**. Nicht nur, dass die Trasse in steil abfallende Bergflanken gesprengt werden sollte, es mussten auch noch Steigungen überwunden werden, wie sie die französischen Bahntechniker bis dahin noch nicht kannten. Es ging bis auf eine Höhe von 1.592 Metern hinauf, das ist bis heute der höchste Punkt im gesamten französischen Eisenbahnnetz. Wo es passte, wurden Stahlfachwerkbrücken über den Tête gebaut, sie sehen aus wie Käfige. An den tiefsten Stellen der Schlucht wurden eine Hängebrücke und die doppelstöckige 65 Meter hohe Bogenbrücke Viaduc Séjourné bei Thuès-les-Bains gebaut. Tief unten beim Fluss ist ein Wasserkraftwerk zu sehen, das den Fahrstrom für den Train Jaune liefert.

Es gibt 22 mögliche **Haltepunkte**, der Zug hält aber nur an, wenn tatsächlich jemand ein- oder aussteigen möchte. Jeder Halt kostet hier oben in den Bergen viel Kraft, deshalb wird nur angehalten, wenn es notwendig ist.

*Die Begeisterung
für die Bahn
ist in den Pyrenäen erblich*

Piet, der Holländer, interessiert sich besonders für die **Fahrgestelle** des Zuges. „Auf jeder Achse sitzt ein Elektromotor. Selbst einfache Güterwagen sind mit Achsmotoren ausgestattet worden", Piet zeigt auf die Kraftpakete. „Diese Technik wird im ICE 3 angewandt. Dadurch kann er mit Tempo 300 und mehr fahren. Hier wurde das zum ersten Mal erprobt".

11.52 Uhr, die Endstation Latour-de-Carol ist erreicht – ein Gebirgsdorf mit 400 Einwohnern. Der Bahnhof am Ortsrand nennt sich völlig zu Recht „Gare International". Hier endet eine in Toulouse beginnende Strecke mit einer Spurweite von 1,435 Metern. Das Gleis, das hinunter nach Barcelona führt, hat eine Weite von 1,668 Metern – spanische Norm. Die Schienen für den Train Jaune sind einen Meter breit. Bahnhöfe mit gleich **drei Spurweiten**, auf denen rund ums Jahr Züge nach Fahrplan fahren, sind sehr selten. Um so etwas zu sehen, kommen viele Eisenbahnfreunde eigens in die Ost-Pyrenäen.

Strecke: 63 Kilometer von Villefranche nach Latour-de-Carol

Information: Buchung über www.sncf.com oder vor Ort. Am einfachsten ist die Anreise nach Villefranche mit der Bahn oder dem Bus ab Perpignan.

INFO

Großbritannien und Irland

Schöner geht es nicht:
mit der Settle-Carlisle Line mitten durch Nordengland

40 Einsamkeit in malerischer Landschaft: die West Highland Line von Glasgow nach Oban oder über Fort William nach Mallaig

Die Briten sind sehr heimatverbunden. Wie anders ist es zu verstehen, dass die Leser des britischen Magazins *Wanderlust* vor einigen Jahren nicht etwa eine der berühmten Bahnen durch die Anden, die Rocky Mountains oder durch Australien zur **schönsten Bahnstrecke der Welt** kürten, sondern die West Highland Line direkt vor ihrer Haustür? Verdenken kann man es ihnen allerdings nicht, denn die Fahrt durch geheimnisvolle grüne Täler und entlang malerischer Lochs in diesem äußerst dünn besiedelten Gebiet ist ein geradezu berückendes Erlebnis.

Beide Strecken der West Highland Line starten in **Glasgow** im Bahnhof Queen Street und verlaufen bis Crianlarich gleich. Nach Verlassen des Queen Street-Tunnels und der nördlichen Vororte von Glasgow zweigt die Trasse in die Highlands ab. Es geht aufwärts, der Zug fährt am Fluss Clyde, am Gare Loch und am Loch Long entlang, es bieten sich die ersten tollen Ausblicke. Ab dem Bahnhof Arrochar & Tarbet geht es direkt nach Norden und am langgestreckten Loch Lomond entlang. Bevor der Zug Crianlarich erreicht, wo sich die beiden Linien trennen, sind auf der rechten Seite die Falls of Falloch zu sehen.

Ein bisschen unheimlich ist es in den menschenleeren Regionen der Highlands: Die Bevölkerung wurde einst zugunsten der Schafzucht gewaltsam vertrieben

Die Strecke in Richtung Oban zweigt nun in westlicher Richtung ab und führt am Loch Awe vorbei zur Endstation an der Küste. **Oban** ist ein ansprechendes, lebendiges Städtchen mit rund 8.000 Einwohnern. Mit seinem Naturhafen am Firth of Lorn gilt Oban als „Gateway to the Isles". Regelmäßige Fährverbindungen bestehen zu den vorgelagerten Hebriden-Inseln. Der Ferienort bietet viele kulturelle Veranstaltungen und Ausflüge sowie zahlreiche Übernachtungsmöglichkeiten. Allerdings beklagen die Einheimischen, dass nur wenige Urlauber tatsächlich in Oban bleiben, die meisten benutzten den Ort als Durchgangsstation zu den Inseln. Bereits zu viktorianischer Zeit hatte sich Oban durch die Eisenbahnverbindung und die Dampfschifffahrt zu einem wichtigen Ort an der schottischen Westküste entwickelt. Bedingt durch warme Strömungen gibt es eine besonders reichhaltige Vegetation. Königin Victoria bezeichnete Oban als „one of the finest spots we have ever seen".

Von Crianlarich aus auf der Nordstrecke geht es zunächst weiter in die Höhe und man kann im Tal die abgezweigte Strecke nach Oban sehen. Auf dem Weg nach Fort William ist die „Horseshoe"-Kurve ein besonderes Highlight für Bahnfans: Hier verläuft die Trasse in einem gewagten, fast u-förmigen Bogen. Beim einsam gelegenen Bahnhof **Corrour** erreicht die Strecke mit 410 Metern ihren höchsten Punkt. Von nun an geht es abwärts bis zur Station Fort William.

Fort William hat, wie der Name schon sagt, eine militärische Vergangenheit. Bis Ende des 19. Jahrhunderts gab es am Ende des Loch Linnhe eine Garnison, die den Zugang zum Great Glen kontrollierte. 1890 wurde sie abgerissen, um der Eisenbahntrasse zu weichen. Heute ist Fort William ein belebter, im Sommer recht hektischer Touristenort mit etwa 10.000 Einwohnern, allerdings ohne nennenswerte Sehenswürdigkeiten. Entlang der High Street reihen sich viele Läden und Cafés aneinander.

Nachdem der Zug den Kopfbahnhof Fort William wieder verlassen hat, ist schon bald Banavie erreicht. Hier wird über eine interessante Drehbrückenkonstruktion der Caledonian Canal überquert. Auf der rechten Seite ist „Neptune's Staircase" zu sehen, eine Schleusentreppe, auf der die Schiffe einen Höhenunterschied von etwa 20 Metern überwinden. Hinter Corpach geht es nun deutlich schneller voran, die Trasse nimmt entlang des Loch Eil einen recht geraden Verlauf. Etwa auf halbem Weg zwischen Fort William und Mallaig wartet mit dem **Glenfinnan-Viadukt** einer der absoluten Höhepunkte der Bahnstrecke. In bis zu 30 Metern Höhe fährt der Zug auf dem 380 Meter langen Bauwerk auf 21 Pfeilern meist extra langsam, um die Touristen in Ruhe die Aussicht genießen zu lassen.

Die Bahnstrecke endet in **Mallaig**, einem belebten Fischerort mit etwa 1.000 Einwohnern. Selbst nicht sonderlich ansprechend, ist Mallaig trotzdem stets voll mit Urlaubern oder Einheimischen, die auf die Fähren oder auf den Zug nach Fort William warten.

Die West Highland Line im Film

Immer wieder sind Abschnitte der West Highland Line in Spielfilmen zu sehen. Berühmt sind die Szenen in den *Harry-Potter*-Filmen, in denen der dampfgetriebene **Hogwarts Express** über das Glenfinnan-Viadukt fährt. In dem Film *Trainspotting* ist die einsame und etwas unheimliche Corrour Station zu sehen.

Strecke: 163 Kilometer von Glasgow nach Oban, 264 Kilometer von Glasgow über Fort William nach Mallaig
Information: Buchung über www.nationalrail.co.uk. Die einfache Fahrt von Glasgow nach Mallaig dauert etwas mehr als fünf Stunden und kostet ca. 38 €. Die Fahrt von Glasgow nach Oban dauert drei Stunden und kostet ca. 25 €. Empfehlenswert ist auf der Fahrt nach Mallaig, sich einen Fensterplatz in Fahrtrichtung links zu suchen. Von hier aus sind die meisten Sehenswürdigkeiten am besten zu sehen.

INFO

41 Die schönste Bahnstrecke Englands: von Settle nach Carlisle durch die Grafschaft Cumbria

Die Eisenbahnstrecke durch das karge und menschenleere Gebiet zwischen Settle und Carlisle wäre niemals gebaut worden, wenn sich die **englischen Eisenbahngesellschaften** Mitte des 19. Jahrhunderts nicht mit allen Mitteln bekämpft hätten. Die Midland Railway-Gesellschaft war zwar im industriellen Herzen Englands recht erfolgreich, ihre Züge konnten aber nicht in die Industrie- und Bergbaureviere Schottlands fahren, da ihr die Mitbenutzung der Gleise der London and North Western Railway verweigert wurde. Midland Railway beschloss daher den Bau einer eigenen Strecke, was ein ebenso schwieriges wie teures Vorhaben war, denn auf den leichter zu bauenden Trassen nahe der Nordseeküste und entlang der Irischen See fuhren längst die Züge der Konkurrenz.

1865 wurden die Landvermesser in das **nordenglische Hinterland** geschickt. Sie steckten eine Trasse ab, die heute durch den Yorkshire Dale National Park und am Lake District National Park vorbei führt. Insgesamt ein recht schwieriges Gelände: Es mussten Pfähle tief in Sümpfe hineingetrieben werden und es gibt lange Bergauffahrten sowie tiefe Täler. Außerdem wurden die Bauarbeiten regelmäßig durch Frost und starke Regenfälle behindert. Weil es zwischen Settle und Carlisle kaum Ortschaften gab, wurden Bahnarbeiterdörfer errichtet. Dorthin schickte Midland Railway sogar Bibelvorleser. Die Gesellschaft setzte darauf, dass die frommen Männer die Bahnarbeiter von Gewalttätigkeiten untereinander sowie vom Trinken abhalten würden.

Was bei all diesen Mühen entstand, wird heute als „Englands schönste Bahnstrecke" bezeichnet und hat mehr Fans hat als jede andere Bahn im Land. Der Verein **Friends of the Settle-Carlisle Line** hat rund 3.500 eingeschriebene und zahlende Mitglieder. Diese haben mit ihrer ehrenamtlichen Tätigkeit dafür gesorgt, dass die Bahn, die in den

Das Ribblehead-Viadukt ist eine eisenbahntechnische Berühmtheit

1980er-Jahren geschlossen werden sollte, heute besser dasteht als je zuvor.

Das spannendste Stück der Strecke beginnt gleich hinter Settle, bei Horton-in-Ribblesdale und Ribblehead. Das **Ribblehead-Viadukt** ist eine eisenbahntechnische Berühmtheit. Hier mussten auf 402 Metern Fahrstrecke 24 Brückenbögen – bis zu 32 Meter hoch – in den sumpfigen Untergrund gesetzt werden, um ein Tal zu überqueren. Dies ist aber nur eines von insgesamt 21 Viadukten entlang der 117 Kilometer langen Bahnlinie quer durch das nordwestenglische Hochland der Grafschaft Cumbria. Insgesamt gibt es 380 Bahnbauwerke, darunter 14 Tunnel. In den längsten von ihnen, den 2.402 Meter langen Blea Moor-Tunnel, fährt die Bahn schon einen Kilometer hinter dem Ribblehead-Viadukt hinein. Der Tunnel führt unter einem Hochmoor hindurch.

Auch die mit 26 Kilometern **längste Bergauffahrt Großbritanniens** findet sich auf der Strecke. Dazu geht es nördlich von Garsdale, im ersten Drittel der Strecke, in 356 Metern Meereshöhe über einen Hang. „Wir fahren über den höchsten Punkt einer Hauptstrecke in England", sagen Zugbegleiter vom Verein der Eisenbahnfreunde, die in manchen Zügen mitfahren, um die Strecke zu erklären. Weiterhin erläutern sie, wie karge Gegenden von noch kargeren unterschieden werden können: „Wir fahren durch die raueste Strecke im Land. Oben in der Höhe zwischen Settle und Kirkby Stephen weiden links und rechts Schafe. Danach gibt der Boden mehr her und bis Carlisle sehen Sie dann vor allem Fleischrinder auf den Weiden".

Die Schönste im ganzen Land

Der **Lake District** gilt als die schönste Landschaft von ganz England. Die Settle-Carlisle-Bahn wird in vielen Veröffentlichungen als schönste Bahnstrecke des Vereinigten Königreichs gepriesen. Das hat sich herumgesprochen und die Dieseltriebwagen-Züge fahren wieder im Taktverkehr. Nachdem 1970 alle Stationen entlang der Strecke bis auf drei geschlossen worden waren, wurden inzwischen acht wieder geöffnet, sodass an elf Haltepunkten ein- und ausgestiegen werden kann. Entlang der Strecke gibt es zudem sehr schöne Wanderwege.

Die Region zwischen den Bahnstationen Kirkby Stephen und Armathwaite heißt nicht umsonst „Eden Valley"

Strecke: 117 Kilometer von Settle nach Carlisle
Information: Preise, Abfahrtszeiten und weitere Infos auf www.settle-carlisle.co.uk; die Fahrt von Settle nach Carlisle und zurück kostet umgerechnet etwa 30 €. Für eine Strecke braucht der Zug eine Stunde und 44 Minuten. Wer mag, kann schon eine Stunde früher in Leeds einsteigen, dann beginnt die Fahrt im englischen Industrierevier. Im Sommer werden einmal in der Woche Dampflokfahrten angeboten, für die lange im Voraus Fahrkarten bestellt werden müssen, und die deutlich teurer sind. Informationen über die Strecke und zu diversen Veranstaltungen finden sich auch auf der Webseite der Friends of the Settle-Carlisle Line: www.foscl.org.uk.

INFO

42 Modernste Bahntechnik auf Londons ältesten Trassen: Docklands Light Railway

Die Eisenbahnbauer in London haben in der ersten Hälfte des 19. Jahrhunderts Großes geleistet. Die Züge der London and Blackwall Railway und die der Millwall Extension Railway fuhren auf Trassen hoch über der Stadt. Sie und die 1841 gegründete North London Railway beschäftigten viele Maurerkolonnen, die **haushohe Viadukte** quer durch das Hafengebiet der Stadt und weiter ins Zentrum bauten.

Tipp

Das Museumsschiff **Cutty Sark** ist nahe der gleichnamigen DLR-Station am Themseufer vertäut. Zum Greenwich-Observatorium, das genau auf dem Längengrad Null liegt, ist es von der Themse nicht weit. Wer die Olympia-Bauten sehen möchte, steigt bei der Rückfahrt in einen Stratford-Zug und fährt – wieder ganz vorn im Zug – zum eigens für Olympia gebauten Bahnhof, den gleich vier Londoner Bahnlinien anfahren. Von dort aus kommt man dann überall hin.

Um die Backsteinviadukte auf sich wirken zu lassen, begibt man sich am besten in die Nähe des **Tower of London**. Von der Rückseite des dortigen Double Tree Hotel Tower of London (Pepys Street) sind es nur ein paar Schritte bis zur Straße Crutched Friars. Hier kreuzt die Trasse in Höhe des dritten Stocks der Gebäude ringsum die Straße. Besser als an diesem stillgelegten Stück der alten Eisenbahn kann man die grandiosen, über 150 Jahre alten Bahnbauten kaum sehen.

Die Fahrt mit Londons Superbahn beginnt man am besten am **Bahnhof Tower Gateway**, etwa 150 Meter von Crutched Friars entfernt. An dieser Endstation warten die Züge auf die Fahrgäste. Falls gerade ein Zug zur Abfahrt bereit steht, sollte man auf den nächsten warten, denn die besten Plätze sind ganz vorne in der Bahn, die meist aus zwei zusammengekoppelten Doppelwagen besteht. Bei der Docklands Light Railway – abgekürzt „DLR" – gibt es keine Fah-

Das Streckennetz für die fahrerlosen Züge wird immer noch weiter ausgebaut

rer, die Bahnen fahren automatisch. Speziell für die Bahnsteuerung entwickelte Programme kontrollieren die Züge und halten elektronischen Kontakt zu den Stellwerken und zu anderen Zügen auf der Strecke. Weil es keinen Fahrer gibt, kann man sich an dessen Platz setzen, ganz vorn und mit voller Sicht auf die Strecke.

Die **Docklands** waren bis in die 1980er-Jahre die Häfen von London. Die Schiffe fuhren die Themse hinauf bis an die Tower Bridge und bei Bedarf noch weiter, die Fahrbahn wurde dann für sie hoch geklappt. Ab den 1960er-Jahren wurden die citynahen Hafenbecken nicht mehr gebraucht. Sie passten nicht mehr in die Zeit der modernen Contai-

Steht der Zug schon bereit, wartet man besser auf den nächsten – um die besten Plätze ganz vorne zu ergattern

nerschifffahrt. Die Docklands verkamen. Schließlich wurde entschieden, dass aus der Hafenregion ein **neuer Stadtteil** von London werden sollte, mit Einkaufszentren, repräsentativen Büroflächen und hochwertigen Wohnungen. Zu diesem Zweck wurde auch die Erweiterung des innerstädtischen Bahnsystems gebraucht. Die Bahnen, das stellte sich bald heraus, konnten die vorhandenen Trassen des Hafenbahnsystems nutzen.

Vom gemauerten Schienenweg, der hinter Tower Gateway beginnt, kann man auf die Straßen links und rechts der Strecke hinunterschauen – so wie einst die Lokomotivführer der Dampfbahnen, die hier vor 150 und mehr Jahren fuhren. Insgesamt fahren die DLR-Züge auf einem 34 Kilometer langen Netz durch Süd- und Ostlondon und halten – automatisch – an 46 Stationen. Am schönsten ist die Fahrt in Richtung Lewisham. Eine Fahrtunterbrechung an der Station **Canary Wharf** ist ein Muss, hier fährt der Zug durch ein Hochhaus – das Einkaufszentrum mit seinen 200 Läden ist berühmt. Davon, dass die Bahn weiter auf die andere Seite der Themse fährt, merkt man wenig. Kurz vor dem Fluss wird die Hochbahn zur Untergrundbahn und nutzt einen Tunnel. Vor und hinter der Themse werden die Fahrgäste in der zweiten Zughälfte aufgefordert, sich an die vorderen Türen zu begeben, wenn sie aussteigen möchten. Die U-Bahnhöfe sind hier nicht lang genug für die DLR-Bahnen.

Information: Preise und Streckennetz auf www.dlrlondon.co.uk; eine Fahrt vom Bahnhof Tower Gateway nach Lewisham kostet etwa 5 € zum Normalpreis für Barzahler und dauert eine knappe halbe Stunde.

INFO

43 Bahnfahrt entlang der Grenze von Devon und Cornwall: die Tamar Valley Line

Im Vereinigten Königreich ist meist nicht ganz einfach zu erkennen, wo genau eine Grafschaft an die nächste grenzt. Die Grenzlinie zwischen Devon und Cornwall im Südwesten von England ist jedoch unübersehbar. Östlich des Flusses Tamar liegt Devon, westlich davon beginnt die Grafschaft Cornwall. Ohne den Tamar gäbe es **Plymouth** nicht, seine Mündung ist ein tief ins Land reichender Fjord und ein bedeutender Naturhafen. Von hier aus segelten 1620 die Pilgerväter mit der Mayflower nach Amerika. Schiffe können – damals wie heute – bis fast nach Calstock fahren, etwa 20 Kilometer den Fluss hinauf. Die Bergregion oberhalb von Plymouth war einst ein bedeutendes Bergbaugebiet, sodass es sich um die Wende zum 20. Jahrhundert anbot, durch das Tamar-Tal eine Eisenbahnstrecke zu bauen.

Zug – Pub – Zug – Pub – …

Die 23 Kilometer lange Strecke den Tamar entlang nach Gunnislake ist heute Lokalbahn und Touristenattraktion zugleich. Beim **Rail Ale Trail**-Programm (www.railaletrail.com) gehören die Zugfahrt und der Besuch von Pubs zusammen. Wer in jeder der teilnehmenden Kneipen, vom Admiral McBride in Plymouth bis hin zum Cornish Inn an der Endstation in Gunnislake, ein Ale trinkt, sollte in jedem Fall auch auf der Rückfahrt die Bahn nehmen.

Die bunten Triebwagen der Tamar Valley Line fahren von Plymouth aus zuerst entlang des Hafens. Hier ist der Fluss mehrere hundert Meter breit und man kann von der Bahn aus Schiffe zählen. Nach etwa fünf Kilometern verengt sich das Fahrwasser, die Ufer sind hier nur 340 Meter voneinander entfernt. Diese Stelle bot sich an, um eine **Eisenbahnbrücke über den Tamar** für die wichtige Ost-Weststrecke nach Cornwall zu bauen. Die Brücke gehört heute zu den Haupt-Attraktionen der Tamar-Bahn.

Die Pläne der Eisenbahnbauer waren so beeindruckend, dass Prinz Albert, der Ehemann von Queen Victoria, gnädig gestattete, das Brückenbauwerk nach ihm zu benennen. Die **Royal Albert Bridge** hinter der Station St. Budeaux Victoria Road ist gut 600 Meter lang und wurde so hoch gebaut, dass die Transatlantik-Segelschiffe des 19. Jahrhunderts sie problemlos passieren konnten: Die Brückendurchfahrten sind 30 Meter hoch. Vom Tamar-Zug aus, der unter dieser Brücke hindurch fährt, sehen die Tragkonstruktionen der Royal Albert Bridge aus wie zwei riesenhafte Linsen, jede von ihnen ist 139 Meter lang. Die Brücke wurde für schwerste Belastungen ausgelegt, denn 1859, als sie eröffnet wurde, fuhren hier schwerste Erzzüge. Auch heute noch ist die Brücke verkehrstechnisch von großer Bedeutung, denn eine andere Hauptbahn in den äußersten Westen Englands gibt es nicht.

15 Kilometer hinter Plymouth und etwa sieben Kilometer vor der Endhaltestelle Gunnislake warten die mitfahrenden Eisenbahnenthusiasten schon auf einen **Stopp fern von Bahnstationen**. Vor Bere Alston zweigen die Schienen der alten Strecke nach Exeter ab. Die Trasse stammt noch aus der Zeit vor der Royal Albert Bridge, als die Züge gewaltige Umwege machen mussten, um über den Tamar River zu fahren. Beim Halt hinter Bere Alston verlassen Fahrer und Schaffner ihren Dieseltriebwagen, um die Weiche zu stellen. Es gibt auch andere Methoden, um einspurige Strecken zu sichern, diese aber hat sich hier bewährt und wurde schon vor anderthalb Jahrhunderten ausgearbeitet. Und warum sollte man so etwas ändern, wo es doch den Fahrgästen gefällt?

„Das Beste kommt zum Schluss", behaupten die Bewohner von Calstock, wo aus einer breiten Flussmündung wieder ein normaler Fluss wird. Das **Calstock-Viadukt** wird in den meisten britischen Eisenbahnbüchern beschrieben und zu einer ganz besonderen Sehenswürdigkeit erklärt. Für den Bau der Brücke wurde eines der damals modernsten Baumaterialien verwendet: Beton. Ein Betonwerk entstand direkt an der Baustelle. Es lieferte genau 11.148 Betonblöcke für die Träger und die zwölf 18 Meter weiten Steinbögen der 37 Meter hohen Brücke.

Das Calstock-Viadukt ist ein Highlight für Eisenbahnfans

Strecke: 23 Kilometer von Plymouth nach Gunnislake
Information: Buchung über www.firstgreatwestern.co.uk; eine Fahrt kostet ca. 6 €. Weitere Infos über die schönsten Bahnstrecken in Devon und Cornwall gibt es unter www.carfreedaysout.com, www.tamarvalleytourism.co.uk.

INFO

44 Eine Pferdebahn macht Karriere: die Looe Valley Line an die Küste Cornwalls

Umsteigen an und für sich ist schon lästig. Noch lästiger ist es aber, wenn der Anschlusszug auf einem über 100 Meter entfernten Gleis wartet und man zudem noch einen Hügel hinunter- oder hinaufklettern muss, um ihn zu erreichen. In Liskeard in der Grafschaft Cornwall lagen die Bahnstation der Hauptbahn von Plymouth in Richtung Penzance und die Station der Nebenbahn hinunter an die Küste bei Looe zwar in Sichtweite auseinander, aber die eine oben im Ort und die andere im Tal darunter. Daher wurden neue Schienen verlegt, was aber aufgrund des Höhenunterschieds eine ungewöhnliche Konstruktion verlangte. Die kühne Schleife, auf der der Looe-Zug im Ort an Höhe gewinnt, um dann im rechten Winkel an der Fernbahnlinie London-Cornwall zu enden, ist eine **eisenbahntechnische Berühmtheit** im englischen Südwesten. Die Bahnstrecke hinunter ans Meer, 13,5 Kilometer entlang des Flusses Looe, steht wegen ihrer schönen landschaftlichen Lage bei vielen auf der „Muss-man-gesehen-haben"-Liste.

Liskeard ist verkehrsgünstig am Motorway A 38 und der viel befahrenen First Great Western Railway-Strecke gelegen. Das Städtchen ist eines der für Cornwall typischen Marktflecken mit historischen Gebäuden, vielen Cafés und einigen Pubs, die sich am Rail Ale Trail-Programm beteiligen (s. S. 104). Zu den lokalen Attraktionen gehören „The Hurlers", ein Steinring aus keltischer Zeit etwa fünf Kilometer vor der Stadt, und ein Museum zur Stadtgeschichte.

Liskeard verdankt seine Entstehung dem **Kupferabbau** in der Region. Auch die Bahnlinie würde es ohne diese Bodenschätze nicht geben: Das Kupfererz musste schließlich irgendwie zu den Hüttenwerken geschafft werden. Der nächstgelegene Hafen war der von Looe, aber der Transport mit Pferd und Wagen war mühsam. Pro Pferd konnte man

Auf dem Weg an die Südküste Cornwalls nach Looe

nur eine Tonne Erz auf die Wagen laden. Schließlich wurden Schienen gelegt und dank des besseren und glatteren Laufs der Schienenwagen schaffte nun jedes Pferd zehn Tonnen Zuggewicht. Eisenbahnen mit Lokomotiven, die die Pferde gleich im Dutzend ersetzten, konnten mehrere tausend Tonnen Erz auf einmal bewegen.

19 Jahre lang fuhren ausschließlich Güterzüge auf den Schienen am Looe-River hinauf und hinunter. 1879 wurden **erste Personenzüge** eingesetzt und schon bald war die idyllische Fahrt entlang des Flusses beliebt. Die Bahn machte bald auch im Personenverkehr Gewinn und es gab schon früh Stammgäste: Wer in Liskeard dank des Kupfers reich geworden war, baute oder kaufte ein Haus am Ärmelkanal mit Blick auf die See und nutzte die Bahnlinie regelmäßig.

Von Looe-East, wo der Zug hält, sind es nur ein paar Schritte zur Innenstadt von **Looe**, und auch zum Strand ist es nicht viel weiter. Im Sommer sind Strand und Innenstadt gut besucht, aber nicht überlaufen. „Uns kennt ja keiner außerhalb von Cornwall", sagen die Einheimischen. Wer von der Bahn aus viel Wasser sehen möchte, muss sich eine Gezeiten-Tabelle besorgen. Südlich der Station Sandwell bildet der Fluss ein sogenanntes Ästuar – das Wasser fließt bei Ebbe also weitgehend ab, und man sieht nur Sand und Boote, die auf dem Trockenen liegen.

Die eine und die andere Seite

Für die Bahnen in den Grafschaften Devon und Cornwall werden sogenannte **Ranger and Rover**-Tickets an den Ticketschaltern der First Great Western Railway verkauft. Wer will, kann damit schon von Penzance nach St. Erth anreisen, um nach St. Ives zu fahren. Das dauert acht Minuten länger, dafür fährt man vom Ärmelkanal auf der einen Seite Cornwalls zur Keltischen See auf der anderen. Da das Parken im meist überlaufenen Ort St. Ives schwierig ist, wird die Bahn auch von den St.-Ives-Gästen benutzt, die sich die mühsame Parkplatzsuche ersparen wollen. Sie lassen das Auto an der Station Lelant Saltings stehen.

Von St. Erth nach St. Ives – eine Strandpartie per Bahn

Es lohnt, zusätzlich zur Fahrt mit der Looe Valley Line auch die Strecke von St. Erth nach **St. Ives** einzuplanen. Es gibt keine schönere Trasse oberhalb der See, immer am Kamm der Klippen entlang. Die Eisenbahnfahrt mit dem Dieseltriebwagen dauert von St. Erth aus zwölf Minuten.

Strecke: Looe Valley Line: 13,5 Kilometer von Liskeard nach Looe; St. Ives Bay Line: 6,8 Kilometer von St. Erth nach St. Ives
Information: Buchung über www. firstgreatwestern.co.uk; die Tickets kosten zwischen 3 und 5 €. Weitere Infos über die schönsten Bahnstrecken in Devon und Cornwall gibt es unter www.carfreedaysout.com.
Reisezeit: An Sonntagen wird die Looe-Strecke nur von Mai bis September befahren. Ansonsten verkehren die Züge täglich mehrmals.

INFO

45 Die irische Bahn ist international: von Dublin nach Belfast oder Cork

Dass es in London mehrere Bahnhöfe gibt, weiß man. Dasselbe gilt für Paris, für Moskau sowieso. Aber **Dublin**? Selbst vermeintliche Irlandkenner sind oft überrascht, dass es im Land ein durchaus funktionierendes Fernbahnnetz sowie gleich zwei große Bahnhöfe in Dublin gibt. Die irische Eisenbahn ist sogar besonders international und zudem auf Schienenwegen unterwegs, wie es sie so nirgendwo gibt.

Es fängt schon mit dem Namen an. Die silber-gelben oder grün-blauen Wagen der irischen Intercity-Bahnen fahren für „Iarnród Éireann" – das ist Gälisch für „Irische Eisenbahn". Diese tritt aber meist unter ihrem englischen Namen „Irish Rail" in Erscheinung. Irische Züge sind auf breiter Spur unterwegs. Die Spurbreite beträgt 1,6 Meter – 16,5 Zentimeter mehr als in den meisten übrigen Ländern, wo die Züge auf der Normalspur fahren. Der **Prestigezug Enterprise** wird gemeinsam mit den Northern Irish Railways auf die Reise von Dublin nach Belfast (und natürlich umgekehrt) geschickt. Er fährt täglich je acht Mal in beide Richtungen. In Nordirland wird der Fahrschein mit englischen Pfund bezahlt, in der Republik Irland gilt der Euro-Preis. Die Züge wurden aus Spanien, Japan und Korea importiert. Daneben fahren auch noch amerikanische Lokomotiven. Die Bahntechnik stammt noch von den Briten, die ab Mitte des 19. Jahrhunderts die irischen Bahnen gebaut haben. Die Lokführer auf der Nordstrecke haben – je nachdem, wo sie zu Hause sind – einen englischen oder einen irischen Pass in der Tasche. Internationaler geht es nicht.

Der schreckliche Oliver Cromwell

Ein **Zwischenstopp in Drogheda** lohnt sich, es ist einer der schönsten Orte entlang der irischen Ostküste und der historische Stadtkern wirkt fast wie Irland aus dem Bilderbuch. Der Ort war Schauplatz eines der blutigsten Kämpfe des englischen Bürgerkrieges. Der Protestant Oliver Cromwell ließ hier 1649 an die 3.500 Männer, Frauen und Kinder abschlachten, weil sich die Stadt lange weigerte, sich zu ergeben. Auf nordirischer Seite führt die Strecke durch eine bergige Landschaft, ähnlich wie entlang der Strecke nach Cork.

Auf dem Weg von Dublin zum Fährhafen Rosslare im Süden

Vom Bahnhof **Dublin Connolly** aus fahren die Nordirland-Züge. Es gibt auch Verbindungen zum wichtigen Fährhafen Rosslare südlich von Dublin sowie hinauf nach Sligo im Nord-Westen der Republik. Von der **Heuston Station**, dem zweiten großen Fernbahnhof der Stadt, wird der gesamte Süden und – bis auf Sligo – der Westen der irischen Insel bedient. Das Streckennetz ist auf die Hauptstadt Dublin ausgerichtet, Rundfahrten sind kaum möglich.

Wer irische Landschaft pur erleben will, fährt von Dublin Heuston in die **alte Stadt Cork**. Hier sieht es aus wie in einem Irland-Bildband: grüne Wiesen mit viel Vieh und sanfte Berge. Der Bahnhof Cork-Kent ist eine Sehenswürdigkeit für sich. Gerade Bahnsteige gibt es hier nicht, die Züge halten entlang einer Kurve. Das muss eine Spezialität der irischen Bahnbauer gewesen sein, auch Belfast-Central wurde als Kurven-Bahnhof gebaut. Die Attraktion von Cork-Kent ist eine Lokomotive wie sie im 19. Jahrhundert verwendet wurde. Sie sieht fast noch so aus wie die Maschinen, die der Lokomotiv-Erfinder George Stephenson gebaut hat.

Ab Sandymount folgt der DART-Zug auf 13 Stopps der Küste

Die schönste Strecke, der beste Zug? Auf dem Weg von Dublin nach Belfast fährt der Enterprise bis zur irisch-irischen Grenze hinter Dundalk entlang der Irischen See. Bei Sonnenschein, besonders morgens, wirkt die Küste wie verzaubert. Etwa 30 Minuten nach der Abfahrt am Connolly-Bahnhof fährt der Zug auf Drogheda zu, eine der interessantesten irischen Städte. Eisenbahnfreunde bewundern die von viktorianischen Ingenieuren 1850 gebaute Eisenbahnbrücke über die Flussmündung der Boyne, die längste von ganz Irland und das Wahrzeichen von Drogheda.

Wer mit dem Zug entlang der irischen Küste fahren will, aber nicht viel Zeit hat, dem seien die **DART-Züge** empfohlen. „DART" ist die Abkürzung für „Dublin Area Rapid Transit" und steht für eine Vorortbahn, ähnlich der deutschen S-Bahn. Die Fahrt vom Connolly-Bahnhof geht über den Fluss Liffey durch das Zentrum der Stadt und weiter nach Bray und Greystones. Ab Sandymount folgt der Zug auf 13 Stopps der Küste und vom Zugfenster aus kann man weit aufs Wasser hinausschauen. Zwei gute Gründe gibt es, an der Station Killiney auszusteigen: Links der Bahnstrecke geht es in ein altes Villengebiet mit vielen hochherrschaftlichen Häusern, rechts der Bahn führen Stufen hinunter zum Strand, der hier besonders schön und nie überlaufen ist.

Strecke: ca. 142 Kilometer von Dublin nach Belfast, ca. 31 Kilometer von Dublin nach Greystones. **Information:** Buchung über www.irishrail.ie; eine Fahrt mit dem Intercity von Dublin nach Belfast kostet ca. 15 bis 20 €, ein DART-Ticket von Dublin nach Greystones (Küstenstrecke) ca. 5 €.

INFO

Skandinavien

Berg, Tal, Fluss, Fjord – die Oslo-Bergenbahn befährt eine der schönsten Bahnstrecken weltweit

46 Über der Ostsee werden dänische Loks schwedisch: einmal rund um den Öresund

Lokführer, die Züge von Dänemark nach Schweden und wieder zurück fahren, sind es gewohnt, dass stets die Hälfte der Instrumente auf dem Führerstand ihrer Triebwagen nicht funktioniert. Das ist so seit 2001, als die **Öresundbrücke** auch für Züge frei gegeben wurde.

Was war das Problem? Die Schweden nutzen eine andere Bahntechnik als die Dänen. Das störte nicht, solange es keine Brücke über den Sund gab. Als dies dann der Fall war, mussten sich die Bahningenieure etwas einfallen lassen. Die Lösung war denkbar einfach: In dänische Züge wurde zusätzlich schwedische Technik eingebaut, Schweden rüstete in

Oben: Autobahn, gleich darunter: Eisenbahn, die Öresundbrücke

seinen Bahnen Dänentechnik nach. Auf der 7.845 Meter langen Öresundbrücke wechseln seither die Lokführer von der einen Seite des Führerstands auf die andere. Es ist ein **Wechsel vom dänischen zum schwedischen Bahnsystem** – oder umgekehrt.

In Dänemark und Schweden selbst brauchte nicht viel geändert zu werden. In København H (H steht für „Hovedbanegården" = Hauptbahnhof) und in Malmö C (Centralstation) programmierten die Eisenbahner lediglich die elektronischen

Zugzielanzeiger neu. Jetzt zeigten die elektronischen Hinweistafeln auch die Städte im jeweiligen Nachbarland an – das gab es vorher nicht.

Von Dänemark ist es nun nicht mehr weit nach Schweden. Die Züge brauchen von Hauptbahnhof zu Hauptbahnhof ca. 34 Minuten Fahrzeit. Die Nahverkehrsbahnen fahren im **20-Minuten-Takt** zwischen Kopenhagen und Malmö hin und her. Dass der Flughafen Kopenhagen-Kastrup (Station „Københavns Lufthavn") heute vom schwedischen Malmö fast so schnell zu erreichen ist wie von der Innenstadt Kopenhagens aus, verblüfft selbst die Dänen, die ihrerseits gern in Malmö abheben, denn dort starten die Billigflieger.

Die Öresundbrücke bringt die beiden Völker einander näher: Die Schweden staunen über das fröhliche Kopenhagen, wo im Hovedbanegården die Bahnschwellen in leuchtenden Farben angemalt sind. Und die Dänen wussten zu Zeiten, als es nur Fähren gab, nicht, wie schön etwa Malmös Centralstation aus dem 19. Jahrhundert ist. Fest steht, dass sich die verbundenen Regionen, das dänische Seeland und die südschwedische Provinz Schonen, in der Zahl ihrer Sehenswürdigkeiten in nichts nachstehen.

Wer während der Fahrt beeindruckende Ausblicke erwartet, wird enttäuscht. Der Zug fährt zuerst durch den **Drogdentunnel**, der gebaut wurde, damit die Schiffe ungehindert im Sund fahren können. Auf der neu aufgeschütteten **Insel Peberholm** fährt der Zug vom Tunnel hoch auf die westliche Brückenrampe. Die Bahn ist auf der Öresundbrücke nur so etwas wie ein Untermieter: Unter die vierspurige Autobahn wurde für sie ein Stahlkasten mit kreuzförmig montierten Stahlbalken gehängt. Diese stören beim Blick hinunter aufs Wasser. Auch wenn der Zug am höchsten Punkt der Öresundbrücke in 57 Metern Höhe das schwedische Flintrinne-Fahrwasser überquert, gibt es für Bahnreisende nur wenig zu sehen. 40 riesige Widerlager halten die Schrägseile, die über die 204 Meter hohen Pylone gespannt wurden, um die Brücke zu tragen. Dass sie **die höchsten Bauwerke Schwedens** sind, tröstet Bahnfahrer kaum darüber hinweg, dass sie den Blick auf die Schiffe unterhalb der Brücke versperren.

Sich darüber zu ärgern lohnt nicht. Die Brücke macht es möglich, den Sund von allen Seiten zu genießen. Ein **Öresund-Rundfahrschein** (Öresund Rundt) ist erhältlich und gewährt beispielsweise sowohl den Besuch des schwedischen Inselchens Ven als auch des Hamlet-Schlosses im dänischen Helsingør. Und weil die Fähre vom schwedischen Helsingborg nach Helsingør im Preis inbegriffen ist, kann man in einem großen Kreis einmal um den Öresund fahren. Dass Schweden mit Sackkarren mitfahren, die auf der Rückfahrt voller Weinkisten und Bierkästen sein werden, hat etwas mit den sehr unterschiedlichen Alkoholika-Preisen dies- und jenseits des Sunds zu tun …

Tipp für Malmö

Malmö hat neben der nahen Öresundbrücke als höchstem Bauwerk auch das höchste Gebäude Schwedens zu bieten, den 190 Meter hohen **Turning Torso**. Das Büro- und Wohnhochhaus des spanischen Architekten Santiago Calatrava wurde bis 2005 erbaut und hat 54 Etagen. Der Turm scheint sich in sich selbst zu drehen, ein Stilmittel dekonstruktivistischer Architektur. www.turningtorso.se.

Strecke: 46 Kilometer vom Kopenhagener zum Malmöer Hauptbahnhof

Information: Die Verkehrsgesellschaft heißt Øresundstog bzw. Öresundståg, http://dsboresund.dk (dänisch) bzw. www.oresundstag.se (schwedisch). Einfache Fahrt København H – Malmö C Erw. ca. 12 €, Kinder ca. 6 €, Familienticket „Family Orange" (2 Erw., 3 Kinder) ca. 20 €. Die oben erwähnten Tickets für die gesamte Strecke „Rund um den Sund" einschließlich der Fährpassage Helsingborg–Helsingør werden beiderseits des Öresunds am Bahnhof und in Touristeninformationen verkauft. Sie sind 2 Tage gültig und kosten ca. 38 €. Darin sind viele Rabatte für die Sehenswürdigkeiten der Region enthalten. Das ist die preiswerteste Art, den kompletten Sund kennenzulernen. Die offizielle Website der Öresundbrücke lautet http://de.oresundsbron.com (auf Deutsch).

Der beste Platz: Wenn es über die Brücke geht, sitzt man am besten, wie so oft, gleich hinter dem Lokführer. Von dort sieht man, wie er den Platz wechselt und den Dänenzug zu einer schwedischen Bahn werden lässt.

INFO

㊼ Ab durch Schwedens Mitte: von Kristinehamn nach Gällivare und weiter auf der Erzstrecke

Zündende Ideen, wie eine Eisenbahn attraktiver gemacht werden könnte, sind von einer staatlichen Eisenbahngesellschaft und von einer Regierung nicht zu erwarten. Und die Ideen fehlten, als 1990 die schwedische **Inlandsbanan** als „zu kostspielig" eingestuft wurde und deshalb stillgelegt werden sollte. Im fernen Stockholm fiel den Politikern nur eins ein: dichtmachen und Busse einsetzen.

„Unsere Bahnen sind kein altes Eisen. Ihr habt falsch gerechnet!", so reagierten die Gemeinden entlang der Strecke auf die Stilllegungspläne. Von Kristinehamn – etwa auf der geografischen Höhe Stockholms – nach Gällivare jenseits des Polarkreises liegen **1.288 Kilometer Schienen**. Die Strecke ist mehr als zwei Mal so lang wie die von Paris nach Stuttgart! „Damit muss doch etwas zu machen sein", davon waren die Eisenbahner überzeugt und übernahmen selbst die Regie.

Daran, dass es sich hier um die **abwechslungsreichste Strecke Schwedens** handelt, gab es ohnehin keinen Zweifel. Der Zug fährt stundenlang durch dichte Wälder, an vielen Seen vorbei, durch Tundra, Felsengebiete, über satte Wiesen und durch das Sameland – den schwedischen Teil Lapplands – bis zu seiner Endstation. Auch wenn entlang der Strecke unterschiedlich viele Menschen leben, die für Skandinavien typischen, weinrot gestrichenen Häuser sind allenthalben zu sehen.

Der Zug hält überall, wo an einem Haltepunkt die gelbe Scheibe in Richtung des Zugs gedreht wird. Das funktioniert auch vom Zug aus. Der Schaffner merkt sich, wo seine Fahrgäste aussteigen wollen, und sorgt dafür, dass die Bahn anhält.

Berühmte Kehren, seltene Lokomotiven oder Eisenbahnwaggons gibt es auf der Strecke nicht. Große Steigungen müssen die Züge auch nicht bewältigen, und während der gesamten Fahrt geht es nur einmal durch einen Tunnel. Dabei handelt es sich um den Ny-

Schweden wie aus dem Bilderbuch

borgtunnel bei Jokkmokk kurz hinter dem Polarkreis – und der ist gerade einmal 50 Meter lang. Bahntechnisch also nichts Aufregendes.

Zur weiteren Entschleunigung der Züge, die **oft nur 40 km/h** fahren und bei Tempo 80 als schnell gelten, tragen die Brücken bei Sveg – das ist in etwa die Mitte der Strecke – und auf dem nördlichen Streckenabschnitt bei Mokosel bei. Diese sind sowohl Eisenbahn- wie auch Fernstraßenbrücken und werden für den Autoverkehr gesperrt, wenn eine Bahn darüber fahren soll. Hinter Dorotea führt der Schienenweg längs über eine Insel des Flusses Lågön. Und den Bahnhof von Buddnakk in Nordschweden würde kaum jemand beachten, wenn nicht das Zugpersonal auf ihn aufmerksam machen würde. Er ist nicht viel größer als eine Telefonzelle und damit die kleinste Station im gesamten Norden überhaupt.

Aber genau das alles macht den Charme ihrer Eisenbahn aus, sagen die Repräsentanten der **15 Eignergemeinden** der Eisenbahngesellschaft „Inlandsbanan AB". Diese bietet Touren mit der Bahn an, organisiert Pauschalreisen und offeriert jede Menge Zeittickets und Schiff-Bahnreisen. Und auf Nebengleisen, die nicht mehr gebraucht werden, fahren Fahrraddraisinen. Ideen muss man eben haben!

An der Endstation Gällivare – mitten im schwedischen Erzabbaugebiet – hat man die Wahl. Hier fährt die **Erzbahn** als „Malmbanan" („Malm" = Eisenerz) in Richtung der schwedischen Hafenstadt Luleå am Bottnischen Meerbusen oder als „Ofotbanen" nach Narvik in Nordnorwegen, wo man den nördlichsten Personenbahnhof Europas betritt. Über die berühmte Brücke des norwegischen Streckenteils fährt die Bahn allerdings seit 1988 nicht mehr. Die 180 Meter lange und 40 Meter hohe Norddalbrücke ist nur noch ein Baudenkmal. Sie wurde aus militärischen Gründen gebaut, um sie im Kriegsfall in die Luft sprengen zu können. Die Erzbahn fährt jetzt über eine einfachere Trasse, die militärischen Überlegungen von früher spielen heute keine Rolle mehr.

Für schwedische und norwegische Fahrgäste, die häufiger zwischen dem Bottnischen Meerbusen und dem Nordmeer unterwegs sind, gibt es in der Erzbahn sogar einen **Filmwagen**. Doch was ist ein Film gegen die Landschaften, die es hier zu sehen gibt? Es geht durch wildes, kaum bewohntes Gebiet, an Erzgruben vorbei, hoch ins Gebirge und wieder hinunter an den Ofotfjord. Mehr unterschiedlichen Norden hat keine andere Bahn zu bieten.

INFO

Strecke: 1.288 Kilometer von Kristinehamn nach Gällivare mit der Inlandsbanan. Die Strecke der Erzbahn von Luleå nach Narvik ist 473 Kilometer lang, Gällivare liegt ungefähr in der Mitte.
Information: Der Sommerfahrplan der Inlandsbanan gilt von ca. von Anfang Juni bis Ende August. Die Streckenabschnitte haben in diesem Zeitraum unterschiedliche Verkehrsperioden. Tägl. eine Abfahrt Kristinehamn–Mora (Dauer ca. 3,5 Std.), Mora–Östersund (ca. 6,5 Std.) und Östersund–Gällivare (ca. 14,5 Std.). Die ganze Strecke kostet ca. 225 €, eine Platzreservierung ist im Vorab-Kauf enthalten. Eine Inlandbanan-Karte für 14 Tage während des Sommerfahrplans kostet ca. 210 €, eine Platzreservierung pro Strecke ca. 4 €. Weitere Informationen und Pauschalangebote unter www.inlandsbanan.com (auch auf Deutsch). Informationen zu Fahrten entlang der Erzbahn-Strecke bei der Staatsbahn, www.sj.se.

48 Tunnel, handgehauen: mit der Bergenbahn von Oslo nach Bergen

Kräfte wie ein Bär und Fäuste wie ein Schwergewichtsboxer musste mitbringen, wer sich Ende des 19. Jahrhunderts zum Eisenbahnbau in Norwegen meldete. Harte Männer wurden gebraucht, denn der **Bergensbanen** stand ein Felsmassiv im Wege. Ein raues, unbewohntes Hochgebirge, das fast ein wenig unheimlich war. Hier, nahe den Gipfeln, wo der Schnee an einigen Stellen rund ums Jahr liegen bleibt und eisige Stürme toben,

Durch das Gebirge nach Bergen

mussten Tunnel meist noch mit schweren Hämmern und Stahlmeißeln von Hand in den Fels gehauen werden. Schweres Gerät und Sprengstoff gab es kaum.

Wo es um staatliche Prestigeprojekte geht, zählen Opfer kaum. Die Bergenbahn war nur ein Teil der Bahnlinie von der schwedischen Ostsee- an die norwegische Nordseeküste. Dabei ging es nicht nur darum, eine Bahn für den Personen- und Güterverkehr zu bauen. Die Schweden, die damals über Norwegen herrschten, verfolgten mit dem Bau vor allem **militärische Ziele**. Es kam darauf an, Truppen schnell verlegen zu können. Schließlich kämpften die Norweger gegen die schwedische Bevormundung und

König Håkon von Norwegen konnte die Strecke 1909 höchstselbst eröffnen. „Norge" war zu diesem Zeitpunkt schon seit fünf Jahren ein souveränes Königreich. So war der Bahnbau aus der Sicht der Schweden eine Fehlinvestition.

Welch große Leistungen die **15.000 Bahnarbeiter** erbracht haben, ist bis heute sichtbar. Mal fährt der Zug über hohe Brücken, dann bringen ihn Kehren und Schleifen in die Höhe. Ein Tunnel folgt auf den anderen und vielerorts ist die Strecke überdacht, um sie vor drohenden Lawinen zu schützen. Immer wieder legen die Fahrgäste in den Salonwagen den Kopf in den Nacken, um Gipfel hoch über der Strecke sehen zu können. Hin und wieder pressen alle die Nasen an die Scheiben, um in eine Schlucht tief unter dem Zug blicken zu können.

Nur auf den ersten 100 Kilometern hinter Oslo erreichen die Züge Schnellzuggeschwindigkeit. Nach Hønevoss geht es hinauf ins Gebirge. Die Kurven werden enger und die Tunnel häufiger. **182 Tunnel** mit einer Gesamtlänge von 73 Kilometern – mehr als ein Sechstel der Fahrstrecke – kann man zählen. Für Fahrgäste sind sie oft ärgerlich: Gerade hat man sich gereckt, um einen Schneeberg zu sehen, schon wird es wieder dunkel. Man könnte auch Brücken zählen, doch bei über 300 verzählt man sich nur allzu leicht.

Bergen ist keine 500 Bahnkilometer von Oslo entfernt, doch in der Bahn kommt einem die Strecke wesentlich länger vor. Das stört aber nicht, denn ständig ändert sich die Aussicht. Zunächst säumen noch dichte Wälder die Bahnstrecke, dann werden die Bäume seltener, es geht über almähnliche Wiesen, und dann ist das baumlose Hochgebirge erreicht. In Finse ist der Scheitelpunkt der Bergenbahn – 1.222 Meter über dem Meer.

Fjordblick vom Bahnfenster aus

Früher ging es noch weiter in die Höhe, seit 1993 aber bietet der zweitlängste Eisenbahntunnel Norwegens Schutz vor Schneestürmen, die hier den Bahnverkehr zuvor Winter für Winter behinderten. Der Tunnel ist das Tor zur **Hardangervidda**, der größten Hochebene Europas. Der Zug fährt 100 Kilometer lang über das Felsplateau hinweg, das von Eiszeitgletschern glatt geschliffen wurde. In den Senken haben sich viele kleine Seen gebildet, die blau im Grau-Grün der felsigen Landschaft aufleuchten.

In Myrdal steigen Kreuzfahrt-Passagiere ein. Sie haben einen Eisenbahnausflug gebucht und ihr Schiff am Aurlandsfjord verlassen. In Bergen werden sie wieder an Bord gehen. Die Stichbahn zum Fjord wurde gebraucht, um Baumaterial hinauf ins Gebirge zu bringen. Heute ist die Flåmsbahn eine Touristenattraktion für sich (s. S. 118).

Durch viele Kurven und eine Reihe von Tunneln geht es auf den letzten 169 Kilometern hinab nach Bergen entlang der steilen Flanken mehrerer **Fjorde**. Bahntechnisch mag das eine Herausforderung gewesen sein, für die Fahrgäste zählt nicht: Dieser Bergabstieg ist ein letzter Höhepunkt der Fahrt quer über die Berge Südnorwegens.

Weiterreise ab Bergen

Von Bergen mit dem stündlichen Schnellboot durch den Haugesund nach Stavanger und von dort mit der Sørlandsbanen (Südlandbahn) Richtung Kristiansand und zurück nach Oslo. So wird eine Südnorwegen-Rundreise daraus.
Eine weitere Möglichkeit ist eine Schiffsreise auf der Hurtigruten von Bergen z.B. nach Trondheim oder Kirkenes.
www.hurtigruten.de.

Strecke: 493 Kilometer von Oslo S („Sentralstasjon") nach Bergen
Information: Es verkehren täglich vier Züge in beide Richtungen. Die Fahrt dauert 6,5–7,5 Std. Die Fahrpläne und Preise (ab 35 €/Strecke – sog. „Minipreis", begrenzte Plätze) können unter www.nsb.no abgerufen werden.

INFO

49 Am Kjosfossen tanzen die Elfen: mit der Flåmsbahn die Berge am Aurlandsfjord hinauf

Der Sognefjord steht auf dem Programm aller Kreuzfahrtschiffe, die die norwegische Nordseeküste hinauf- und hinunter fahren. Er ist 204 Kilometer lang und damit **der längste Fjord der Welt**. Dazu ist er 1.308 Meter tief, auch das ist ein Rekord. Aber deshalb allein würden die Kreuzfahrer nicht regelmäßig gerade diesen Fjord anlaufen. Hier im Sognefjord und im Aurlandsfjord, der seitlich von ihm abzweigt, steigen Felswände fast senkrecht aus dem Wasser auf. Es sind die Flanken von Bergen, die 1.300–1.700 Meter hoch sind.

So etwas wollen die Teilnehmer von Norwegen-Kreuzfahrten sehen. Das war schon vor über 200 Jahren so, als betuchte Engländer eine Schiffsreise hierher buchten. Bald folgten auch die Deutschen, um diese wilde Landschaft zu sehen, wie es sie so nirgendwo anders in Europa gibt. Dann entdeckten Alpinisten das felsige Hochplateau über West-Norwegen für sich. Alle anderen Touristen, vor allem die Kreuzfahrtgäste, mussten allerdings unten im Fjord bleiben, einen Weg in die obere Bergregion gab es für sie nicht. Aber nicht nur sie setzten sich für den Bau einer **Eisenbahnlinie vom Fjord ins Gebirge** ein, auch wurde eine zweite Zufahrt zur Bergenbahn (s. S. 116), die bereits

Wer dran glaubt, sieht im Wildwasser unterhalb der Trasse Elfen

seit 1909 über die Berge fuhr, von mehreren Seiten gefordert und gefördert. 1924 waren die Befürworter am Ziel – die Bahn wurde endlich gebaut.

Als Bahnstation unten am Fjord bot sich Flåm an. Hier verengt sich der 30 Kilometer lange Aurlandsfjord zum Tal des Flåmselva-Flusses. Dieser ist kein gemütliches Gewässer, sondern ein reißender Gebirgsfluss, der durch eine tief in die Berge eingeschnittene Rinne fließt. Die Entfernung vom Meer hinauf zur Bahnstation Myrdal der Bergenbahn – 866 Meter über dem Meer – beträgt zwar nur 20 Kilometer, aber hier eine Bahn zu bauen, war ein besonders kühnes Vorhaben. Doch einen anderen Weg die Berge hinauf gab es nicht. Deshalb entschieden sich die Eisenbahner für eine Trasse entlang des Flusses – ein ungewöhnlich schwieriges Projekt, denn viel Platz für den Schienenweg gab es nicht. „Flåm" ist Norwegisch für „**kleiner Ort zwischen steilen Berghängen**". Und mit diesen Felsflanken mussten die Bahningenieure zurechtkommen.

An der Bahn wurde 16 Jahre lang gebaut, dann konnten die ersten Züge fahren. Das lag zum Teil auch daran, dass das Projekt so etwas wie eine Arbeitsbeschaffungsmaßnahme war. Wie schon bei der Bergenbahn wurden die Tunnel von Hand in den Fels hinein getrieben. Nur für zwei der **20 Tunnelbauten** stand schweres Gerät zur Verfügung.

Die Züge brauchen für die Fahrt hinauf nach Myrdal und auch auf der Gegenstrecke nach Flåm bis zu einer Stunde. Das ist nicht sonderlich schnell für diese kurze Strecke. Doch angesichts der gewaltigen Steigungen, die die Bahn bewältigen muss, ist das eine durchaus akzeptable Geschwindigkeit. Pro 18 Meter Fahrweg müssen die Züge einen Meter an Höhe gewinnen, dafür braucht man schon **extra starke Lokomotiven**. Die Bahnlinie kreuzt drei Mal den Flåmselva, auch um lawinengefährdeten Hängen auszuweichen. Auf Brückenbauten wurde verzichtet, das Wasser fließt über Felstunnel unterhalb der Eisenbahn ab. Es geht durch einen Haarnadeltunnel mit „Felsen-Fenstern", die einen schönen Ausblick ins Tal erlauben, außerdem auf die Gipfel in 1.400 Metern Höhe und vielleicht auch auf die Bergziegen, die meist bei Kårdal auf Almen weiden.

Vor allem aber fährt man mit dieser Bahn, um nacheinander die „fossene" (Wasserfälle) zu erleben: den Rjoandefossen und den Kjosfossen. Der Rjoandefossen stürzt 140 Meter tief ins Tal hinab. Am Kjosfossen hält die Flåmbana so lange, bis auch weniger fantasiegesegnete Menschen daran glauben, dass in den wilden Gewässern dieses mehrstufigen Wasserfalls **Elfen tanzen**. Unter kräftigen Überdachungen hindurch, die die Bahnlinie vor Lawinen schützen, und durch den 1.320 Meter langen Tunnel vor Nåli geht es danach rasch auf Myrdal zu. Davor aber fährt der Zug erst einmal am Reinungvatnet vorbei, einem besonders schönen Bergsee.

Fototipp

Die älteren Traditionswagen der Bahn können besonders gut im Bahnhof Berekvam fotografiert werden. Meist reicht die Zeit dafür, denn hier – in der Mitte der Strecke – müssen die Bahnen auf den Gegenzug warten.

Strecke: 40 Kilometer Flåm–Myrdal–Flåm
Information: Die Flåmbahn fährt zwischen Herbst und Frühjahr vier Mal täglich in beide Richtungen, im Frühsommer jeweils neun und im Hochsommer zehn Mal. Hin und zurück Erw. ca. 49 €, Kinder 4–15 J. ca. 36 €, Familien (2 Erw., 2 Kinder) 117 €. http://de.visitflam.com/flambahn/ (deutsch).

INFO

⑤⓪ Wälder und Seen – Finnland kompakt auf der Nebenbahn: von Parikkala nach Savonlinna

Die Finnen haben sich früher und intensiver als ihre Nachbarn für die Eisenbahn begeistert. In Finnland gibt es daher ein engeres Schienennetz als bei den nordischen Nachbarn. Welche der vielen Strecken aber ist die schönste, auf der man unbedingt fahren sollte?

Mika Heijari ist Sprecher der finnischen Bahnen. Er könnte auf solch eine Frage hin lange Bahnreisen etwa von Helsinki nach Kemijärvi anpreisen, 1.000 Kilometer einmal vom Süden Finnlands in den hohen Norden des Landes. Auch die Ost-West-Strecke, wieder von Helsinki, diesmal aber nach Vaasa am Bottnischen Meerbusen, 450 Kilometer lang, ist sehr reizvoll. Aber was tut Mika? Er schwärmt von einer **Nebenbahn**, die im finnischen Nordosten, 300 Kilometer von Helsinki entfernt und nicht weit von der russischen Grenze, eine kurze Strecke von bescheidenen 62 Kilometern fährt.

„Nimm die Bahn von Parikkala nach Savonlinna, **da spürst du das richtige Finnland**", rät der Eisenbahner. „Das ist Finnland kompakt. Aber wegen Lokomotiven, Zügen oder besonderen Wagen muss man nicht hierher kommen", meint er, denn auf der Strecke werden Railcars eingesetzt. Das sind Dieseltriebwagen, wie es sie so oder so ähnlich überall in Europa gibt. „Nichts Besonderes also, Standard ... aber die Landschaft ...".

Die empfohlene Nebenstrecke zweigt in Parikkala am Simpelejärvi-See von der Hauptbahn ab. Damit diese Bahn überhaupt gebaut werden konnte, mussten Anfang des 20. Jahrhunderts erst einmal **ganze Trupps von Holzfällern** anrücken. Die Parikka-

Mikas Lieblingsstrecke ist nur 62 Kilometer lang

la-Savonlinna-Bahn nutzt immer noch die Schneisen, die diese Waldarbeiter einst durch den Forst geschlagen haben. Kettensägen werden immer noch entlang der Bahnlinie gebraucht: Kommen Äste den Zügen zu nahe, dann müssen sie gekappt werden.

Um den Verlauf der Strecke zu beschreiben, genügt das Wort „Schlangenlinie". Dies ist die **finnische Seenplatte**, da mussten die Schienen um die einzelnen Seen herum und über Inseln und Landzungen verlegt werden. Die Bahnbauer wählten eine Trasse möglichst nahe an den Gewässern. Warum? Vielleicht gab es hier weniger Bäume oder der Weg war kürzer oder man konnte den Hügeln der Gegend ausweichen? So ganz genau weiß man das 100 Jahre nach dem Bahnbau nicht mehr. Es ist auch unwichtig, denn es sind sich nicht nur die Finnen einig: „Dies ist eine der schönsten Eisenbahnstrecken Finnlands. Du kannst viel sehen und erleben."

Die nächste Schiffsanlegestelle ist nie weit weg

Mit „hier dreht sich alles um den Wald" werben die Orte entlang der Bahn für sich. Viele Seen und noch mehr Wald, friedlicher kann eine Landschaft nicht sein, könnte man meinen. Aber das täuscht. **Diese Gegend war stets umkämpft**. Daran erinnert deutlich sichtbar die Olav-Burg vor Savonlinna. Eine gewaltige Festung, die auf eine Insel im Kyrönsalmi-Sund gebaut wurde – ein strategisch wichtiger Punkt. Von hier aus ließ sich die Ost-West-Passage durch die finnische Seenplatte ebenso kontrollieren wie der Zugang zum Saimaa-Seengebiet.

Auch für die Bahn führt der kürzeste Weg von Ost nach West über den Kyrönsalmi-Sund. Der Blick von der Stahlskelett-Bogenbrücke hinunter zur Festungsinsel mit der gewaltigen Burg gehört zu den absoluten Höhepunkten der Fahrt. Savonlinna ist eine Ansammlung von bewohnten Inseln, die Wasserfläche drumherum ist fast so groß wie die Inseln selbst. Ein Gang zum Hafen erklärt, was die Stadt reich gemacht hat: Über Kanäle und die Seenplatte können Schiffe aus ganz Europa bis hierher fahren und Schnittholz laden. Seeschiffe mitten im Wald, auch das ist eine Finnlanderfahrung.

Entlang der Strecke ...

... gibt es das berühmte Forstmuseum Lusto in Punkaharju (www.lusto.fi), Naturschutzgebiete und besonders sehenswerte Dörfer, in denen alte Holzhäuser mit viel Stolz erhalten werden. Im Sommer leistet sich Savonlinna ein Opernfestival (www.operafestival.fi).

Strecke: 62 Kilometer von Parikkala nach Savonlinna
Information: Alle finnischen Bahnen, Fahrpläne und Preise sind auf der Website der VR, der finnischen Staatsbahn, auch in englischer Sprache abrufbar: www.vr.fi.
Helsinki ist ein internationaler Eisenbahnknotenpunkt. Von hier aus kann man per Bahn nach Russland und in die baltischen Staaten weiterreisen.

INFO

Südeuropa

Auf 60 Zentimetern Schmalspur erklimmt diese Dampflok den griechischen Pilion

51 Entlang der Etsch ins Hochgebirge: von Meran nach Mals mit der Vinschger Bahn

Die Ferrovie dello Stato Italiane, Italiens Staatsbahn, liebt blumige Umschreibungen. Eine Nebenbahn, die sich wirtschaftlich nicht mehr lohnt, ist ein „ramo secco". Die Einstufung einer Strecke als **„trockener Zweig"** ist so etwas wie das Todesurteil. Ein solches fällten die Chefeisenbahner über die Strecke Meran–Mals im Vinschgau, in den norditalienischen Alpen im Dreiländereck mit der Schweiz und Österreich. „Lohnt nicht, zumachen!", war das harte Urteil der Ferrovie. 1990 fuhr hier der vorerst letzte Zug. Die ziemlich genau 60 Kilometer lange Strecke war fortan verwaist, Unkraut überwucherte die Gleisanlagen.

Von Mals ins Engadin und nach Österreich

Das Schweizer „Postauto" bedient eine Strecke von Mals nach Zernez im Engadin, wo man in die Züge der Rhätischen Bahn umsteigen kann. Ab St. Moritz ist dann eine Fahrt auf der Albulalinie oder mit dem Bernina-Express möglich (s. S. 76 bzw. S. 78). Ein Südtiroler Bus fährt über den Reschenpass nach Nauders im österreichischen Tirol.

Nach der Stilllegung gab es in Südtirol ständig Initiativen pro Vinschger Bahn – der „ramo" sollte wieder austreiben, grüne Blätter bringen und erblühen. Und da noch alle Schienen sowie Bahnanlagen mehr oder weniger intakt waren und zudem noch kein Bahngrundstück verkauft war, entschied sich das Land Südtirol für die **Wiederbelebung** und schickte wieder Züge auf die Strecke das Etschtal hinauf und hinunter. Das war im Jahr 2005, 15 Jahre nach der Stilllegung. Heute ist die Bahn so beliebt, dass Fahrradfahrer im Sommer oft auf die nächste Abfahrt vertröstet werden müssen, weil so mancher Zug hoffnungslos überfüllt ist.

Die Fahrt lohnt sich vom ersten Kilometer an. Die Reise hoch in die Berge beginnt gleich mit zwei Höhepunkten: Nach Marling beginnt eine **Steilstrecke**, bei der die Dieseltriebwagen viel Kraft aufbringen müssen. Auf nur 6 Streckenkilometern müssen sie einen Aufstieg von 140 Metern schaffen. Das funktioniert nur, weil die Eisenbahnbauer einen Kehr- und einen weiteren Tunnel durch das Gebirge bohrten und den Zug danach über eine Galerie weiter in die Höhe fahren ließen. Um die Schwierigkeiten der Planer zu sehen, reicht der Blick aus dem Zugfenster: Gleich neben der Trasse steigen Felswände senkrecht auf.

Auf der folgenden Strecke Richtung Reschenpass war es einfacher, Schienen zu verlegen. Die Bahnlinie folgt nun immer dem Flusslauf der Etsch, die meist vom Zug aus zu sehen ist. Die Bahnhöfe wurden an den Einmündungen der vielen Seitentäler des „Vinschgauer Talsystems" gebaut und sind allesamt Ausgangspunkte für Bergwanderer und Wintersportler. Eine besondere Attraktion sind die Wege entlang der sogenannten „Waale", kilometerlanger Bewässerungsgräben, ohne die in diesem sehr regenarmen Gebiet früher kaum Landwirtschaft möglich gewesen wäre.

Der sehenswerteste Bahnhof ist die im alten österreichischen Stil gebaute Station von Schnalstal. Sie wurde 1906 gebaut, als Südtirol noch zum Kaiserreich Österreich-Ungarn gehörte. Schade nur, dass der Zug hier vorbeifährt. Der nächstgelegene Haltepunkt ist Staben, etwa 0,5 Kilometer entfernt. Aber auch dort beginnen Wege zum Schnalstaler Gletscher, auf dem es bis 2011 noch Sommer-Skipisten gab.

An Waalen und Burgen entlang durchs Vinschgau

Unten im Tal fährt der Zug nun an großen **Apfelplantagen** und ganzen Wäldern voller Marillenbäume vorbei. Die Festungsanlage von Kastelbell ist nach Ansicht vieler Südtiroler die schönste unter den vielen Burgen an der Etsch, und das Schloss von Goldrain, 6 Kilometer weiter, das eleganteste im gesamten Tal.

Der Flecken Latschander, kurz hinter Latsch, wurde durch ein **Unglück** bekannt. Im Jahr 2010 begrub eine Erd- und Gerölllawine, eine sogenannte Mure, einen Zug unter sich. Dabei starben 9 Menschen. Man muss schon genau hinsehen, um zu erkennen, wie der Berg oberhalb der Bahn befestigt wurde, damit sich solch ein Unfall nicht noch einmal wiederholt.

Nach Schlanders muss die Bahn noch einmal kräftig klettern. Laas, die nächste Station, liegt noch einmal 122 Meter höher. Dort stehen gewaltige Marmorblöcke entlang des Gleises, sie stammen aus den Steinbrüchen links der Gleise und machen dem Carrara-Marmor aus der Toskana Konkurrenz. Die Strecke endet in Mals. Hier kann eine eisenbahntechnische Besonderheit besichtigt werden: Damit die Dampflokomotiven mit angehängtem Tender gut wenden konnten, wurde ein **Gleisfünfeck** gebaut. Solche Schienensterne gibt es nicht mehr sehr oft.

Noch fährt die Bahn mit Dieseltriebwagen. Es gibt aber schon Planungen, sie zu elektrifizieren. Aber das will hier nichts heißen: Alte Pläne aus dem 19. Jahrhundert sahen auch eine Verlängerung dieser Eisenbahn über den Reschenpass vor – gebaut wurde die Strecke aber nie.

Strecke: 60 Kilometer von Meran nach Mals
Information: Die Fahrt dauert ca. 1:15 Std. Verkehr von ca. 5.30–23 Uhr, in der Zeit von ca. 7–20 Uhr alle 30 Minuten. Einfache Fahrt Erw. 8,50 €. www.vinschgauerbahn.it; www.sii.bz.it (Preise).

INFO

52 Rund um den Ätna: mit der Ferrovia Circumetnea von Riposto nach Catania

Eisenbahner brauchen Vorschriften für alles, ohne Regeln fährt kein Zug. Das gilt für die großen Expresszüge ebenso wie für die kleinen Nebenbahnen. Entsprechend bestimmt ein Aushang der Ferrovia Circumetnea, dass auf deren Fahrten rund um den Ätna nur so viel an Traglasten und Gepäck in den Abteilen mitgenommen werden darf, wie in die Ablagen und zwischen die Sitze passt, ohne zu stören. Da hier Italiener, genauer noch Sizilianer, ihren Dienst tun, werden die Bestimmungen allerdings sehr „sizilianisch" ausgelegt. Für sie gelten Traglasten noch als passend, die anderswo barsch zurückgewiesen würden. Das hat Tradition, schließlich gibt es auf dieser **Ringbahnstrecke** rund um den 3.350 Meter hohen Vulkan Ätna neben den 27 Bahnhöfen auch Bedarfshaltestellen, damit die Bauern ihre Obstkisten, Kartoffelsäcke und verkaufsfertig verpackten Feigen direkt vom Feld aus einladen können.

Die Ferrovia Circumetnea hat als einzige der vielen Schmalspurbahnen Siziliens überlebt. Touristen finden kaum in die „Littorina", wie diese Bahn in Sizilien auch genannt wird. Das liegt an den Reiseleitern und Angestellten in den Ferienhotels der Region, die rund um den Ätna ausschließlich die teuren Ausflugsbusse empfehlen. Dabei zeigt die Ringbahn mehr von der Landschaft, als es der Bus kann: Es geht entlang der Abhänge des kegelförmigen Vulkans durch Weinberge, Olivenbaum- und Pistazienwälder, Orangen- und Zitronenhaine und quer durch Gemüse- und Erdbeerfelder, oft im Schatten von Feigenbüschen und Palmen über eine von Blumen gesäumte Strecke vom Meer bis hinauf in die Höhe.

Der Bahnhof der Ferrovia Circumetnea in Giarre

Die einzigartige Schönheit rund um den Ätna war wohl nicht ausschlaggebend für den Briten Robert Trewhella im Jahr 1885. Er war Investor und rechnete sich aus, dass eine Bahn in das mit besten Böden gesegnete Hinterland des Vulkans eine gute und auf Dauer lukrative Geldanlage sein müsse. Der Ingenieur wählte die **Spurbreite 95 Zentimeter**, einen halben Meter weniger als bei den großen Bahnen Europas und der Staatsbahn unten am Meer. Diese seltene Spurweite erlaubte besonders enge Kurven und Kehren, darauf kam es hier auch an.

Die Gleise laufen mitten durch die Lavafelder

Aber es gab noch einen zweiten Grund, warum die 1,435 Meter breite Normalspur für die Ätna-Rundbahn nicht in Frage kam. Die Großgrundbesitzer, durch deren Land die Trasse führen sollte, knauserten, als es darum ging, ihren äußerst fruchtbaren Boden der Bahn zu überlassen. Mit dem Bau einer Schmalspurbahn waren sie aber einverstanden. Worum es ihnen ging, kann man bis heute erleben: Die Ferrovia Circumetnea fährt immer noch so eng an den Obstbäumen vorbei, dass man meint, vom Abteilfenster aus Apfelsinen oder Feigen pflücken zu können. Die Bergtüchtigkeit war Voraussetzung, um den in 1.000 Metern Höhe gelegenen **Scheitelpunkt** beim Bergdorf Rocca Calanna zu erreichen. Bergsteiger sind ausdauernd, aber nicht schnell – so geht es auch der Ätna-Bahn. Die bulligen Fiat-Dieseltriebwagen beschleunigen die Züge, die meist deutlich älter sind als die diensthabenden Bahnler, auf gerader Strecke auf höchstens 60 km/h.

Die Trasse wird bis heute als **Großleistung der Eisenbahnbauer** gerühmt. Sechs lange Terrassen mussten dafür in Felswände gesprengt werden, die längste misst 264 Meter. Über die tiefen Täler und Schluchten wurden 22 Brücken gebaut, je zur Hälfte als steinerne Viadukte und in der vor 110 Jahren sehr modernen Stahlfachwerkbauweise. Nicht die immergrünen Plantagen und Felder sind für die Fremden die Hauptattraktion, sondern die bizarren Schneisen, die für die Schienen in erkaltete Lavazungen geschlagen wurden. Mehrfach begrub danach neue Lava die Schienen unter sich und mehrfach wurde ein neuer Hohlweg für den Zug in das zurückgebliebene Gestein gesprengt.

Strecke: 111 Kilometer von Riposto nach Catania
Information: Verkehr (teils Umstieg in Randazzo) werktäglich ca. 6–20 Uhr, kein Betrieb an Sonn- und Feiertagen. Die Fahrt dauert etwas mehr als 3 Std. Einfache Strecke 7,25 €, hin und zurück 11,60 €. www.circumetnea.it.
Tipp: Die kurze Fahrt von Riposto nach Giarre hat wenig zu bieten. Ein Beginn der Tour in Giarre macht zusätzlich Sinn, weil hier der Bahnhof der Ferrovia Circumetnea schräg gegenüber dem der Italienischen Staatsbahn „FS" (www.trenitalia.com) liegt, die die Stadt mit Catania verbindet. Man kann also in einer Richtung um den Ätna fahren und für einen kurzen Rückweg von 30 Minuten den Regionalzug der Staatsbahn nutzen (ca. 3 €). Auf dem Gelände zwischen den Bahnhöfen in Giarre können Autos geparkt werden.

INFO

53 Die schmalste der Schmalspuren: den Pilion hinauf nach Milies

Das Wort „schnell" passt nach landläufiger griechischer Überzeugung zu vielem, aber nicht zur Bahn. Die fährt, mit Ausnahme einiger Züge rund um Athen und in Richtung Korinth, eher gemächlich durchs Land – wenn überhaupt. Hier und da gibt es Bahnübergänge, die aber führen über tote Gleise. Der Grieche als solcher fährt Bus.

Wo es sich lohnt und wo andere Verkehrsmittel als die Eisenbahn noch mehr Mühe beim Befahren von Bergen haben, bewegt sich dennoch etwas auf den Schienen. Bisweilen auch, weil sich Initiativen dafür eingesetzt haben. **Eine der schönsten Bahnstrecken** beginnt in Volos am Pagasitischen Golf. Hier in der weniger bekannten Region Thessalien in Mittelgriechenland ragt der Pilion-Gebirgszug in Form einer Halbinsel – ähnlich dem italienischen Stiefel – ins Meer und trennt damit den Pagasitischen Golf von der Ägäis.

Im Schutze des Golfes lag das antike Iolkos, wo der Held Iason **der Sage nach** mit seinem schnellen Schiff „Argo" und seiner Mannschaft, den „Argonauten", in die Region Kolchis am Schwarzen Meer aufbrach, um das Goldene Vlies – wobei es sich um das goldene Fell des Widders Chrysomallos handelte – zu finden. Volos wurde erst im 19. Jahrhundert unterhalb der antiken Stadt gegründet, weil sich der Naturhafen für den Warenhandel anbot. Zusätzlich wird von hier aus der Fährverkehr zu der nahe im Ägäischen Meer gelegenen Inselgruppe der Nördlichen Sporaden abgewickelt.

Das Pilion-Gebirge ist ein für Bahnbauer schwieriges Gelände. Damit die Kosten erträglich blieben, entschieden sich die Ingenieure Ende des 19. Jahrhunderts für eine Schmalspurbahn, wobei die Meterspur schon als zu aufwändig galt. **60 Zentimeter Spurweite** mussten reichen. Der Verlegen der Schienen auf dem ersten Streckenabschnitt zwischen Volos und Ano Lechonia war unkompliziert, hier fuhr die Bahn zwischen der Küste und Olivenhainen. Heute wird dieser Abschnitt nur noch von Bussen bedient (s. Info).

In Ano Lechonia startet die Bahn heutzutage

Der darauf folgende **Gebirgsanstieg** aber war eine besondere Herausforderung für die Eisenbahnbauer in den 1890er-Jahren. In den Bergen der Argonauten und der Zentauren mussten auf 15 Kilometern Strecke sechs Steinbrücken, darunter eine mit vier und eine weitere mit fünf Brückenbögen (bei Ano Gatzea), und dazu eine der ers-

Die Wahl des Sitzplatzes ...

... in den Dampfzügen der Pilionbahn fällt immer etwas einseitig aus. Die Züge fahren durch tiefgrüne Ebenen und ganze Wälder von Olivenbäumen, über Schluchten und tiefe Täler hinweg. Klöster, Patrizierhäuser und viele Kirchen und Kapellen säumen den Schienenweg. Doch am meisten interessieren die Ausblicke hinunter aufs Meer. Deshalb sind bei der Hinfahrt nach Milies die Plätze auf der rechten Seite des Zuges und auf der Rückfahrt die Fensterplätze links zu empfehlen.

Durch den Küstenwald

ten Stahlfachwerksbrücken Griechenlands (vor Milies) gebaut werden. Die Brücke über den Vrychonas war zudem die erste Stahlbetonbrücke des Landes. Sie ist breiter, als dass es für die 60-Zentimeter-Spur nötig gewesen wäre. Weil aber der Zug hier eine Kurve fahren muss, um die Steigung zu schaffen, hatten die Konstrukteure keine andere Wahl, als auf der geradlinigen Brücke dafür Raum zu schaffen.

Nach Agia Triada und Pinakates folgt dann Milies, die Endstation der Pilionbahn. In der Nähe des Bahnhofs, nicht weit von der Stahlbrücke entfernt, befindet sich der Mythologie nach die Höhle des Zentauren Chiron.

Milies, 450 Meter oberhalb des Pagasitischen Golfs, war in der Antike ein Zufluchtsort der Küstenbewohner, die sich hier vor den Überfällen der Piraten in Sicherheit brachten. Die Häuser wurden die Hänge hinauf gebaut, zu ihnen führen Treppen aus Naturstein. Die Gemeinde achtet streng darauf, dass der **denkmalgeschützte Ort** in seinem traditionellen Stil erhalten bleibt – Neubauten müssen sich dem anpassen. Weil es nur zwei für Autos geeignete Straßen gibt, werden Lasten in Milies nach wie vor auf den Rücken von Eseln, Maultieren und Pferden transportiert.

INFO

Strecke: ursprünglich 28,2 Kilometer von Volos nach Milies, heute wird nur noch der 15,2 Kilometer lange Abschnitt ab Ano Lechonia per Zug befahren.
Information: Anfahrt nach Ano Lechonia mit der Buslinie Volos–Lehonia–Platanidia (Abfahrt in Volos an der Straße nach Kala Nera). Die Pilionbahn verkehrt ca. von Mitte April bis Anfang Oktober an den Wochenenden, in der Hochsaison von ca. Mitte Juli bis Anfang September täglich. Abfahrt in Ano Lechonia ist um 10 Uhr, die Rückfahrt beginnt um 15 Uhr in Milies. Der Bahnhof von Milies ist nur mit dem Auto erreichbar. Auf jeder Fahrt wird eine 15-minütige Pause an der hübschen Station von Ano Gatzea gemacht, dort kann ein Kaffee oder ein Kaltgetränk gekauft werden. Eine Fahrtstrecke dauert ca. 1,5 Std. Erw. 18/10 €, Kinder 10/6 € (einfache Fahrt/hin und zurück).
www.trainose.gr.

Russland und Zentralasien

Der Zarengold-Sonderzug auf der stillgelegten Transsib-Trasse am Ufer des Baikalsees

54 Unterwegs mit der Transsibirischen Eisenbahn: von Moskau nach Wladiwostok

Viele Wege führen nach Wladiwostok – und viele Bahnen. Die berühmten Züge von den weniger berühmten zu unterscheiden ist einfach: Jeder Zug in Russland hat eine Nummer und die sagt den Russen schon alles. Züge mit niedrigen Zahlen wie Nummer 7 oder 8 sind **vornehme Expresszüge**. Nummer 7 fährt jeden zweiten Tag vom Moskauer „Jaroslawler Bahnhof" nach Wladiwostok ab – 9.288 Kilometer auf der Transsibirien-Strecke. Der Zug hält an 80 Stationen und ist, wenn es keine Probleme gibt, rund 150 Stunden unterwegs. Der Gegenzug hat die Nummer 8. Die Züge 3 und 4 fahren über die Mongolei in Richtung China oder kommen von dort. Einige der Traditionszüge haben sogar Namen. Zug Nummer 1 und Gegenzug Nummer 2 sind als „Rossija"-Express (Russland-Express) bekannt, Nummer 5 und 6 heißen „Okean" (Ozean). Es gibt auch einen „Sibirjak" (den „Sibirier"). Züge mit Namen gelten in Russland als besonders

Unterwegs durch Sibirien

vornehm, denn sie garantieren besonders angenehmes Reisen. Aber nicht nur Niedrignummer- und Namenszüge sind auf den Fernstrecken dieses riesigen Landes unterwegs.

Man kann auch mit Zug 19 über Moskau und die Mandschurei nach Peking fahren. Die schon etwas höhere Zahl weist ihn zwar auch als **durchaus komfortablen Zug** aus, aber ein Qualitätsunterschied zu Zügen mit einstelligen Nummern ist schon feststellbar. In den billigeren Abteilen sitzen hier viele Kleinhändler, die ihre mitgebrachten Waren irgendwo in Russland verkaufen wollen. Wer es sich leisten kann, reist in solchen Zügen erster Klasse – da gibt es kaum reisende Händler.

Besonders preiswert ist die Reise in Zügen mit hohen Nummern. Auch Zug Nummer 176 ist auf der Transsibirien-Strecke unterwegs. Als „Personenzug" muss er den Weg für alle schnelleren Bahnen frei machen, ist deutlich langsamer als die Expresszüge und fährt nicht jeden Tag. Es kann auch nicht erwartet werden, dass ständig Putztrupps durch den Zug ziehen, entsprechend ungepflegt wirkt solch eine „**Bummelbahn**". Dafür aber ist sie konkurrenzlos billig und meist sehr schnell ausgebucht.

Übrigens: Dass die russischen **Bahnhofsuhren** oft eine merkwürdige Zeit anzeigen, davon darf man sich nicht irritieren lassen. Alle Eisenbahnuhren zeigen die exakte russische Bahnzeit – Moskauer Zeit – an. Deshalb geht die Bahnhofsuhr in Wladiwostok scheinbar sieben Stunden nach.

Kleine Schlafwagenkunde

Schlafwagen sind in russischen Zügen kein Luxus. Die Strecken sind so lang, dass es oft Tage dauert, bis man sein Ziel erreicht. Damit sich viele einen Schlafplatz leisten können, hat die Russische Staatsbahn einen eigenen Liegewagentyp erfunden, den „**Gemeinschaftswagen**": Die Liegen, vier im Abteil und zwei entlang des Ganges, werden je neun Reisenden zugeteilt. Diese müssen sich dann einigen, wer wann welche Liege nutzen darf. Im Billig-Schlafwagen wird kein Bettzeug gestellt, man bringt Laken und Kissen selbst mit. Leinenschlafsäcke, so wie sie früher in den Jugendherbergen vorgeschrieben waren, leisten hier noch gute Dienste.

Es geht natürlich auch einen Tick vornehmer: In den „**Platzkartenwagen**" bleiben die Abteile zum Gang hin offen. Die beiden Sitzbänke werden abends zum Bett und außerdem klappen die Eisenbahner die Rückenlehnen hoch. Dadurch können im Abteil selbst vier Personen schlafen. Da nachts der Mitteltisch im Abteil nicht gebraucht wird, hängen die Schaffner ihn im Gang an die Wand. Das ist dann Bett Nr. 5. Das sechste Bett entsteht durch zusammengekoppelte Sitze.

Der **Coupéwagen** ist mehr als eine Klasse besser als der Platzkartenwagen: Die vier Betten werden vom Bahnpersonal bezogen und es gibt Decken, Kissen und Bettwäsche – aber nicht viel an Privatsphäre. Die Betten werden in der Reihenfolge verkauft, in der sie verlangt werden. Der Bahn ist es egal, ob Frauen oder Männer die Betten gebucht haben. Es gibt allerdings klare Benimmregeln: Wenn ein/e Reisende/r sich umzieht oder bettfertig macht, dann verlassen die drei anderen Mitfahrer das Abteil.

Wer mehr erwartet, muss „**Mjagkie Mesta**" buchen – die teuerste Schlafwagenklasse. Die Übersetzung der russischen Bezeichnung für diese Zwei-Bett-Abteile lautet „Weicher Platz" und reicht als Beschreibung dessen, was man hier erwarten darf. In dieser Klasse gibt es mit Glück brauchbare Duschen und Toiletten und manchmal sogar Schaffnerinnen, die auf die Sauberkeit achten.

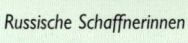

Russische Schaffnerinnen

Strecke: 9.288 Kilometer von Moskau nach Wladiwostok

Information: Tickets kann man über einen Veranstalter buchen (z.B. www.tsa-reisen.de), den Trip aber mit etwas Geduld und Abenteuergeist auch selbst planen.

Hilfreiche Websites: www.transsib-tipps.de; www.transsibirische-eisenbahn.de; www.seat61.com/Trans-Siberian.htm.

Beste Reisezeit: Die Fahrt mit der „Transsib" ist das ganze Jahr möglich. Im Sommer sind die Tage am längsten und die Temperaturen für Ausflüge am angenehmsten. Auch im Winter hat die schneebedeckte sibirische Landschaft ihre Reize, allerdings wird es früher dunkel.

Hinweis: Fahrtunterbrechungen wie in Europa sind in Russland nicht üblich. Man kauft die Fahrscheine immer nur bis zum nächsten Fahrtziel und dort dann den Anschlussfahrschein für die nächste Etappe. Steigt man vorher aus, wird die Fahrkarte ungültig. Weil für jede Teilstrecke ein eigenes Ticket beschafft werden muss, verteuern Zwischenstopps – etwa zum Besuch einer sehenswerten Stadt – Langstreckenreisen erheblich. Ein Ticket für die Gesamtstrecke ist bis zu einem Drittel billiger als ein Bündel Fahrscheine für eine Teilstrecke nach der anderen.

INFO

55 Im Salonwagen der Sowjetführung durch Sibirien: der Zarengold-Sonderzug von Moskau nach Peking

Es ist nicht ganz einfach, mit Regelzügen einmal durch Russland zu fahren und all die Städte und Sehenswürdigkeiten links und rechts der Bahn zu besuchen. Dazu sollte man zumindest ein wenig die in Russland verwendete kyrillische Schrift lesen können, Organisationstalent besitzen und etwas **Zeit und Abenteuerlust** mitbringen. Der ehemalige Russischlehrer Hans Engberding hat das erkannt und den „Zarengold-Sonderzug" von Moskau nach Peking (und zurück) erfunden, der unter anderem auf einer Strecke entlang des Baikalsees unterwegs ist, auf der es keine weiteren Reisezüge gibt.

Lokwechsel

Während der Fahrt kann eine Eigenheit russischer Eisenbahnen beobachtet werden: Auf der Strecke Peking–Moskau wird 16-mal eine neue Lok vor den Zug gespannt. Das hängt damit zusammen, dass Lokomotivführer in diesem riesigen Land immer mit der gleichen Lokomotive fahren. Das hat sich bewährt, weil die Eisenbahner auf der Lok alles daran setzen, dass es keine Störungen gibt. Es ist ja schließlich „ihre" Lok, auf der nur sie fahren und niemand anderes.

Im chinesischen Erlian wird der Zug gewechselt

Die Bahn fährt durch braunsandige Wüste, über sanfte Hügel mit dünner Grasnarbe, satte Wiesen und durch Sümpfe so weit das Auge reicht. Immer wieder säumen Birken die Strecke, mal sind es einzelne Bäume, dann wieder Baumgruppen oder Wälder, die so groß sind, dass die Transsib eine Stunde braucht, um sie zu durchqueren. Mal geht es in Serpentinen ins Gebirge, mal fährt der Zug stundenlang durch flache Ebenen. In der Rückschau kommt man in Erklärungsnot, warum man während der Fahrt so gut wie nie seinen Fensterplatz verlassen hat. „Es gibt immer das Gleiche zu sehen, aber **immer anders!**" ist da eine Begründung.

Man kann sich Zeit nehmen, genau hinzuschauen. Die Bahn fährt mit gemächlichem Tempo 70 durch den wilden Osten, hin und wieder schafft sie auch 120 km/h. Einige Wagen sind für schnellere Reisegeschwindigkeiten gebaut. Sie wurden einst von den Herren des Kremls für ihre Fahrten ins Land verwendet.

Dass der Zug **entlang des Baikalsees** dahinschleicht, freut die Fahrgäste. Die Bahn rollt auf einem fast aufgegebenen Streckenstück. Es ist einsam hier. So einsam, dass sich niemand die Mühe machte, einen Namen für ein kleines Dorf an der Strecke zu finden, an dem man gut aussteigen kann. „Die Zahl auf dem Bahnkilometerstein reicht als Adresse."

16-mal verändert sich während der Reise das Fahrgeräusch. Dann hört es sich im Zug so an, als ob es das Rattern der Räder ein Echo erzeugt. Bald weiß man, dass der Zug dann die Rampe einer hohen Flussbrücke hinauf fährt. Die Brücken in Sibirien müssen

Ausblick unterwegs: sibirische Dörfer

sehr hoch sein, denn die Flüsse sind allesamt bedeutsame Schifffahrtswege. Auf den breiten Strömen, gegen die der Rhein wie ein Flüsschen wirkt, fahren große und oft seetüchtige Schiffe, die wichtig für die Nord-Süd-Verbindungen sind. Die Bahn verbindet dagegen den Osten mit dem Westen.

Der Zug hält in Orten, die auch in Russland kaum jemand kennt. Das war auch so gewollt, denn hier an der Transsib gab es **riesige Rüstungskombinate**. Diese Gebiete waren samt den dazugehörigen Städten während der Sowjetzeit für Fremde gesperrt. Im Gegensatz dazu sind Städte wie Novosibirsk, Irkutsk und Ulan Ude in den vergangenen 15 Jahren aufgeblüht und haben sich herausgeputzt. Novosibirsk pflegt den **größten Bahnhof** an der Strecke, mit dem sich das Sowjetreich selbst feierte. In Irkutsk werden die prächtigen Holzpaläste renoviert, die sich Adlige hier bauen ließen, nachdem sie der Zar nach Sibirien verbannt hatte. Ob der Kreml in der Tatarenmetropole Kasan prächtiger ist als der in Moskau, ist Geschmackssache. Den schöneren Ausblick garantiert er auf jeden Fall.

Anreise: Russlandreisen mit dem Zug können auch in Deutschland starten oder enden. Die Verbindung von Moskau Belorusskaja z.B. nach Köln-Hauptbahnhof dauert rund 30 Std. Auch von der finnischen Hauptstadt Helsinki aus fahren regelmäßig Züge nach St. Petersburg und weiter nach Moskau.

Informationen und Buchung als Sonderzugreise unter www.lernidee. de. Es gibt verschiedene Kategorien, los geht es ab ca. 3.900 € inklusive Anreise, Ausflügen, Mahlzeiten u.v.m. Individualreisen sind auch deutlich günstiger zu buchen.

INFO

56 Zum schönsten Platz Zentralasiens: mit dem Orient Silk Road Express entlang der Seidenstraße

Die eine Seidenstraße gibt es nicht, vielmehr handelt es sich um ein Netz von Handelsstraßen vom Mittelmeer über Zentral- nach Ostasien. Eine Hauptroute ist allerdings auszumachen, sie führte vom östlichen Iran ins westliche China. Ihr mittlerer Abschnitt lag in Zentralasien, wichtige Städte waren Merw (Turkmenistan), Buchara und Samarkand (Usbekistan). Zu diesen alten **Handels- und Kulturmetropolen** sowie weiteren Highlights der zentralasiatischen Republiken Turkmenistan, Usbekistan und Kasachstan führt eine Reise mit dem Sonderzug Orient Silk Road Express.

Der komfortable Zug, der u.a. mit Klimaanlage, Steckdosen und einem Restaurantwagen mit Bar ausgestattet ist, startet in der turkmenischen Hauptstadt **Aschgabat**. Sie liegt unweit der Grenze zum Iran in der Wüste Karakum, die rund 90 % des turkmenischen Staatsgebietes ausmacht. Der erste Streckenabschnitt führt dann auch gleich vorbei an bis zu 90 Meter hohen Sanddünen. Aber auch Aschgabat näher kennenzulernen lohnt sich, sowohl beim Handeln auf dem Basar Tolkuchka als auch bei einem Rundgang durch das Nationalmuseum, wo Ausgrabungsstücke der parthischen Königsstadt Nisa zu sehen sind.

Über Nacht geht es nach Mary, einer Wüstenoase am Murgab-Fluss. Rund 30 Kilometer davon entfernt liegt Merw, die einst wichtige Metropole an der Seidenstraße gibt es als moderne Stadt allerdings nicht mehr. Die **Ruinen von Merw** sind heute UNESCO-Weltkulturerbe und spiegeln die einstige altertümliche Pracht und Größe – die Überreste sind auf rund 70 Quadratkilometer verteilt – wieder.

„Bitte einsteigen Richtung Buxuro!" – so heißt **Buchara** auf Usbekisch (bzw. ist die kyrillische Schreibweise des Ortes). Der Orient Silk Road Express passiert die Grenze nach Usbekistan und erreicht eine der größten Städte des Landes, die aufgrund ihrer einzigartigen Baumasse eine der schönsten ist und als „die Edle" bezeichnet wird. Trotz

Der Orient Silk Road Express fährt in Samarkand ein

der Zerstörung durch Dschingis Khan 1220 konnten rund 1.000 Baudenkmäler erhalten werden. Sie und das Flair der orientalischen Altstadt versetzen den Reisenden zurück in die Zeiten, als die Seidenstraße die pulsierende Ader Zentralasiens war.

Nach einem Ein-Tages-Abstecher nach Chiwa (Xiva) mit seiner beeindruckenden Stadtmauer als einem von vielen vorzüglich erhaltenen Bauten überwindet der Zug viele Höhenmeter und kommt auf 702 Metern in **Samarkand** zum Stehen.

Ein letzter prüfender Blick, dann rollt der Zug wieder an

Hier, auf einer Hochebene des bis zu 5.544 Meter hohen Alai-Gebirges, verweilen die Reisenden zwei Tage. Die Innenstadt der einstigen Hauptstadt des Großreiches von Herrscher Tamerlan (dt. „Timur, der Lahme") wurde ebenfalls unter den Schutz der UNESCO gestellt. Und wenn man die eine Sehenswürdigkeit unter vielen wählen müsste, sollte es der **Prachtplatz Registan** sein. Drei Medressen – islamische Lehranstalten – gruppieren sich hier in U-Form und grenzen mit ihren reich verzierten Portalen einen Platz ab, der als schönster Zentralasiens, wenn nicht des gesamten Orients, gilt.

Der Orient Silk Road Express verlässt die Hauptroute der Seidenstraße am elften Tag und hält sich in Richtung Norden: **Taschkent** ist das Ziel. Zwei Millionen Menschen leben hier am Rande des Tian-Shan-Hochgebirges, das Höhen von ca. 7.450 Metern erreicht. Der Eindruck der usbekischen Hauptstadt wird nach der Zugfahrt durch die Steppe bestimmt durch ihre zahlreichen Grünflächen und die stolzen nationalen Bauten der Neustadt. Einen Gegenpol bildet die Altstadt, wo ein Besuch des Basars von der Musik der vielen usbekischen Straßenmusiker untermahlt wird. Am zwölften Tag der Reise überquert der Zug die kasachische Grenze. Die Stadt Turkestan und ihre timuridische (auf den Herrscher Tamerlan zurückgehende) Architektur begeistern. Ein Hauptwerk des Stils ist das Mausoleum Khoja Ahmed Yasawis, wo sich die sufistischen Pilger treffen.

Almaty, die größte Stadt Kasachstans, bildet die Endstation der Zugreise. Von weitem ist bereits der Fernsehturm auf dem Berg Kök-Töbe zu sehen, er gilt als einer der höchsten der Welt. Weitere Sehenswürdigkeiten sind u.a. die Kathedralen der Stadt und der „Zirkus Almaty", der seit 1970 Heimat entsprechender Shows ist.

Nach dem Verlassen der Seidenstraße muss nun auch der Orient Silk Road Express verlassen werden. Eine unvergessliche Reise durch die zentralasiatischen Republiken geht zu Ende.

Strecke: 3.459 Kilometer mit dem Orient Silk Road Express von Aschgabat (Turkmenistan) nach Almaty (Kasachstan) (direkte Strecke ca. 2.300 Kilometer)
Information: Die Fahrt mit dem Orient Silk Road Express wird im Rahmen der „Sonderzugreise Registan – Sagenhafte Seidenstraße" von Lernidee Erlebnisreisen angeboten. 14 Tage inkl. Flug ab Frankfurt kosten ab ca. 3.000 € p.P. im 4-Bett-Abteil, ab ca. 4.150 € p.P. im 2-Bett-Abteil. www.lernidee.de. Es gibt auch einwöchige Baustein-Arrangements ab ca. 1.200 €.

INFO

Türkei und
Naher Osten

James Bond verhalf ihm zu neuer Berühmtheit: vom 98 Meter hohen Giaurdere-Viadukt (auch Varda-Viadukt oder „Deutsche Brücke" genannt) nahe Adana stürzte der Geheimagent in „Skyfall" in die Tiefe. Das Viadukt ist Teil der einstigen Bagdadbahn.

57 Auf der Strecke der Bagdadbahn: mit dem Taurus Express von Istanbul nach Adana

Spätestens seit einer wilden Verfolgungsjagd im Film „**James Bond 007: Skyfall**" (2012) weiß man, dass die Türkei nicht nur ein Pauschalziel, sondern auch ein Eisenbahnland ist: Mit einem gewaltigen Sprung auf einen fahrenden Güterzug mit Personenbeförderung verfolgt James Bond den Auftragsmörder Patrice, der eine Festplatte mit Geheimdaten entwendet hat.

Üblicherweise aber beginnt eine Bahnreise durch die Türkei ganz anders, nämlich (noch) auf dem Wasser. Per Fähre geht es dabei vom europäischen zum asiatischen Teil Istanbuls, einmal über den Bosporus. Schon von weitem grüßt der imposante **Bahnhof Haydarpasar**. Die deutschen Architekten Otto Ritter von Kühlmann und Hellmuth Cuno entwarfen den gewaltigen Bau, von dem aus seit 1908 Vorort- und Fernzüge abfahren. Der Bahnhof für die asiatische Seite der Stadt sollte ein „Schloss am Meer" werden, so der Auftrag an die Architekten. Sie planten im Stil ihrer Zeit, deutsche Einflüsse im Stil des Neoklassizismus sind nicht zu übersehen. Bunte Glasfenster und eine prächtige Kassettendecke schmücken die eindrucksvolle Empfangshalle. Im linken Seitenturm befindet sich ein mit einem imposanten Kristalllüster verzierter Wartesaal für hohe Würdenträger – die aber hat man hier schon lange nicht mehr gesehen. Überhaupt wirkt dieser Bahnhof wie ein **Ort der Stille**, ganz anders als die quirligen Hauptbahnhöfe der Metropolen Europas. Einzig auf einem Nebengleis herrscht ständig reger Betrieb, weil die Gäste der hier einfahrenden Pendlerzüge einen direkten Zugang zur Fähre haben.

Die gemächliche Ruhe auf dem Bahnhof Haydarpasar erstaunt Türkeikenner nicht. In diesem Land fährt man meist mit dem Linienbus, da reicht für ferne Ziele eine Zugabfahrt pro Tag. So etwa für die Fahrt nach Adana auf den Abschnitten Haydarpasar–Konya und Konya–Adana, vor über 100 Jahren als **Teil der Bagdadbahn** von deutschen Bahningenieuren gebaut. Der Zug wird in der Türkei „Taurus Express" genannt. Je nach Fahrpreis reist der Bahnfan dabei im Sitz-, Liege- (4-Bett-Abteil) oder Schlafwagen (2-Bett-Abteil). Überraschend modern sind die eingesetzten klimatisierten Waggons aus türkischer Produktion. Deren Konstrukteure orientierten sich bei den Schlafwagen an bekannten Vorbildern. Waschbecken, Spiegel und Steckdosen sind selbstverständlich. Sogar Kühlschränke gibt es – sehr praktisch für Reisende, die unterwegs Essen und Getränke kühlen wollen, obwohl die Speisewagen durchaus empfehlenswert sind.

Ein lautes Horn erklingt. Der Taurus Express setzt sich unter dem Röhren der bulligen Diesellokomotiven in Bewegung. Sie sind der Stolz der türkischen Bahn und werden von der Tülomsas-Lokomotivfabrik in Lizenz der General Motors EMD gebaut. Der Zug fährt zunächst längere Zeit durch die östlichen Vororte der 14-Millionen-Stadt Istanbul und folgt dann der Küste des Marmarameeres. Vom Zug aus schaut man auf Zigaretten rauchende Senioren, die Stunden der Muße beim Angeln genießen, badende Kinder und vor Anker liegende Frachter. Der Taurus Express fährt zu einer Zeit, zu der man auch den Gebetsruf des Muezzins hört, der dank der kräftigen Lautsprecheranlagen der Moscheen das Fahrgeräusch der Bahn übertönt. Auf den Streckenabschnitt entlang des Marmarameeres folgt einer längs des Sees Sapanca Gölü. Danach beginnt die Bergfahrt hinauf in das **anatolische Hochland**, eine schöne Landschaft mit tief eingeschnittenen Schluchten. Auf diese grüne Umgebung folgt die karge Steppe Zentralanatoliens.

Nach einer Nacht im Schlafwagen erreicht der Zug im Morgengrauen die Stadt Konya, Heimat der tanzenden Derwische. Einen halben Tag und 237 Kilometer später läuft der Taurus Express dann in Ulukisla ein, der Stadt am Eingang der Kilikischen Pforte. Über diesen 1.290 Meter hohen Pass zog Alexander der Große im Jahr 333 v. Chr. im Krieg gegen die Perser und auch die Kreuzritter wählten diese Passage auf ihrem Weg ins Heilige Land. Hier führt die Bahnlinie zunächst an einem gemächlich dahinfließen-

Durch das karge Anatolien

den Gebirgsbach entlang, danach gewinnt die Landschaft zunehmend an Dramatik: Immer steiler ragen die Gipfel rechts und links der Strecke auf, immer enger rücken die senkrecht aufragenden Felswände zusammen und immer wieder müssen Berge durchquert werden – **37 Tunnel** gibt es allein auf diesem Streckenabschnitt.

Der 007-Film „Skyfall" verhalf auch dem **Giaurdere-Viadukt** (172 Meter lang, 98 Meter hoch) zu Ruhm: Bei einer Schießerei auf den Dächern eines fahrenden Zuges stürzt James Bond hier in die Tiefe. Dass er am Ende des Films als lebender Sieger dasteht, hat dann nichts mehr mit der türkischen Bahn zu tun, die hier nur die prächtige Kulisse lieferte.

Nach weiteren 63 Kilometern erreicht der Zug die 1,5-Millionen-Stadt **Adana**, den Endpunkt der Taurus-Express-Reise und Zwischenstation der Bagdadbahn, die einst von hier aus in Richtung Syrien und den heutigen Irak führte – und mehrfach von „Lawrence von Arabien" gesprengt wurde, was auch im Kino zu sehen war … (fn)

Strecke: rund 1.000 Kilometer von Istanbul nach Adana
Information: Die türkische Bahngesellschaft TCDD modernisiert ihr Schienennetz vor allem in und um Istanbul. Die beiden großen alten Bahnhöfe, einer davon der Haydarpasar, werden dann nicht mehr gebraucht. Der Bosporus wird untertunnelt und im Rahmen der Umgestaltung fahren die Fernzüge in Richtung Osten während der Bauphase im rund 130 Kilometer entfernten Arifiye am See Sapanca Gölü oder im anatolischen Eskişehir ab. Ab 2015 soll es dann wieder direkte Züge von Istanbul nach Anatolien geben. Bis dahin dauert die Fahrt von Arifiye nach Adana ca. 17 Std. und kostet ca. 20 € p.P. im einfachen Sitz und ca. 35 € p.P. im 2-Bett-Abteil. www.tcdd.gov.tr.

INFO

58 Drei-Städte-Tour durch das Heilige Land: Haifa–Tel Aviv–Jerusalem mit Israel Railways

Die Wege zwischen den drei größten Städten Israels – Jerusalem (ca. 800.000 Ew.), Tel Aviv (ca. 400 T.) und Haifa (ca. 270 T.) – sind recht kurz, denn immerhin ist der Staat nicht größer als das deutsche Bundesland Hessen. Nun ist das „Heilige Land" aber kein Eisenbahn-, sondern ein **Busland**.

Die „Egged", Israels größte Busgesellschaft, wickelt mit ihren grünen Straßenschiffen den Großteil des Fernverkehrs ab. Das Liniennetz ist dicht und verspricht das schnellste Vorankommen.

Aber es gibt sie, die Israelische Eisenbahn. Israel Railways, die staatliche Bahngesellschaft seit 1948, betreibt heute ein **recht eingeschränktes Netz**. Die Einschränkungen ergeben sich aus Israels geografischen Bedingungen: Die Küstenebene am Mittelmeer, wo Haifa und Tel Aviv liegen, ist flach und bot sich für den Eisenbahnbau an. Das Zentrum des Landes ist von Gebirgsketten wie den Bergen Judäas, wo Jerusalem auf rund 800 Metern Höhe liegt, bestimmt. Diese Höhen fallen auf spektakuläre Weise zum Jordangraben und dem Toten Meer (-420 Meter unter NN) nach Osten hin ab. Und als wären es der geografischen Extreme nicht genug, ist ein Drittel der Landfläche Israels, die zum Roten Meer hin wie ein Trichter zuläuft, noch mit der Wüste Negev bedeckt.

Aber es waren auch **politische Konflikte** in der Region, die die Eisenbahn einschränkten. So bestehen internationale Strecken z.B. nach Damaskus, Beirut oder Kairo nicht mehr. Zudem wurde das besetzte Westjordanland beim Bahnbau ausgespart. Das führte dazu, dass die Bahn heute auf der Hauptstrecke von der libanesischen Grenze im Norden am Mittelmeer entlang bis in die Negevwüste – und damit um die besetzten Gebiete herum – fährt. Außerdem bildet dadurch der Streckenast Tel Aviv–Jerusalem nach Osten hin eine Sackgasse.

Eine Drei-Städte-Tour beginnt man am besten mit einem Besuch des „**Israel Railway Museum**" (s. Info) in **Haifa**, wo die Geschichte und speziellen Voraussetzungen des is-

raelischen Eisenbahnbaus von der Eröffnung der ersten Strecke Jaffa–Jerusalem 1892 bis heute beleuchtet werden. Des weiteren hat die Stadt für Eisenbahnfans eine **unterirdische Standseilbahn** zu bieten, die Carmelit (www.carmelit haifa.com), mit sechs Stationen eine der kürzesten U-Bahnen der Welt.

Tel Aviv: nur noch ein paar Minuten und der Hauptbahnhof ist erreicht

Sie führt von der Altstadt auf den Berg Karmel hinauf. Nur wenige Gehminuten unterhalb der Endstation beginnt eine Promenade, von der man einen einmaligen Blick auf den Hafen und die beeindruckenden Bahai-Gärten hat.

Wieder zurück im Stadtzentrum geht es vom Bahnhof „Haifa Center" **mit der Bahn am Mittelmeer entlang** Richtung Süden. Der Tel Aviver Hauptbahnhof „Savidor Center" ist über eine Schnellstrecke mit wenigen Haltestellen zu erreichen. Oder es gibt die Möglichkeit eines Ausstiegs in „Binyamina", von wo aus man per Bus die Ausgrabungen des antiken Caesarea erreicht oder in einen Vorortzug mit Halt im Badeort Netanja und der Endstation Tel Aviv steigen kann.

Tel Aviv-Jaffa, wie die Stadt mit Hinweis auf die eingemeindete arabische Erstsiedlung heute heißt, ist wohl die modernste Stadt des Nahen Ostens und wird in Anlehnung an New York mit der Bezeichnung „The Big Orange" geadelt. Eine junge, lebhafte Metropole mit vielen Ausgehmöglichkeiten, langen Stränden und einem Bestand von rund 4.000 Gebäuden im Bauhaus-Stil, die – heute im Schatten von Wolkenkratzern – die Bezeichnung „Weiße Stadt am Meer" geprägt haben.

Der Umstieg in „Tel Aviv – Savidor Center" bringt einen nach wenigen Bahnkilometern auf die **alte Meterspur-Trasse** Jaffa–Jerusalem, deren Bau ab 1889 von Schweizer Ingenieuren beaufsichtigt wurde. Ohne Tunnel schlängelt sich die Strecke – heute auf der Normalspur – ab Bet Schemesch entlang des Flusses Sorek durch die grünen Berge Judäas.

Die Bahn bedient in **Jerusalem** nur zwei Stationen. Zuerst den Bahnhof am „Biblischen Zoo" (www.jerusalemzoo.org.il), einem Tiergarten, der sich der Züchtung und dem Schutz von explizit in der Bibel erwähnten Arten widmet. Als Endstation dient der erst 2005 eröffnete Bahnhof „Malha", der rund 6 Kilometer vom Zentrum entfernt liegt und nicht an die 2011 eröffnete Straßenbahn angeschlossen ist. Der alte Endbahnhof, einen Kilometer unterhalb der historischen Altstadt, wurde aufgegeben und soll aktuell zu einem Kulturzentrum umgebaut werden. Alles Zeichen dafür, dass Israel tatsächlich kein Bahnland ist … Oder vielleicht doch? Israel Railways investiert ja kräftig in die Schnellstrecke Tel Aviv–Jerusalem, die am zentralen Jerusalemer Busbahnhof an die Straßenbahn angebunden werden soll und später bis zum Alten Bahnhof verlängert werden könnte. Das würde den Zugang zu den Heiligen Stätten dreier Weltreligionen – u.a. die sogenannte „Klagemauer" der Juden, der muslimische Felsendom auf dem Tempelberg und die Grabeskirche Jesu Christi – für Bahntouristen deutlich erleichtern.

Strecke: 167 Kilometer (Haifa–Tel Aviv 85 km; Tel Aviv–Jerusalem 82 km)
Information: Die Fahrt Haifa–Tel Aviv dauert ca. 1 Std., der Abschnitt nach Jerusalem nochmal 1,5 Std. Die Züge verkehren tagsüber von Sonntag bis Freitagmittag (Achtung, Sabbat!) stündlich. Die Gesamtstrecke (einfach) kostet für Erw. ca. 10 €, für Kinder bis 10 J. ca. 8 €.

Reiseplaner und Preiskalkulator unter www.rail.co.il.
Israel Railway Museum: Hativat Golani Str. 1, Haifa (südlich des Hauptbahnhofes „Haifa Center – HaShmona"). Geöffnet So–Do 8.30–15.30 Uhr. Erw. ca. 6,40 €, Kinder ab 5 J. ca. 3,20 €. Für eine Wegbeschreibung und weitere Informationen siehe www.rail.co.il (unter „Fun").

INFO

59 Einst der Stolz des Osmanischen Reiches: das letzte Stück der Hedjazbahn von Amman nach Al Jiza

Ein großartiger Plan – die für fromme Muslime vorgeschriebene Pilgerfahrt nach Mekka sollte einfacher werden. Im Jahr 1900 versprach der osmanische Sultan Abdul Hamid II., die „Heilige Bahn" von Damaskus über Medina bis nach Mekka bauen zu lassen. Die Hedjazbahn sollte zudem dabei helfen, die vielen Rivalitäten unter den Völkern des Osmanischen Reichs zu beenden oder zumindest zu entschärfen. Was der Sultan allerdings nicht öffentlich propagierte, war die **militärische Bedeutung** des Bahnprojekts. Sie war aber der Grund, warum auch das Kaiserreich Deutschland am Bau der Bahnstrecke interessiert war. England und Frankreich dagegen fürchteten, im arabischen Raum an Einfluss zu verlieren, wenn die Deutschen für diese Region wichtiger würden. Das Projekt war Paris und London außerdem nicht geheuer, weil damit schnellstens Truppen verschoben werden konnten.

Das **deutsche Kaiserreich** beteiligte sich nicht nur mit beachtlichen Finanzmitteln an dem Eisenbahnbau, sondern schickte auch Fachleute. Der Sachse Heinrich August Meißner wurde der oberste Bauleiter für die Hedjazbahn, und er war sehr erfolgreich. Schon 1903 fuhr der erste Zug auf der neuen Trasse von Damaskus aus nach Dar'a im heutigen Syrien. Ein Jahr später wurde der nächste Streckenabschnitt nach Ma'an freigegeben. Man konnte jetzt also nicht nur bis Amman, sondern sogar 218 km weiter fahren. Neue Streckenteile mussten immer zum 1. September eines Jahres fertig werden, denn an diesem Tag wurde im Osmanischen Reich die Thronbesteigung von Abdul Hamid gefeiert.

Am **1. September 1908** fuhr die Hedjazbahn erstmals von Damaskus bis nach Medina im heutigen Saudi-Arabien – 1.302 Bahnkilometer durch die Wüste und die Berge des Nahen Ostens. Die Hedjazbahn war ein großer Erfolg, obwohl das ursprüngliche Ziel Mekka nie angeschlossen wurde. Drei Züge wöchentlich befuhren die Strecke nach Medina und waren stets überfüllt. Zur Wallfahrtszeit wurden sogar täglich bis zu fünf Züge eingesetzt. Schon ab 1912 wurde das Bahnfahren allerdings gefährlich. Der britische Agent T. E. Lawrence, besser bekannt als „Lawrence von Arabien", organisierte einen arabischen Aufstand gegen das Osmanische Reich. Brücken wurden gesprengt und Lokomotiven zerstört.

Was von der einst so stolzen Hedjazbahn übriggeblieben ist, kann an der **Marka-Station** in Amman besichtigt werden. Amman ist eine Millionenstadt, der „Hauptbahnhof" aber erinnert an Haltestellen irgendwo auf dem Land in Sachsen oder Württem-

Holzklasse – im wahrsten Sinne des Wortes

Jordanischer Bahnhof, einst nach deutschen Plänen in der Wuste gebaut

berg. Den Stolz der Eisenbahner der Jordan Hejaz Railway mindert das aber keineswegs, auch wenn für ihre Hauptverwaltung ein oder zwei Büros im Bahnhofsgebäude reichen. In der Schalterhalle sind einige Erinnerungsstücke an die große Zeit dieser Eisenbahn ausgestellt. Interessanter ist jedoch das Bahnausbesserungswerk dahinter. Hier kann man dabei zusehen, wie mit Maschinen aus den Anfangsjahren der Bahn Dampf- und Diesellokomotiven gewartet und repariert werden. Die Dampfloks – sechs sind einsatzbereit – stammen aus Japan, England und Deutschland; dazu kommen Dieselloks, vermutlich amerikanischer Bauart.

„Ja, es gibt regelmäßige Fahrten", der jordanische Eisenbahner Mamoud Al Freihat muss wohl darauf bestehen. „An jedem Wochenende fahren wir vom Bahnhof Marka nach **Al Jiza** in der Nähe des Queen Alia-Flughafens". Dieser internationale Flughafen liegt etwa 35 Kilometer südlich von Amman. Die Bahnfahrt geht also einmal durch die Vororte der Großstadt. Die Mühe, an den Straßenübergängen Schranken herunterzulassen, macht sich niemand. Viel Gepfeife und laute Lokomotiv-Geräusche genügen, um die Vorfahrt für die Bahn zu erzwingen. Kaum hat sie den Heimatbahnhof verlassen, muss die Lok ganz schön klettern. Am Rande von Amman müssen große Steigungen bewältigt werden. Gleich danach geht es über ein beeindruckendes Viadukt, das an die Göltzschtalbrücke in Sachsen erinnert. Hier fährt die Bahn über zwölf zweistöckige, gemauerte Steinbögen über eine der wichtigsten Ausfallstraßen von Amman hinweg.

Strecke: etwa 35 Kilometer vom Bahnhof Marka in Amman nach Al Jiza in der Nähe vom Queen-Alia-Flughafen

Information: Die Fahrt dauert zwei Stunden pro Strecke und kostet etwa 3 €.

INFO

Indien

Bahnhof Delhi: Weite Reisen erfordern viel Gepäck

60 Indische Expresszüge fahren in gemächlichem Tempo durch das Land: von Patna über Chennai nach Bangalore

Alte Landkarten taugen in Indien nicht viel. Chennai hieß früher einmal Madras – der Name ist auch vom Curry-Gewürz bekannt. Und wenn ein Zug sich „Express" nennt, dann bedeutet das hier nicht, dass er nach europäischen Maßstäben auch wirklich schnell ist. Gemächliche 50 Kilometer pro Stunde, das rechtfertigt hier schon den Hinweis, dass es sich bei der jeweiligen Bahn um einen „Schnellzug" handelt. So gesehen ist auf der Strecke von Patna nach Chennai sogar eine Art indischer Intercity unterwegs, der hier und da sogar schon mal mit der sagenhaften Durchschnittsgeschwindigkeit von etwa 60 Kilometern auf der Ostseite des indischen Subkontinents unterwegs ist.

Die Reise von Patna über Chennai und dann ins Landesinnere nach Bangalore dauert über 30 Stunden bis zur Umsteigestation Chennai und dann noch einmal acht Stunden bis zum Ziel **Bangalore**. Der Zug, der nun zur im Fahrplan angegebenen Zeit im Kopfbahnhof von Bangalore, seiner Endstation, an Gleis 4 hält, ist sehr lang. Den Europäern, die hier mit ihrem Gepäck in Richtung Ausgang streben, scheint er fast nicht enden zu wollen. Fußmärsche gehören eben zu den Bahnerfahrungen, die man in Indien sammeln kann – oder muss!

Inder haben gänzlich andere Vorstellungen von Sicherheitsmaßnahmen als die Eisenbahner in Europa oder in Amerika. Hier sind über den Fenstern kleine rote Spitzhämmer eingehakt, damit im Falle eines Unfalls das Sicherheitsglas eingeschlagen werden kann. Andere Hinweise auf Fluchtmöglichkeiten durch die Fenster gibt es nicht. Solche Vorkehrungen wären selbst in bekannten indischen Zügen absolut sinnlos: Die Fenster in der Standardklasse der Bahn sind mit dicken Eisenstäben gesichert. Auf eines aber wurde geachtet: Die Gitterstäbe sind in einem solchen Abstand angeschweißt worden, dass Kinder ihren Kopf nicht hindurch stecken können und Erwachsene schon gar nicht. Inder nutzen die Stäbe, um sich daran festzuhalten, wenn sie aus dem Zug herausschauen auf die, die nach ihnen in die Bahn drängen. Dass Menschen aus fernen Ländern auf die Idee kommen, dass sie eingesperrt sein könnten, wenn etwa der Zug entgleist, verste-

hen die indischen Bahnpassagiere kaum. Wer stets auf wenig gepflegten Schienenwegen unterwegs ist, muss schon ein gehöriges Maß an Fatalismus mitbringen. Vielleicht gilt auch: Man gewöhnt sich an alles und blendet Gefahren einfach aus.

Die vielen fliegenden Händler auf dem Bahnsteig haben sich auf die eng sitzenden Gitterstäbe eingestellt und kommen damit gut zurecht. Alles was sie zu den Abteilen hinauf verkaufen, passt mühelos durch die Vergitterung, und sie wissen

Das Warten auf die Bahn kann schon mal länger dauern: Bahnhof von Bangalore

genau, wie sie sich verhalten müssen, damit ihnen auch das passende Geld durch die Gitterfenster gereicht wird.

Was die Eisenbahner anbetrifft, da ist die indische Bahn sehr formal. Der Englisch sprechende Zugbegleiter erscheint in einer Dienstkleidung, zu der eine weiße Hose samt weißem Hemd gehört, die rote Krawatte unterstreicht zusammen mit der blauen Uniformjacke die Bedeutung des Mannes. Dazu gehört auch die **Passagierliste**, mit der in der Hand er seine Fahrgäste zum gebuchten Wagen am Ende des Zuges führt. Die Wagen der 1. Klasse unterscheiden sich von denen der Standardklasse dadurch, dass hier auf die Gitter vor den Fenstern der Schlafwagenabteile, die tagsüber zu Sitzabteilen umgewandelt werden, verzichtet wurde. Mit dem Bettenmachen haben die Schlafwagenschaffner ihre Probleme. Man darf sich nicht wundern, wenn der Mann mit der blau-weißen Uniform es ganz normal findet, dass überall auf den aufgeklappten Betten noch das Bettzeug von der vorigen Nacht liegt. Die neu Zugestiegenen haben da keine Wahl, sie müssen Laken, Decken und Kissen auf den Sitzen und den Betten erst einmal zusammenklauben, um Platz zu schaffen. Ausweichen kann man nicht. Im gesamten First-Class-Car gibt es nur ungemachte Betten. Das gehört hier

Passt: Die Verkäufer von Getränken und Essen haben nur Produkte dabei, die durch die vergitterten Zugfenster passen

zum Reiseerlebnis. Man wartet nicht lange, bis jemand kommt, um Ordnung zu schaffen. Alles nach oben auf die Ablagen zu werfen und damit Kunstlederbänke frei zu machen geht schneller. Aber man soll sich nicht ärgern. Einige Zeit nach der auf die Minute pünktlichen Abfahrt werden die Abteile aufgeräumt. Ohne spürbare Eile fährt der Zug so vor sich hin. Gleise und Gleisbett bremsen ihn aus, wie auch das Klima. Nachts kann es auf der Patna–Chennai–Bangalore-Strecke sehr kalt werden. Tagsüber heizt sich die Bahn durch die extrem heiße Sonne auf. Dafür aber gibt es einen Generatorwagen, der Extraenergie für die sehr wirksame Klimaanlage liefert. Sie arbeitet auf Hochtouren und macht aus jedem Schlafwagenabteil eine Eisbox. Draußen Sonne, drinnen Vliesjacke. Wenn es in Kurven die Berge hinauf geht, sitzt man am besten am Fenster. Die Erste-Klasse-Wagen fahren ganz vorn im Zug mit. Auf kurviger Strecke ist von hier aus der gesamte Zug zu sehen und zu fotografieren, es ist ein Zug mit einer kaum zu glaubenden Anzahl von Waggons.

Wenn der Zug in Bangalore einläuft, ist es schon lange dunkel. Gepäckträger stürzen sich auf die Koffer der Zugreisenden. Sie wie anderswo in die Hand zu nehmen und zu tragen oder gar auf Karren zu laden, kommt für sie nicht in Frage. Das Menschengewühl ist auf indischen Bahnhöfen so dicht, dass sie am besten vorwärtskommen, wenn sie die Gepäckstücke auf dem Kopf balancieren. Das ist gut so, da hat man sie stets im Blick und findet schnell den Bahnhofsausgang.

Strecke: Patna–Chennai ca. 1.900 Kilometer, Chennai–Bangalore ca. 330 Kilometer
Information: Für die Strecke braucht man insg. rund 40 Stunden. Die gute Nachricht: Die **Verpflegung** im Zug ist preisgünstig und lecker. Sie wird aus dem Küchenwagen in Schalen aus Alufolie an den Platz gebracht. Zur Wahl stehen Lamm oder Hähnchen mit Reis und Gemüse – alles sehr schmackhaft zubereitet. Für den Nachtisch sorgen mitfahrende Händler, die jeweils von einer Station bis zur nächsten in der Bahn mitfahren und Obst, Kekse und Getränke anbieten. **Tipps** zum Fahrkartenkauf: s. S. 151.

INFO

61 Von der Megastadt zur Goldenen Festung: der Delhi Jaisalmer Express

Für lange Strecken in Indien ist die Eisenbahn ein empfehlenswertes Verkehrsmittel. Sie ist meist bequemer als der Bus und sie ist nicht teuer. Die Auswahl ist gigantisch: Immerhin reisen jeden Tag 14 Millionen Passagiere mit der indischen Bahn. Schon Ghandi fuhr als junger Anwalt kreuz und quer auf Schienen durch Indien, um Land und Leute kennen zu lernen. Man sollte es ihm nachtun, um – im wörtlichen Sinn – viel über das

Schlafabteil der Indian Railways

Land zu erfahren. Wer es erst einmal geschafft hat, eine Fahrkarte für den gewünschten Zug zu bekommen (s. Kasten), wird diese Art der Fortbewegung zu schätzen wissen.

Rajasthan ist verhältnismäßig gut an das indische Eisenbahnnetz angeschlossen. Der Delhi Jaisalmer Express startet in Delhi an der **Old Delhi Junction** (Old Delhi Station) nachmittags um 17.30 Uhr. Jahrzehntelanger Smog hat die Altstadtmauern von Chandni Chowk und Pahar Ganj geschwärzt, in „Old Delhi", um die Delhi Railway Station und westlich des Roten Fort der Mogulkaiser. Gar nicht weit davon wächst Jahr um Jahr makellos schimmernd eine neue Generation der Glas- und Stahlbauten um den weißen Arkadenring des Connaught Circle. Delhi, das ist alles und sein Gegenteil. Das merkt man auch, wenn man vorbei an nicht enden wollenden Armenvierteln Richtung Norden rollt.

Gemächlich rumpelt der Zug durch die Ausläufer der Megastadt, durch in wenigen Jahren entstandene Millionenstädte wie Gurgaon Richtung Rajasthan. Lohnende Unterbrechungen der Fahrt wären Jodhpur mit seinen mondscheinblauen Häusern oder Jaipur mit seinen Palästen und Gärten oder Phalodi, wo man den Tanz der Kraniche beobachten kann. Es geht mitten durch die Wüste Rajasthans, bis am Vormittag die „Goldene Festung" erreicht ist. Der Bahnhof von Jaisalmer liegt etwa 600 Meter östlich der Stadtmauer. Vor den Toren hat sich Jaisalmer in den jüngsten Jahrzehnten kräftig in die Ebene gestreckt und zählt heute rund 80.000 Einwohner.

Es gibt kaum einen Reisenden, der beim Anblick Jaisalmers nicht Staunen und Bewunderung fühlt. Da überragt sie die weite dürre Ebene, die **vieltürmige Burg-Stadt**, auf einem nicht einmal hohen Tafelberg, doch weithin sichtbar, ihre Mauern und Gebäude sind aus gelblichem Sandstein. Wenn man Glück hat und die Sonne scheint, glänzt die Stadt gelb wie Blütenstaub. Wer noch mehr Glück hat und den Anblick im Abendsonnenlicht erlebt, sieht goldene oder gar rotgoldene Mauern – wie in einer alten Legende. Das spektakulär ummauerte **Fort** ist der hoch gelegene Teil der Stadt, von weither sichtbar. Nordöstlich, nördlich und nordwestlich liegt mit eigenem Mauerring die alte Stadt, in der sich die wunderschönen Havelis und die Basare befinden. Ihre Gassen sind im Kernbereich sehr eng, bis auf wenige befahrbare Plätze und Straßen. Jaisalmer ist eine (Zug-)Reise wert. (egmn)

Tipps zum Fahrkartenkauf

Der erste Schritt einer Zugfahrt ist der Fahrkartenkauf. Wer schon an den Automaten der DB verzweifelt, für den stellt Indien eine rechte Herausforderung dar. 14.000 Züge fahren täglich durch das Land – Reservierungen sind wichtig, weil spontanes Reisen, also zum Schalter im Bahnhof gehen, Karte kaufen und einsteigen, in Indien wegen der riesigen Nachfrage in der Regel nicht möglich ist. Sehr nützlich für die Vorbereitung und Reservierung (s. u.) einer Bahnreise ist das monatliche Fahrplanheft für Fernverbindungen **Trains at a Glance**, erhältlich meist in Bahnhofskiosken und Buchhandlungen – falls nicht gerade wieder ausverkauft. Die online-Buchung auf der Webseite der indischen Bahn (www.indianrail. gov.in) ist für Nicht-Inder nicht ganz einfach. Wer sich den Gang zum Bahnhof ersparen möchte, kann es mit Drittanbietern versuchen, online beispielsweise www. cleartrip.com oder einem Reisebüro vor Ort. Man kann auch einen

Auch die Expresszüge fahren selten schneller als 60 km/h

Agenten damit beauftragen, sich in die Schlange zu stellen. Ansonsten nimmt man sich – am besten einige Tage vor der Abreise – am Bahnhofsschalter ein Formular und trägt darauf ein, für welchen Zug (Zeit, Nummer, Klasse) man reservieren will. Man fragt nach dem Sonderschalter für Ausländer (*Foreigners' Counter*). Wenn es diese Vorzugsbehandlung nicht geben sollte, muss man vermutlich etwas länger anstehen. Manchmal gibt es spezielle **Ladies' Queues**, die weniger lang sind. Bevor die Reise startet, kann man am Waggon die Liste des Zugführers mit den Namen und den Platznummern jedes Reisenden einsehen, handschriftlich und nicht frei von eigenwilligen Namens-Interpretationen (man sollte auf dem Ticket-Bestellbogen den Nachnamen in Druckschrift an erster Stelle schreiben).

INFO

Strecke: Delhi–Jaisalmer 921 km
Information: Delhi hat mehrere Bahnhöfe, der Zug nach Jaisalmer fährt Delhi Junction an, auch als **Old Delhi Station** bekannt (am Shayma Prasad Mukerji Marg, nördlich von Chandni Chowk). Er braucht laut Fahrplan 17 Stunden und 30 Minuten, hält unterwegs 35-mal. Abfahrt Delhi 17.30 Uhr, Ankunft Jaisalmer 11 Uhr am nächsten Morgen. Der Bahnhof liegt etwa 600 Meter östlich der Stadtmauer.
Hinweis zu Zugklassen: Die Eisenbahn in Indien soll sieben verschiedene Klassen haben, aufgefallen sind uns nicht ganz so viele, aber die gebräuchlichen für Touristen sind:
Die **Second Class unreserved** ist unglaublich preiswert, aber auch lärmig, überfüllt. Die sehr teure **First Class (1A)** bietet air-con (klimatisiert) und ein klappbares Bett, die entscheidend billigeren und guten Alternativen sind **two tier (2A)** und **three tier (3A) air-con**. In diesen Klassen sind die Abteile durch Vorhänge mit Druckknöpfen voneinander getrennt.

62 Darjeeling, Tee und Tiger Hill: mit der Darjeeling Himalayan Railway zu den höchsten Gipfeln

Als Tee-Name, und zwar für Tee vom Besten, ist „Darjeeling" weltbekannt. Berühmt ist auch die Stadt Darjeeling, die in über 2.000 Metern Höhe im Vorgebirge der Himalaya-Gipfel thront, nicht nur für ihre Tee-Tradition. Wer **Achttausender** bestaunen möchte, findet hier exzellente Ausblicke. Das sah wohl schon jener Colonel G.W.A. Lloyd, der 1835 im Namen der East India Company den Maharaja des nahen Sikkim bewog, das Dorf Darjeeling samt Umland den Briten zur Verfügung zu stellen. Die vom Kolkata-Klima gestressten Company-Bediensteten und Kaufleute sollten hier im Norden Westbengalens ihre Sommerurlaube und Kuraufenthalte verbringen, ähnlich wie in Ooty (s. S. 156). Das britische Kolonialstädtchen des 19. Jahrhunderts ist seither zur Großstadt angewachsen, und es wächst weiter: 1980 hatte es noch 60.000 Einwohner, inzwischen sind es 110.000.

Schon 1839 hatte man eine Fahrstraße, die Hill Cart Road, von der Ebene hinauf gebaut, sie verläuft in abenteuerlichen Kurven. 1879 folgte die nächste Ingenieurleistung: Darjeelings Schmalspurbahn. Dieser **Toy Train** mit 610 Millimetern Spurbreite schafft seine Strecke noch immer in acht Stunden, und die **UNESCO** hat die Darjeeling Himalayan Railway inzwischen in die Liste des Welterbes aufgenommen. Bei manchem Darjeeling-Besucher steht der Toy Train zuoberst auf dem Programm.

Und das nicht ohne Grund: die Bahn überwindet auf dem Weg in die Berge vom damaligen Startpunkt Siliguri, auf 120 Metern über dem Meeresspiegel gelegen, über den höchsten Punkt bei Ghum (2.257 Meter) und wieder hinunter nach Darjeeling (2.075 Meter) über 2.000 Höhenmeter. Um diese Steigungen bewältigen zu können,

Ausblick auf die Himalaya-Landschaft mit Mount Kanchenjunga

wurden mehrere „Loops" und Zick-Zack-Verläufe in die Streckenführung gebaut. Dabei gibt es nicht nur spektakuläre Aussichten, sondern auch Stadtleben zu beobachten: da die Linie entlang der einstigen Straße gebaut wurde, verläuft sie an einigen Stellen mitten durch den Ort und an dichten Bebauungen vorbei. Nicht ohne Grund hupt der Zugführer beinahe pausenlos, um Mensch und Tier zu warnen.

Noch mehr Highlights Darjeelings hat die Dame im Tourist Office aufzuzählen, sie kommt auf insgesamt sechs: den Tee und das Teakholz, den Toy Train und den Tourismus, Tiger Hill und Trekker's Paradise. Außerdem kann man hier **sechs verschiedene Sprachen** hören: Hindi, Bengali, Nepali, Tibetisch, Englisch und Gorkha, die Sprache der ursprünglichen Einwohner. Die Gorkhas verlangen seit Jahrzehnten nach einem eigenen Staat, nach „Gorkhaland", und immer wieder kam es zu Aufständen und Demonstrationen.

Touristen verstehen die Gorkhasprache nicht und sie interessieren sich auch selten für die politischen Querelen: Sie wollen die Bergriesen erleben und brechen vor Sonnenaufgang von ihren Quartieren auf. Um vier Uhr in der Frühe aufzustehen schafft nicht jeder ganz locker, selbst wenn der Tiger Hill das Ziel ist. Nach einer guten halben Stunde Fahrzeit im vorbestell-

Es dampft und qualmt: Auf der Fahrt nach Ghum wird noch die traditionelle Dampflok eingesetzt

ten Jeep oder Kleinbus ist man rund 500 Meter höher in den Bergen und befindet sich immer noch im Dunkeln. In einem nüchternen Gebäude kann man einen Kaffee bekommen, der gut tut gegen die Morgenkälte (warme Kleidung ist unentbehrlich, auch die Einheimischen wickeln sich in Schals und Decken). Mit einem roten Glühen geht es dann los, in ungeheurer Goldverschwendung erhellt sich der Himmel, die eben noch graudunklen Schneegrate der Sieben- und Achttausender verwandeln sich in Rosa und Honiggold, man schaut und staunt und möchte es festhalten, fester als auf einem kleinen Farbfoto – und schon ist das Farbspektakel vorüber, in der Tageshelle glänzen die Riesen. (egmn)

Strecke: New Jalpaiguri–Darjeeling 88 Kilometer
Information: Die komplette Strecke legt die Bahn in etwa acht Stunden zurück. Infos zu Preisen und Fahrplan unter http://dhr.indianrailways.gov.in/. Aktuellere Informationen hat häufig die **Darjeeling Himalayan Railway Society UK** (www.dhrs.org). Streckenunterbrechungen s. Hinweis, derzeit gibt es die Möglichkeit, mit der Diesellok von Darjeeling nach Kurseong (ca. drei Stunden) oder umgekehrt zu fahren. Zudem wird eine Rundfahrt angeboten: Mit der Dampflok nach Ghum (8, 10, 13, 16 Uhr), Indiens zweithöchstem Bahnhof auf 2.257 Metern, von wo es nach ca. 30 Min. Pause wieder zurück nach

Darjeeling geht. Auf dem unteren Teil der Strecke kann man von Siliguri nach Chunbhatti und Rangtong fahren.
Hinweis: 2010 (bei Pagla Jhora) und 2012 (bei Tindharia) wurden Teile der Strecke aufgrund starken Regens und anschließender Erdrutsches weggespült. Die Reparaturen an der Strecke in Pagla Jhora sind schon seit längerer Zeit in Arbeit, eine Wiedereröffnung ist aber nicht abzusehen. Seit Mitte 2013 wird an einer Ausweichstrecke der Route in Tindharia gearbeitet, die gut vorangeht. Solange ist die Strecke in zwei Teile geteilt. Wie lange es noch dauern wird, bis die Bahn wieder die komplette Strecke fahren kann, ist derzeit schwer zu sagen.

INFO

(63) Eine Bahn in die Sommerfrische der Briten: von Kalka nach Shimla

Wenn ein Ort dafür steht, dass die Briten besser nie ein Kolonialreich in Indien hätten gründen sollen, dann ist es Shimla. „Seit 1864 ständige Hauptstadt des britisch-indischen Kaiserreichs, auf einem schön bewaldeten Bergrücken des zentralen Himalaya, im europäischen Stil gebaute Häuser, ein schöner Palast des Vizekönigs, ein Stadthaus etc., mehrere Kirchen, ein Kloster, höhere Schulen für Knaben und Mädchen, Hospital, ein magnetisch-meteorologisches Observatorium, zwei Brauereien, drei Banken und 13.836 Einwohner (8.484 Hindu, 2.489 Mohammedaner und 1.587 Christen), im Sommer 30.000." Dieser Auszug aus einem Lexikon aus der Zeit der Wende zum 20. Jahr-

Einst die Residenz des Vizekönigs: Rashtrapati Niwas

Die Waldberge von Shimla

hundert lässt erahnen, wie fremd den Briten Indien gewesen sein muss und wie groß ihre Sehnsucht nach der Heimat, dass sie sich eine **Kleinstadt nach englischem Vorbild** mitten auf dem Subkontinent erbauten. Inzwischen ist Shimla, dieses hauptstädtische Dorf von einst, ein Provinzstädtchen mit rund 150.000 Einwohnern, an dessen Rändern die Slums wuchern und in dessen neuen Vierteln sich der Verkehr staut. Doch immer noch führt das Zentrum des Orts so anschaulich wie wenige die Zeit der britischen Kolonialherrschaft vor Augen – und, kommt man zwischen April und Oktober, so angenehm temperiert wie kein zweiter.

Das Klima war es, das in der Zeit vor der Erfindung von Kälteaggregaten die Europäer auf die Idee brachte, auf 2.455 Metern Höhe eine Stadt zu gründen. Um 1815 kamen die ersten Briten hierher, schon 15 Jahre später wurde am Stadthügel **Mount Jako** die Straße erbaut, die zum Gipfel (hervorragender Panoramablick!) und zum Hanuman-Tempel führt. Ab 1840 diente Shimla bereits jeden Sommer etwa 100 Europäern, die der Hitze der tiefer gelegenen Gebiete entkommen wollten, als Luftkurort. Von 1864 an flüchtete die gesamte Kolonialregierung mit Frau und Kind und Aktenschränken, Dienern, Schreibern und Haushaltgegenständen für die Dauer des Sommers aus der drückenden Schwüle Kalkuttas auf die kühlen Waldhänge. Der Tross soll **zehn Meilen** lang gewesen sein, die Entfernung von der Winter- zur Sommerkapitale beläuft sich auf 2.000 Kilometer. Die Reise dauerte vor dem Bau der Eisenbahnen oft viele Wochen, hin und zurück, jedes Jahr! Und die Regierung arbeitete in dem Dorf dermaßen ineffizient, dass die zeitgenössische Presse immer wieder über den Wahnsinn des Umzugs spottete. Den Spitznamen „Queen of the Hill Stations" verdiente sich Shimla durch eine andere Eigenschaft: Die Stadt war berüchtigt für Feiern und Flirts. Die weiblichen Angehörigen von Offizieren, die in der Ebene ihrem Dienst nachgehen mussten, sorgten auf Bällen und Picknicks für Frauenüberschuss – kein Wunder, dass niemand zum Regieren kam. Von der kolonialen Herrlichkeit blieben nur noch vage Ahnungen, diese sind umso eindrücklicher.

Dazu zählt die etwa die sechsstündige Anreise von Kalka aus mit dem **Toy Train**. Auch diese Bahn hinauf nach Shimla zählt seit 2008 zum Weltkulturerbe der UNESCO. Bereits seit 1903 und noch heute dampft die Schmalspurbahn

Ein Tunnelrekord. Auf der Schmalspur geht es durch sage und schreibe 102 Tunnel nach Shimla

mit 76 cm Spurweite, durch 102 Tunnel und über 800 Viadukte und 1.400 Meter Höhendifferenz hoch in die Berge (Shimla liegt auf 2.203 Metern) zum ehemaligen Sommersitz der britischen Kolonialregierung – eine **Glanzleistung der Ingenieure**.

Nachdem der Zug zeitweilig nicht fahren konnte, sind seit Januar 2013 die in neuem Glanz erstrahlenden Waggons wieder unterwegs und lassen die Ära der britischen Kolonialherrschaft wieder aufleben. Im Baba Bhalku Railway Museum (BBRM) von Shimla kann man sich über die Geschichte der Bahn informieren. Nicht umsonst gilt die Kalka Shimla Railway, im heutigen Bundesstaat Himachal Pradesh gelegen, als eine der berühmtesten und landschaftlich eindrucksvollsten Bahnen Indiens: Durch dichte Wälder und vorbei an tiefen Schluchten windet sie sich hoch in die Berge. Auf dem Weg nach Shimla sitzt man für die besten Aussichten auf der rechten Seite.

Die **Viceregal Lodge** (Rashtrapati Niwas), etwa eine Dreiviertelstunde Fußweg vom Stadtzentrum entfernt, war die Residenz des Vizekönigs während seiner Aufenthalte in Shimla. Das viktorianische Gebäude von 1877, heute das imposanteste Relikt der Glanzzeit Shimlas, erlebte viele wichtige politische Diskussionen und Entscheidungen – eingeschlossen die, die das Ende der Herrschaft der Briten in Indien begleiteten. In den Räumen, die heute ein Museum, eine Bibliothek und ein Universitätsseminar beherbergen, fanden 1945/46 die Shimla-Konferenzen statt, in denen Vizekönig Lord Wavell, Gandhi, Nehru und der Führer der Muslims, Jinnah, über die Gründung des Staates Indien verhandelten. So wurde in der Stadt, die England in Indien nachahmen sollte, das Ende der Herrschaft der Briten auf dem Subkontinent vorbereitet. (egmn)

Strecke: Kalka–Shimla 96 Kilometer
Information: Vor allem in der Sommersaison sollte man die Tickets vorab buchen, Buchung über die Homepage von Indian Railways (www.indianrail.gov.in, der Code für Shimla ist SIM, für Kalka KLK) oder in den Stationen selber. Im Sommer sollen täglich zwei Sonderzüge eingesetzt werden, um die große Nachfrage zu bedienen.

INFO

⑥④ Mit der Nilgiri Blue Mountain Railway auf die „hill station" Ooty: Erholung von Staub, Hitze und Lärm

Die Nilgiri Blue Mountain Railway ist die einzige indische Zahnrad-Schmalspurbahn und vielleicht die langsamste der Welt: Für die 46 Kilometer von Mettupalayam nach Ooty benötigt die Nilgiri Blue Mountain Railway etwa viereinhalb Stunden. Über unzählige Brücken, Tunnel und Serpentinen muss die historische Dampflok mit ihren blau-beigen Waggons den Zug ziehen, bis sie im **2.240 Meter** hoch gelegenen Ooty ankommt. Heute wird allerdings in Conoor die Dampflok durch eine Diesellok ersetzt. Nur aufgrund eines speziellen Zahnstangensystems, das ursprünglich in der Schweiz entwickelt wurde, ist die Überwindung so großer Steigungen möglich. Die 1899 fertig gestellte Bahn gehört mittlerweile gemeinsam mit anderen Gebirgs-Eisenbahnen Indiens (s. S. 152 und S. 154) zum **UNESCO-Welterbe**.

Auch diese Bahn diente einst dazu, die Briten bequem in die kühleren Gegenden ihres riesigen Kolonialreiches zur verfrachten. Und heute wie damals gilt: Wer genug hat von der staubigen Hitze und lärmenden Betriebsamkeit des südindischen Tieflands, der zieht sich hin und wieder in die Berge zurück, wo die Luft klarer und die Temperatur erträglicher ist. Eine typische „Hill Station" ist Ooty in den Nilgiri-Bergen in Tamil Nadu, die Teil der Westghats sind. Eigentlich heißt der Ort „**Udhagamandalam**", englisch verballhornt zu „Ootacamund" – abgekürzt eben „Ooty".

Viele Gebäude in Ooty, etwa die St. Stephan's Church und die eindrucksvollen Steinhäuser, scheinen direkt aus Großbritannien hierher versetzt zu sein. Ein künstlicher See, ein botanischer Garten und ein exklusiver Club runden das Bild des kolonialen Kurorts ab, zu dem sich die Stadt schnell entwickelte. Heute ist Ooty die beliebteste Hill Station des Subkontinents und wird nicht nur von ausländischen Touristen besucht. Ein Bild wie aus einem Bollywood-Film ist es, wenn sich indische Großfamilien auf Pferderücken zum Seeufer bringen lassen, um dann mit bunten Booten über das Wasser zu schippern. Ent-

Qualmend geht es über die Viadukte hinauf auf die „hill station"

deckt wurde das Gebiet um Ooty im frühen 19. Jahrhundert von John Sullivan, der begann, hier Kartoffeln, Obst und vor allem Tee anzubauen. Noch heute sind viele umliegende Hügel mit prachtvollen Teeplantagen bedeckt, deren Grün wunderbar leuchtet. Abseits der landwirtschaftlich genutzten Flächen und der Eukalyptuspflanzungen findet man rund um Ooty noch Reste der ursprünglichen Vegetation vor: Der von Niederschlägen verwöhnte Bergwald der vulkanischen Nilgiri-Berge beherbergt eine unglaublich große Vielfalt an Pflanzen und Tierarten. Indische Touristen wagen sich nur selten hinein, dabei ist die Teilnahme an einer organisierten Wanderung – meist durch Männer vom traditionellen Bergvolk der Todas geführt – sehr lohnend. Auffällig sind vor allem verschiedene Arten von großen bunten Schmetterlingen, die Europäer sonst nur in Schmetterlingshäusern zu Gesicht bekommen. Kein Wunder, wachsen doch fast 30 Prozent aller Blütenpflanzen Indiens in den Nilgiri-Bergen.

Blick auf Ooty

Die lange Fahrt mit der historischen Bahn lohnt sich: **Atemberaubende Ausblicke** auf fantastische Schluchten und die zum Teil unberührte Natur der Berge erwarten den Reisenden. Das Schnaufen und Pfeifen der alten Lok versetzt nicht nur Nostalgiker und Eisenbahn-Fans in eine andere Zeit! (egmn)

Die Briten und Indiens Eisenbahn

Indiens Schienennetz ist umfangreich. Es ist mit seinen 63.140 Kilometern eines der größten nationalen Bahnnetze der Erde. Seit über 150 Jahren ist es gewachsen; die erste Strecke für den Personenverkehr wurde 1853 eröffnet. Die **britischen Kolonialherren** hatten wirtschaftliches Interesse daran, Rohstoffe aus dem Landesinneren zu den Häfen zu transportieren, Importwaren, Arbeitskräfte und Militärmacht zu befördern, auch die Bahn zur eigenen Bequemlichkeit zu nutzen.

Im ersten Jahr der Unabhängigkeit Indiens, 1947, ging das komplette Netz in den Besitz des indischen Staates über. Schon zu britischen Zeiten waren die Inder zu begeisterten Benutzern der Eisenbahn geworden, wenn immer sie es sich leisten konnten. Die schlichteste Klasse war anfänglich äußerst einfach ausgestattet, mit nur wenigen hölzernen Sitzgelegenheiten, ohne Türen und Fenster und sanitäre Einrichtungen. Aber die Inder reisten (und reisen) gerne: zu Fuß, mit dem Ochsenkarren oder eben auch mit der Eisenbahn, zu Familienbesuchen, auf Pilgerfahrten. Schon darum ist das Eisenbahnnetz seit 1947 ergänzt und, was die Bequemlichkeit anbelangt, auch verbessert worden. Aber Bahnfahren ist in Indien trotzdem ganz anders als in Europa.

Strecke: Mettupalayam–Ooty 46 Kilometer
Information: Wer mit der alten Zahnradbahn nach Ooty fahren möchte (Dauer: rund 4,5 Stunden) startet in Mettupalayam um 7 Uhr morgens. Dorthin gelangt man mit dem Nilgiri Express, der von Chennai nach Mettupalayam fährt. Plätze in der Bahn sollten unbedingt vorher gebucht werden, da sie recht begehrt sind. Von Europa aus erledigt man das am bequemsten über ein Reisebüro.
Für Tipps zum Fahrkartenerwerb in Indien s. S. 151.

INFO

China und Japan

An der chinesischen Grenze zur Mongolei. Hier
können dank entsprechender Schienen russische
Breit- und chinesische Normalspurzüge halten –
unter strenger Aufsicht der China-Bahn versteht sich

⑥⑤ Fahren mit der Uhr in der Hand: von Peking nach Nanjing

Die Miene des Mannes am Fahrkartenschalter im Hauptbahnhof von Beijing bleibt unverändert. „Nein, Schlafwagen gibt es nicht mehr", „Nein, Liegewagen auch nicht" – aber Schlafsitz, das „gibt's noch!" Ob er sich über die Laowai (die Ausländer also, die meinen, von einem Tag auf den anderen noch ein „soft-sleeper"-Bett oder zumindest eine „hard-sleeper"-Liege buchen zu können) nur wundert oder ob er sich insgeheim über sie amüsiert, werde ich nie erfahren.

China ist ein Eisenbahnland, ein **Eisenbahnriese**. Die Züge sind oft tagelang unterwegs – und dabei erstaunlich pünktlich. Wer eine Bahnuniform tragen kann, hat es zu etwas gebracht und genießt Ansehen. So wie etwa die Schaffnerin im Zug Nummer T 21, der täglich um 18 Uhr ab Peking in Richtung Shanghai fährt, wo er 1.300 Kilometer weiter südlich am nächsten Tag pünktlich um 8 Uhr erwartet wird. Doch ganz so weit soll es nicht gehen: Der Soft Seat – die Polsterklasse – ist bis Nanjing, der alten Hauptstadt Chinas, gebucht. Den Waggon beherrscht eine etwa 40 Jahre alte Schaffnerin, sie begrüßt am Einstieg die Fahrgäste, sammelt die Fahrkarten ein und verteilt Plaketten, die ihr später anzeigen, wer wie weit fährt.

Beeindruckend: der Hauptbahnhof Peking

Im Abteil sitzen schon zwei betagte, sehr distinguierte Chinesen – aber nicht lange. Platzkarten hin, Platzkarten her – die Schaffnerin sortiert, kaum hat sich der Zug in Bewegung gesetzt, ihre Fahrgäste um. Die Chinesen muss sie nicht lange bitten. In einem Land, wo sich alle darauf freuen, in der Bahn lange und laute Gespräche mit anderen Mitreisenden führen zu können und wo in fast allen Abteilen Kartenspiele ausgepackt werden, wäre es ja eine Strafe gewesen, mit Laowai zu fahren, die absolut nichts verstehen und bei denen es zwecklos ist zu fragen, ob sie Lust haben mitzuspielen. Laowai gehören zu Laowai, davon ist die Schaffnerin überzeugt, und drängt mehrere Japaner auf die jetzt freien Sitze.

Große, bullige, sehr robuste dieselelektrische Loks aus eigener chinesischer Produktion ziehen die grünen und roten Expresszüge. Sie sind erstaunlich schnell und schaffen Geschwindigkeiten von bis zu 160 Kilometern pro Stunde. Zu den Zügen gehören nicht nur die Ruan Wo Ches (Schlafwagen), die Ying Wo Ches (Liegewagen) samt den Ruan Zuo Ches (Polsterklasse) und den Ying Zuo Ches (Holzklasse), sondern auch noch ein Generatorwagen, der die Waggons mit Strom, etwa für die Klimaanlage, versorgt. Auch der für Chinesen überaus wichtige Speisewagen, in dem überall gut und vor allem frisch gekocht wird, hängt am Stromkabel des fahrbaren Generators.

Durch welchen Ort der Zug gerade fährt, welche Region vor uns liegt, man muss es als Ausländer errechnen, falls man nicht gerade in einem der superschnellen Züge sitzt, die mit ähnlichem Tempo wie der französische TGV oder der deutsche ICE 3 unterwegs sind. Die Bahnleute sprechen in den Normalbahnen nur Chinesisch. Kleine Kärtchen – nicht größer als Visitenkarten – und eine Armbanduhr helfen. Auf die Kärtchen wurden lange vor der Reise denkbare Fragen und Bitten in deutscher und chinesischer Sprache geschrieben. Auf einer Karte steht dank dieser Vorsorge etwa in zwei Sprachen „Bitte bringen Sie mich zum Bahnhof". Für den Fahrscheinkauf gibt es gleich mehrere Karten, die gezogen werden können, um das Fahrziel oder die gewünschte Bahnklasse mitzuteilen. So z.B. „Bitte schreiben Sie mir die Ankunftszeit auf einen Zettel". Das ist angesichts der ausschließlich mit chinesischen Schriftzeichen gedruckten Fahrpläne und Hinweistafeln auf den Bahnhöfen wichtig.

Strammstehen vor der Abfahrt: chinesische Schaffner

Danach hätte der Zug um 6.24 Uhr Nanjing erreichen müssen, doch die Schaffnerin hat sich, anders als ihre Kollegen in den Zügen zuvor, noch nicht gemeldet. Gerade verändert sich das Fahrgeräusch des Zuges. Die Bahn fährt die kilometerlangen Stahlrampen zur langen Brücke über den mächtigen Jangtsekiang-Strom hinauf. Danach müsste Nanjing folgen. Da fragt man doch mal die Schaffnerin – und die erschrickt erkennbar. Einen Augenblick später steht sie mit den Kollegen aus den Nachbarwaggons im Abteil. Die Eisenbahner klauben zusammen, was herum liegt: Bücher, Jacken und auch das Brillenetui. Der Bordmechaniker hat den Koffer auf die Sitze gelegt, da wird alles hineingestopft, als der Zug schon abbremst. Im Handumdrehen ist alles auf dem Bahnsteig aufgereiht, das Zugpersonal verabschiedet sich noch freundlich und schon rollt der Zug wieder an. Ohne die Kärtchen, die Uhr und die zupackende Art der Eisenbahner wäre der Ausstieg im Bahnhof Nanjing verpasst worden.

Strecke: Peking–Nanjing ca. 1.050 Kilometer

Information: Je nach Zugart dauert die Fahrt von vier Stunden (mit der **Jinghu High-Speed Railway** die bis nach Shanghai weiterfährt) bis zu 14 Stunden. Infos gibt es auf www.chinatrainguide.com oder www.chinahighlights.com/chinatrains/. Tickets online zu buchen (www.12306.cn) ist schwierig, da die Seite nur auf Chinesisch ist und nur lokale Karten akzeptiert werden. Am besten kauft man die Tickets vor Ort am Bahnhof oder bei einem Reisebüro. Die Preise variieren je nach Klasse und Zuggeschwindigkeit von ca. 30–60 €.

Tipp: Auch wer nicht per Bahn fährt, die großen Bahnhöfe von Peking sind einen Besuch wert. Das gilt für den Hauptbahnhof im traditionellen chinesischen Stil ebenso wie für den neuen Westbahnhof. Hier wie dort gibt es günstige „Eateries", in denen man sich sehr preiswert und sehr chinesisch das Essen zusammenstellen kann. Für die Zugfahrten braucht man eine Tasse mit Deckel. Kochendes Wasser für Tee gibt es in jedem Wagen und die Teebeutel dazu auch.

INFO

66 Von Xining nach Lhasa: auf Permafrostböden unterwegs

„Wer mit dieser Bahn fährt, sollte in guter körperlicher Verfassung sein", wird empfohlen, und „konsultieren Sie Ihren Arzt". So viel Vorsicht ist auf jeden Fall berechtigt, die
Lhasa-Bahn fährt schließlich über den **5.231 Meter** hohen Tanggula-Pass – und gegen
den ist der höchste deutsche Gipfel, die Zugspitze (2.962 Meter), ein vergleichsweise
kleiner Berg.

Darüber, wie die Bahn nun wirklich heißt, lässt sich trefflich streiten. Drei Namen gibt
es – und alle stimmen. In den westlichen Ländern heißt sie schlicht „Lhasa-Bahn", weil
die Strecke (noch) in Lhasa endet, in der auf 3.650 Metern Höhe gelegenen Hauptstadt
des „Autonomen Gebiets Tibet der Volksrepublik China". Weil sie die Bahn hinauf
nach Tibet ist, wird sie auch Tibet-Bahn genannt. Weil der Abfahrtbahnhof Xining in
der chinesischen Provinz Qinghai liegt, nennen die Chinesen die Bahn **Qinghai-Tibet-
Bahn**.

Diese Eisenbahn ist eine **Bahn der Superlative**. Keine andere ist in diesen Höhen unterwegs und erst recht nicht auf der Normalspur und auch nicht so lang. 960 Kilometer
der 1.956-Kilometer-Strecke wurden ins Himalaya-Gebirge oberhalb von 4.000 Metern
gebaut. Ein Rekord bedingt hier den nächsten. Die allerhöchste Bahnstation der Welt
heißt **Tanggula** (Höhe: 5.068 Meter). Dass die Bahnen hier auch den höchstgelegenen
Tunnel durchfahren, ergibt sich da von selbst: Es ist der Fenghuho-Shan-Tunnel (1.338 Meter lang), an dem die Höhenmesser, die es in jedem Wagen des Zuges ebenso wie die von

Per Express auf das „Dach der Welt"

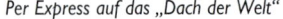

vielen Reisenden gebrauchten Sauerstoffdüsen gibt, den Wert 4.905 Meter anzeigen. Die Anreicherung der dünnen Luft mit Sauerstoff ist für die Passagiere notwendig.

Der Zug braucht für die Fahrt auf das „Dach der Welt" nur 12 Stunden, ist aber **14 Stunden** unterwegs. Auf eingleisigen Strecken muss oft auf Gegenzüge gewartet werden. Diese Eisenbahn, die durch Täler fährt, die von 7.000 Meter hohen Gebirgsriesen, Gletschern und den Quellgebieten solch mächtiger Ströme wie des Yangtse oder des Mekong gesäumt werden, ist der ganze Stolz der Chinesischen Staatsbahn, für die der Lhasa-Zug auch ihr „**Sky Train**" ist: Der Zug, der ganz oben „im Himmel" fährt. Damit die Eisenbahnen die gewaltigen Steigungen zur „höchsten Eisenbahn der Welt" in der dünnen Luft, die auch den Dieselmotoren zu schaffen macht, bewältigen können, ist jeder Expresszug hier gleich mit drei Lokomotiven bespannt, von denen jede 4.000 PS auf die Schienen bringt. Anders wäre die vorgeschriebene Reisegeschwindigkeit mit einem Zug mit 16 Wagen plus Speisewagen nicht zu erreichen.

Die größten Leistungen der Eisenbahnbauer bleiben den Reisenden verborgen, obwohl man direkt darüber hinweg fährt. Die Schienen mussten auf ständig **gefrorenem Grund** verlegt werden. Solche Permafrostböden tauen aber im Sommer an, das Tauwasser weicht die Erde dann auf. Hier könnte, wie das von der chinesischen Regierung bei der Planung verlangt wurde, kein Zug mit Tempo 100 bis 120 fahren. Eine Lösung war ein Schotterbett, bis zu drei Meter in den Boden eingegraben. Aber auch Kühlstäbe wurden in den Bahngrund eingebaut, die dafür sorgen, dass die Erde unter den Gleisen nicht auftaut. Schließlich wurden auch noch Abdeckungen erfunden, die mithelfen, dass selbst Tauwetter der Bahn nichts anhaben kann. Ein Viertel der Strecke musste entsprechend für den Zug vorbereitet werden – die Lhasa-Bahn wurde zu einer der kostspieligsten Bahnen, die je gebaut wurden. Dass sich der chinesische Staat mit diesem Projekt selbst feiern wollte, muss nicht erklärt werden. Der Eröffnungszug fuhr am 1. Juli 2006 – dem 85. Gründungstag der Kommunistischen Partei Chinas.

Strecke: Xining–Lhasa 1.956 Kilometer
Information: Die Reise von Xining nach Lhasa kostet im „Hard Seat" 35 US$, im „Hard Sleeper" 83 US$ und im „Soft Sleeper" 130 US$ (ab Peking 62/129/200 US$). Dafür aber wird selbst in der billigsten Klasse vergleichsweise viel Komfort geboten: Die Sitze – in Dreierreihen – sind drehbar und lassen sich gut in die Schlafposition bringen, falls gewünscht. Man kann sie aber auch zum Fenster hin drehen. Zu sehen gibt es hier mehr als genug. Wer den Schlafwagen gebucht hat (vier Betten je Abteil), kann sich einen Film über den Bau der Bahn anschauen. Am Fußende der Betten wurde dafür ein kleiner Bildschirm in die Schlafwagenwand eingesetzt.

Der Schlafplatz lohnt für alle, die schon in Peking in den Lhasa-Zug einsteigen. Von dort aus ist er dann 48 Stunden unterwegs. Preise und Fahrplan: www.chinatibettrain.com.
Wichtiger Hinweis: Tibet-Reisende benötigen ein Permit (**Tibet Travel Permit**). Beantragt werden kann dieses u.a. beim Tibetischen Reisebüro, Beisihuan Donglu 118, 3. Etage Nr. 301 des Xizang Dasha (Tibet-Gebäude), Peking 100029, Tel.: 010-6498 0373, sh6498@sohu.com, oder anderen Reiseagenturen, bei denen man Touren nach Tibet buchen kann. Die Bestimmungen können sich kurzfristig ändern. Weitere Infos unter www.chinatibettrain. com, www.tibettravel.org, www.china.diplo.de, www.china-botschaft.de.

INFO

🔴 67 Xinjiang-Bahn: von Null auf 3.000 Meter Höhe

Glaube versetzt ja manchmal Berge. Öl wahrscheinlich auch, zumindest macht das schwarze Gold so manches möglich, was eigentlich in den Bereich der Utopie gehört.

Lange bevor die Tibetbahn (s. S. 162) als unglaubliche Ingenieursleistung gefeiert wurde, schickten sich chinesische Eisenbahnstrategen Ende der 1970er-Jahren an, eine Bahn in den Himmel zu bauen. Besser gesagt: in das **Himmelsgebirge**, das sich hier bis zu 6.000 Meter zwischen der Wüste Gobi und der Taklamakan-Wüste sowie den Städten Urumqi und Korla aufbaut. Wer denkt, nur Schweizer könnten Eisenbahnstrecken bauen, die sich in teilweise überschneidenden Serpentinen die Berge hinaufschrauben, wird auf dieser Strecke eines Besseren belehrt.

Am auf 150 Meter über NN gelegenen Bahnhof **Turpan** beginnt die Zugfahrt zuerst gemächlich. Als wolle er Schwung holen für die Berge, rollt der Zug gemächlich in die Turfan-Senke und gleitet ruhig durch die Ausläufer der **Gobi**. Im Westen baut sich bereits das Himmelsgebirge als unüberwindbar scheinende Felsbarriere auf. Mit Erreichen der Berge beginnt der spektakuläre Anstieg von Meereshöhe auf knapp 3.000 Meter. Für die gerade einmal 20 Kilometer Luftlinie bis zum Gipfel braucht die Bahn fünf Stunden – und hat sich in diesem Zeitraum knapp 3.000 Höhenmeter nach oben geschraubt, über Viadukte und durch Tunnel und sich dabei mehrmals um sich selbst gedreht. Klein sieht die Wüste Gobi nun aus und immer noch gewaltig die Eisriesen des Himmelsgebirges. Nach Erreichen der Passhöhe wird die Fahrt deutlich schneller. Immerhin noch 1.800 Höhenmeter geht es bergab in die Wüste **Taklamakan**, nun allerdings relativ direkt, ohne viele Windungen.

Für die Verpflegung wird auf dem Bahnhof gesorgt

Nach 476 Kilometern ist **Korla** erreicht. Ursprünglich vor allem als Güterstrecke erbaut, erfreut sich die seit 1999 bis nach Kashgar verlängerte Eisenbahnstrecke auch bei Reisenden zunehmender Beliebtheit. Der Überlandbus braucht ein paar Stunden länger für die Strecke. Bequemer ist der Blick auf die faszinierende Landschaft Nordwest-Xinjiangs allemal aus dem Zugfenster. Fotografen sollten, um eine bessere Bildqualität zu erreichen, allerdings vorab die Fenster von außen putzen …

Wer auf den Geschmack gekommen ist, kann voraussichtlich ab 2016 von Korla mit der Eisenbahn weiter nach Golmud fahren und dort in den **Lhasa-Express** umsteigen. (vh)

Ob in Amerika, Afrika, Australien oder hier in China – eine Reise durch die Wüste ist nie langweilig

Strecke: 450 Kilometer lange Eisenbahnstrecke von Turpan nach Korla in der Nordwestprovinz Xinjiang. Der Streckenabschnitt ist Teil der **Southern Xinjiang Railway**. Wer im Zug sitzen bleibt, fährt weiter bis Kashgar an der Grenze zur Kirgisistan und legt bis dort über 1.400 Kilometer zurück. Von Kashgar kann man dann umsteigen und bis nach Hotan fahren. Beide Orte waren einst wichtige Streckenposten der Seidenstraße.
Information: Zug 5826/5827 ab Urumqi 8.48 Uhr, ab Turpan 10.42 Uhr, an Korla 19.41 Uhr. Preise je nach Klasse zwischen 5 und 20 €. Fahrplanauskunft und Buchung: www.chinatrainguide.com.
Beste Reisezeit: Mai bis Oktober

INFO

68 Pioniere der Hochgeschwindigkeit: der Tokaido Shinkansen von Tokyo nach Kyoto und Osaka

Tokyo Station ist mehr als nur ein Bahnhof. Nach kompletter Renovierung und Erweiterung wurde das denkmalgeschützte Marunouchi-Gebäude 2012 in neuem Glanz eröffnet. Nicht nur ein brandneues Hotel im „europäischen Stil" (mit Stuck und Kronleuchtern), auch eine schier unglaubliche Auswahl an Geschäften lässt das Herz jedes Shoppingliebhabers höherschlagen. Und: nach dem über fünfjährigen Umbau soll er nun auch der **„erdbebensicherste"** Bahnhof der Welt sein. Dazu wurden unter dem Bahnhof 352 Isolatoren und 158 Öldämpfer installiert, um einen Zusammensturz des Gebäudes im Falle eines Erdbebens zu verhindern. Die Ursprünge des Backsteinbaus stammen aus dem Jahr 1914, federführender Architekt war Tatsuno Kingo (1854–1919). Wie viele andere Gebäude überstand der Bahnhof den Zweiten Weltkrieg nicht unbeschadet. Von seiner ursprünglichen Form büßte er komplett die 3. Etage einschließlich seiner Dachkuppeln ein, beides wurde 2012 wieder neu errichtet.

Für einen Blick auf den berühmtesten Berg des Landes, den Mt. Fuji, sitzt man am besten auf der rechten Seite (von Tokyo kommend)

Der langgestreckte Bau auf der Marunouchi-Seite mit seinen rotweißen **Backsteinmauern** wirkt neben den weit in den Himmel ragenden „Businesspalästen" fast unwirklich. Der Yaesu-Seite bescherte das Schicksal nach einem Brand im Jahr 1949 eine zeitgenössische Fassade nebst dem großen Warenhaus Daimaru. Als 1964 die ersten Hochgeschwindigkeitszüge ihren Betrieb aufnahmen (kurz vor der Eröffnung der Olympischen Spiele), wurden weitere Umbauten erforderlich. Neben Shops, Restaurants, Galerien etc. ist der Bahnhof auch Ausgangspunkt des Tokaido Shinkansen und mehrerer Metrolinien, Regional- und Fernzüge. Die Gleise verteilen sich auf vier Ebenen.

Der **Shinkansen** ist mehr als „nur ein Zug". Die Japaner waren die erste Nation, die sich an den Bau eines Hochgeschwindigkeitszuges („bullet train") machte. Nicht ohne Grund: bis dahin waren in dem bergigen Land vor allem (dampfbetriebene) Schmalspurbahnen auf 1,067 Metern unterwegs, die nicht schneller fahren konnten. Auch später noch wurden diese Gleise gebaut, um einen reibungslosen Anschluss zu gewährleisten. Als das Land nach dem Zweiten Weltkrieg wirtschaftlich wieder auf die Beine kam und sich anschickte, eine der größten Volkswirtschaften der Welt zu werden, waren Lösungen gefragt, mehr Kapazitäten und höhere Geschwindigkeiten mussten her. Ein Ausbau war wegen der Spurbreite nicht möglich. Frei von der Notwendigkeit, die neuen mit den alten Gleisen verbinden zu müssen, konnten die Strecken von Anfang an auf hohe Geschwindigkeiten ausgelegt werden: so gerade wie möglich, kaum Kurven, viele Tunnel. Der Name bedeutet nicht von ungefähr so etwas wie „neue Stammlinie", wird heute aber auch für den Zug selbst verwendet.

Die neuen Gleise haben eine Spurbreite von 1,435 Metern. Der erste Zug zwischen Tokyo und Osaka fuhr 1964. Heute ist der Tokaido Shinkansen mit einer maximalen Geschwindigkeit von 270 Stundenkilometern (die er im Übrigen in wenigen Minuten erreicht) ganze 323 Mal am Tag zwischen den beiden Städten unterwegs. Die Tokaido-Shinkansen-Linie fahren drei verschiedene Züge: Nozomi, Hikari und Kodama (z.T. halten diese an unterschiedlichen Haltestellen unterwegs). Der Betreiber JR Central setzt zwei Zugtypen ein, die 700-Serie (seit 1999 auf den Schienen) und die neuere N700-Serie. Die ausgeprägte Nase der Züge soll den Knall beim Einfahren in Tunnel verhindern.

Die Fahrt selber hat, neben der Geschwindigkeit, ihren Höhepunkt mit dem Ausblick auf den Mt. Fuji. Ansonsten sieht der Zug von innen aus, wie man sich das aufgrund seines Äußeren vorstellt: höchst modern.

Wer nach rund zwei Stunden mit dem Zug in der von historischen Kulturdenkmälern geprägten 1.000-jährigen Hauptstadt **Kyoto** ankommt, kann bei der Ankunft durchaus ins Staunen geraten. Schließlich repräsentiert der Bahnhof alles andere als das Image der alten Kaiserresidenz, denn hier prallt Besuchern moderne Baukunst entgegen. Vom Architekten Hara Hiroshi entworfen, war das 70 m hohe und 470 m lange Objekt nach seiner Fertigstellung 1997 vor allem in Reihen Konservativer heftig umstritten. Seither haben sich die Wogen geglättet und der Bahnhof gilt als einer der landesweit größten und zeitgemäßes Tor in die altehrwürdige City. Unter den Dächern und Kuppeln des Knotenpunkts für Fern- und Nahverkehr verbergen sich 15 Stockwerke mit Restaurants, Cafés, Kino, unzähligen Läden, dem Kaufhaus Isetan und einer unterirdische Einkaufspassage. Neben der Touristeninformation im Westflügel findet sich im Ostflügel das Luxushotel Granvia. Aussicht über Stadt und Umgebung versprechen der **Skywalk**, ein verglaster Tunnelgang in schwindelerregender Höhe, und der riesige Dachgarten, ein beliebter Treffpunkt.

Von Kyoto sind es nur noch wenige Minuten bis zum Ende der Linie an der Shin-Osaka Station.

Ein paar Daten

Der Tokaido Shinkansen ist der meistgenutzte Hochgeschwindigkeitszug der Welt. Laut seines Betreibers, der Central Japan Railway Company, fahren täglich 391.000 Passagiere auf der Strecke – das sind 143 Millionen im Jahr. Japan hat ca. 128 Millionen Einwohner. Die Höchstgeschwindigkeit beträgt 270 Stundenkilometer, der Zug hält unterwegs an 17 Stationen. 323 Mal pro Tag wird die Strecke bedient, in jeden Zug passen maximal 1.323 Passagiere. Der erste Zug fuhr 1964. Seitdem hat es keinen Unfall mit Verletzten oder gar Toten gegeben – damit ist er eines der sichersten Verkehrsmittel der Welt. Und das wohl pünktlichste: Die durchschnittliche Verspätung im Jahr beträgt nur 6 Sekunden.

Strecke: Tokyo–Shin-Osaka 552,6 Kilometer
Information: Die Züge starten alle 5–10 Minuten ab Tokyo – insgesamt sind es 323 am Tag. Die Reise ist nicht günstig, die Tickets kosten je nach Zug ca. 100–120 € pro Strecke. Infos und Fahrplan: http://english. jr-central.co.jp/. Und wer im Bahnhof übernachten will, kann dies seit Ende 2012 ebenfalls tun (www. tokyostationhotel.jp).
Tipp: Geld sparen kann man mit dem **Japan Rail Pass**, der allerdings nicht für den schnellsten Zug, den Nozomi, gültig ist, für die anderen Schnellzüge aber schon. Man kann den Pass nur als Ausländer und außerhalb Japans erwerben. Infos unter www.trainticket.com.

INFO

Südostasien

Der Eastern Oriental Express auf dem Wang-Po-Viadukt in Thailand

69 Der nasse Mann:
im Nachtzug von Yangon nach Mandalay

In Myanmar sind **Fahrpläne** offenbar nicht allzu genau zu nehmen. Vom Bahnhof in Yangon, der ehemaligen Hauptstadt des Landes, soll um 17 Uhr der Expresszug nach Mandalay abfahren, dem wichtigsten Ort in der Landesmitte. Eine Stunde später steht der Zug immer noch da. Als Ankunftszeit am Zielbahnhof steht 6.30 Uhr am folgenden Tag im Fahrplan, die Strecke ist 716 Kilometer lang. Wenn alles planmäßig verläuft, fährt der „Expresszug" gerade mal mit einer Geschwindigkeit von 53 Kilometern pro Stunde durchs Land. Doch das schafft er in der Regel nicht – Tempo 43 ist die durchschnittliche Reisegeschwindigkeit. Der Yangon-Mandalay-Express ist schließlich über 16 ½ Stunden unterwegs, bevor er endlich in Mandalay einfährt.

Pünktlich oder nicht, Eisenbahnfahren ist in Myanmar immer noch die bequemste und sicherste Art zu reisen, von den teuren Irrawaddy-Schiffen einmal abgesehen. 4.270 Bahnkilometer misst das Streckennetz des Landes. Für die **Einheimischen** ist die Bahn bei Reisen allerdings nur die zweite Wahl. Sie sind meist mit Minibussen oder Kleinlastern unterwegs, das ist billiger. Im Wageninneren, auf der Ladefläche oder auf dem Dach dieser von vielen Fahrten gezeichneten Kraftwagen sitzen, kauern und hocken bis zu 20 Personen. Dabei sind die, die sich als Trittbrettfahrer zusätzlich noch an Stangen und Türen klammern, nicht einmal gerechnet. Sie steigen auf und ab, wo sie wollen. Bei der Bahn geht das nicht. Die Fahrkarten müssen spätestens einen Tag vor der Abfahrt gekauft werden.

Die Bahn wird streng überwacht. In großen Bahnhöfen wurden Überwachungsbrücken über die Bahnanlagen gebaut. Zäune trennen die einzelnen Bahngleise voneinander ab und Maschendraht-Absperrungen kanalisieren die Menschenströme, sie drängen in gut

Zäune, Absperrungen und Überwachungsbrücken sind in Myanmars Bahnhöfen üblich

überschaubaren Reihen auf die Bahnsteige. Fotografieren ist entlang der Schienen uner-
wünscht. Im Zug folgt eine Kontrolle auf die andere. Bahnbedienstete lassen sich ein um
das andere Mal die **Fahrscheine** mit der Platzreservierung zeigen. Es sind kleine Zettel
auf billigstem Papier, mit den Kringeln der birmanischen Schrift bedruckt, die für Ausländer rätselhaft bleiben. In der ersten Klasse findet jeder schnell seinen gebuchten Sitz,
das vermeidet Gedränge. Bei den Wagen mit den Holzbänken ist das anders. Es geht

hier nicht nur darum, einen guten Sitzplatz
zu ergattern, es muss außerdem noch ein
sicherer Platz für das Gepäck gefunden
werden. In die Bahn wird alles eingeladen,
was sich tragen lässt, vom lebenden Fe-
dervieh bis zum gesamten Hausrat.

Die **Nachtzüge** sind in Myanmar auf vielen Strecken beliebter als die Tagesverbin-
dungen. Da die Kühlung nicht oder nicht
ausreichend funktioniert, kann es tagsüber in den Waggons unerträglich heiß
werden. Wenn nachts aber in den Dörfern
links und rechts der Schmalspurgleise die
Reisig-Feuer an den Kochstellen ausgehen,
lohnt es kaum, aus dem Fenster zu schau-
en. Myanmar ist in der Nacht tiefschwarz.

*Die Einheimischen reisen oft
auf etwas andere Art ...*

Beleuchtete Siedlungen, Straßenlaternen scheint es nicht zu geben. Später werden sogar Aluminiumblenden an den Fenstern heruntergezogen, Kinder, so wird gesagt, machen sich einen Spaß daraus, fahrende Züge mit Steinen zu bewerfen.

Irgendwann während der Fahrt schalten die Schaffner die Lampen aus, es gibt nur noch
eine Notbeleuchtung. Alle schlafen. Alle? Gegen zwei Uhr nachts springt plötzlich **eine
junge Birmanin** von ihrem Gangplatz auf. Sie schlägt mit den Fäusten auf einen Mann
ein. Der Schaffner kommt, trennt die beiden und versucht, die Frau zu beruhigen. Den
Mann drängt er vor sich her und weist ihm einen anderen Platz zu, weit von der Frau
entfernt.

Gegen drei Uhr nachts steht die junge Frau, die an einer Plakette als Reiseleiterin erkennbar ist, auf und geht in Richtung Toilette. Sie kommt mit **zwei Plastikflaschen
mit Wasser** zurück und geht zu dem inzwischen schlafenden Mitreisenden. Sie leert
beide Flaschen über ihm aus und zischt ihm etwas zu. Während der nasse Mann versucht, sich abzutrocknen, kehrt sie hochzufrieden zu ihrem Sitz zurück. „Was war das
denn?", wird sie gefragt. Der Mann habe sie an der Brust unsittlich berührt und behaup-
tet, der Zug habe geruckelt, erklärt sie. „Ich habe ihm gesagt, der Zug ruckle wieder, als
ich ihn nass gemacht habe!"

Strecke: 716 Kilometer von Yangon
nach Mandalay
Information: Beim Fahrscheinkauf
muss man sich helfen lassen, auch
um Plätze in den Wagen mit den
Schlafsitzen zu bekommen. Eng-
lischsprachige Fremdenführer in
Yangon, Reisebüros oder Hotels
kennen die gerade gültigen Regeln.
Hinweis: Bei Reisen nach Myanmar
bitte unbedingt immer die aktuellen
Reise- und Sicherheitshinweise des
Auswärtigen Amtes (www.auswaer
tiges-amt.de) beachten.

INFO

70 Im Bummelzug zum Königsbad: von Bangkok nach Hua Hin

Für die meisten Reisebüros steht fest, wie ihre Kunden von der thailändischen Hauptstadt Bangkok nach Hua Hin, dem Sommersitz der thailändischen Könige am Golf von Siam, zu reisen haben. Auf den Monitoren der Buchungscomputer wird eine **Flugverbindung** angezeigt und die wird dann auch verkauft. Das aber ist in etwa so sinnvoll wie der Flug von Hamburg nach Hannover, besonders, wenn man zuerst noch zwei Stunden lang durch dichtesten Verkehr zum Flughafen fahren müsste, um dort den entsprechenden Flieger zu erreichen.

Wer ein paar Tage in Hua Hin, **einem der schönsten Seebäder von ganz Thailand**, verbringen möchte, kann von Bangkok aus den Schnellbus nehmen. Doch das wäre schade, denn es gibt eine gute Bahnverbindung und die Züge fahren mehrmals täglich. Dabei sollte man darauf verzichten, die „Expresszüge" zu wählen: Sie schaffen die Strecke zwar deutlich schneller als die Bummelzüge, aber dafür sieht und erlebt man viel weniger als in den Bahnen, in denen fast nur Thais sitzen.

Eine Klimaanlage brauchen diese Züge nicht, alle Fenster sind geöffnet und der Fahrtwind genügt, um nicht ins Schwitzen zu kommen. Wahre Eisenbahn-Enthusiasten hält es ohnehin nicht in den einfachen Sitzbänken. Sie stehen im letzten Wagen des Zuges an der Mitteltür, mit bestem Blick auf die Schienen sowie die Häuser und Felder links und rechts des Weges. Und weil der Zug sich nur mit Tempo 35 bewegt, sieht man viel vom **Alltagsleben der Bevölkerung**.

Extra für den König gebaut: die historische Bahnstation von Hua Hin

Eine Mutter schrubbt in einer Vorortsiedlung von Bangkok ihre Kinder in einer großen Plastikwanne. Ein paar Häuser weiter hat ein Friseur so etwas wie einen Frisierstuhl unter einem Baum aufgestellt und ein Mann lässt sich die Haare schneiden. **Kinder** verhalten sich überall auf der Welt gleich, wenigstens lässt das Treiben auf den Schulhöfen entlang der Strecke diesen Schluss zu. Überall stehen die Gasherde vor den Häusern. Da die Bahn über einen hoch aufgeschütteten Damm fährt, kann man den Menschen unten direkt in die Töpfe schauen.

An die Stadt schließen sich Felder an – meist **Reisfelder**, auf denen die noch jungen Pflanzen im Wasser stehen. Anderswo arbeiten sich Menschen Reihe für Reihe vorwärts, um ein Büschel Reis nach dem anderen zu pflanzen. Grasland, wie in Europa oder in Amerika, scheint es nicht zu geben. Kühe grasen in einem Kokospalmenwald, die Palmen spenden ihnen Schatten. Dann, nachdem einige lange Brücken überquert wurden, ist die Küste erreicht. Beiderseits der Strecke wird nun Salz gewonnen.

Dass es nicht mehr weit bis zum Bahnhof Hua Hin sein kann, kündigt sich bei einem Halt in einer Umgebung an, in der es viele Gärten gibt. Hier steht das **prächtigste Eisenbahnwärterhäuschen**, das es weltweit gibt. Es ist eine Station, die eigens für den König gebaut wurde. Er kann von diesem Haltepunkt aus direkt zu seiner Sommerresidenz fahren.

Bahnfahren in Thailand

Thailand ist ein Eisenbahnland, aber um hier mit der Bahn fahren zu können, muss man schon einigen **Durchsetzungswillen** entwickeln. Das gilt nicht nur für die Reisebüros zu Hause, die nichts von einer Thai-Bahn wissen wollen, auch die Mitarbeiter am Hotelempfang können sich partout nicht vorstellen, dass ein Europäer mit der Eisenbahn fahren will. Sie empfehlen den – teuren – hoteleigenen Minibus. Alternativ wird eine Express-Buslinie vorgeschlagen, deren klimatisierte Busse über autobahnähnliche Straßen nach Hua Hin fahren. Dass es vom Bus aus nicht viel zu sehen gibt, daran denkt niemand. Die Reiseleiter der Pauschalreiseveranstalter braucht man auch nicht zu fragen, sie wollen ihre Ausflüge verkaufen und kennen sich mit den Bahnen in Thailand tatsächlich meist kaum aus.

Also: Wer die Erlebnisbahn wählt, darf sich nicht entmutigen lassen – auch nicht vom unglaublichen **Gedränge im riesigen Hua Lamphong**, dem Hauptbahnhof von Bangkok. Da in Thailand kaum mit ausländischen Bahnreisenden gerechnet wird, hat man sich die Mühe erspart, Hinweistafeln um für Fremde lesbare Angaben zu ergänzen. Doch die Schalterbeamten sind meist äußerst hilfsbereit und findig. Ein Fingerzeig auf der Landkarte, die Uhr und ein Kalender genügen, damit die richtigen Fahrscheine per Computer ausgedruckt werden.

Strecke: 220 Kilometer von Bangkok nach Hua Hin
Information: Für einen Preis, der in Deutschland gerade für eine S-Bahn-Fahrt reicht, fährt man hier durchs halbe Land. Die Bahnreise nach Hua Hin dauert, je nach der Kategorie des Zuges, drei bis fünf Stunden. Der langsame Zug ist dabei der interessanteste. Er hält wirklich an jeder Palme. Dafür lernt man das ursprüngliche Thailand kennen und sieht nicht nur, was die Touristikorganisatoren für Thailandbesucher vorgesehen haben.
Reisezeit: Wer einen Badeurlaub in Hua Hin plant, sollte die Zeit etwa von November bis Mai bevorzugen. Die Bahnfahrt durch Thailand ist das ganze Jahr über möglich und reizvoll.

INFO

71 „Eisenbahn des Todes": von Bangkok bis zur Brücke am Kwai und weiter nach Nam Tok

Mit dem Angriff japanischer Tiefflieger auf den amerikanischen Stützpunkt Pearl Harbour auf Hawaii begann am 7. Dezember 1941 der Pazifische Krieg. Sechs Monate nach dem japanischen Kriegseintritt und dem Beginn des triumphalen Eroberungszuges durch Südostasien befahl der japanische Generalstab den Bau einer Eisenbahnlinie über den **Three Pagodas Pass** von Thailand nach Burma. Auf der Route sollte Nachschub für die geplante Invasion von Britisch-Indien transportiert werden. Thailand und Japan waren verbündet, sodass diesem Plan politisch nichts im Wege stand.

Filmklassiker

Weltberühmt wurde die Todesbahn durch den Spielfilm **„Die Brücke am Kwai"** mit Sir Alec Guinness und William Holden in den Hauptrollen. Der Film wurde 1957 nicht am Originalschauplatz in Thailand, sondern auf Sri Lanka gedreht und basiert auf dem gleichnamigen Roman von Pierre Boulle aus dem Jahr 1952.

Auf der gewagten Holz-Bambus-Konstruktion des Wang-Po-Viadukts kann man schon einmal feuchte Hände bekommen …

Die Ingenieure vollbrachten eine Meisterleistung und führten die 415 Kilometer lange Trasse von Kanchanaburi aus durch malariaverseuchten Regenwald, über enge Schluchten, steile Felshänge und reißende Flüsse. Die eigentliche Arbeit jedoch verrichteten mehr als 60.000 **alliierte Kriegsgefangene** und etwa 250.000 Zwangsarbeiter aus ganz Südostasien – mit einfachsten Werkzeugen und unter menschenunwürdigen Bedingungen. Innerhalb von nur 16 Monaten, zwischen Juni 1942 und Oktober 1943, wurde das scheinbar unmögliche Vorhaben vollendet. Doch zu welchem Preis: Mehr als 12.000 Kriegsgefangene aus Großbritannien, Australien, den USA und den Niederlanden sowie bis zu 90.000 asiatische Zwangsarbeiter starben an Krankheiten, Hunger und Erschöpfung. Viele kamen auch bei Luftangriffen der Alliierten ums Leben, die den Bau der strategisch wichtigen Nachschublinie verhindern wollten. Die letztlich nutzlose Strecke wurde von den Überlebenden später „Eisenbahn des Todes" genannt.

Die Briten, die noch bis 1948 in Burma herrschten, begannen kurz **nach Kriegsende** mit der Demontage der Strecke jenseits der Grenze am Drei-Pagoden-Pass. Auch die Thailänder legten schließlich 130 Kilometer der Strecke still, sodass die Bahnlinie von Kanchanaburi aus heute nur noch knapp 80 Kilometer misst und in Nam Tok endet. Die Gleise hinter Nam Tok sind demontiert und die Trasse wird allmählich vom Urwald überwuchert.

An Wochenenden und Feiertagen setzt die thailändische Staatsbahn einen von einer Dampflok gezogenen Touristenzug ein, der von Bangkok über Kanchanaburi weiter nach Nam Tok fährt. Der Zug hält auch bei den Khmer-Ruinen von Muang Sing und beim Khao Phun War Cemetery. Außer den Touristenzügen verkehren auf der Trasse von Kanchanaburi am Kwai entlang bis Nam Tok dreimal täglich reguläre Züge. Spekta-

Geschichtsträchtig und weltberühmt – die Brücke am Kwai

kulär ist der letzte Abschnitt, auf dem es im Schritttempo über das **Wang-Po-Via-dukt** geht, eine hoch über dem Tal des Mae Nam Kwae Noi und kühn in die Felswand gebaute Holz-Bambus-Konstruktion.

Das gut 60.000 Einwohner zählende **Kanchanaburi** liegt umgeben von ausgedehnten Baumwoll- und Zuckerrohrplantagen am Zusammenfluss von Mae Nam Kwae Noi und Mae Nam Kwae Yai, letzterer besser bekannt als Kwai River. Aufgrund der ausgezeichneten touristischen Infrastruktur ist die Stadt ein idealer Ausgangspunkt für Streifzüge durch die geschichtsträchtige Umgebung, die aufgrund ihrer landschaftlichen Reize ein wichtiges Naherholungsgebiet der Bangkoker ist. In Kanchanaburi rollte einst der „Todeszug" über die Brücke am Kwai. Die moderne Brücke aus Stahl und Stein, die den Mae Nam Kwae Yai heute vier Kilometer nordwestlich der Stadt überspannt, hat keine Ähnlichkeit mit der Holz-Bambus-Konstruktion aus dem Film. Das Original wurde gegen Ende des Zweiten Weltkriegs bei Luftangriffen der Alliierten zerstört. Informativ ist das Thailand-Burma Railway Centre (www.tbrconline.com) in der Stadtmitte. Das unter Mitarbeit ehemaliger Kriegsgefangener entstandene Museum dokumentiert die harten Bedingungen, unter denen die Eisenbahntrasse vorangetrieben wurde. (rd)

Strecke: 80 Kilometer auf der Strecke der „Todesbahn" von Kanchanaburi nach Nam Tok; von Bangkok bis nach Kanchanaburi sind es etwa 130 Kilometer.
Information: Zeiten und Preise auf www.railway.co.th. An jedem größeren Bahnhof werden die Tickets bis zu 60 Tage im Voraus verkauft. Auch Reisebüros besorgen die Tickets gegen einen kleinen Aufpreis. Die Touristenbahn von Bang-
kok fährt um 6.30 Uhr los, Rückkehr etwa 20.30 Uhr; der gesamte Ausflug kostet weniger als 5 €, rechtzeitige Buchung empfohlen.
Tipp: Die heutige Strecke endet bei Nam Tok, aber etwa 18 Kilometer hinter der Endstation (80 Kilometer von Kanchanaburi entfernt) befindet sich der sogenannte Hellfire Pass mit sehenswertem Museum (www.hellfirepass.com).

INFO

72 Luxus pur: mit dem Eastern Oriental Express von Singapur nach Bangkok

Anfang der 1990er-Jahre hatte der seinem europäischen Vorbild, dem Orient-Express, nachempfundene Eastern-Oriental-Express seine Jungfernfahrt. Die Reise geht über Kuala Lumpur und Penang (Malaysia), zudem gibt es einen Stopp an der berühmten Brücke am Kwai in Thailand. Wer über das nötige Kleingeld verfügt, für den ist die Reise mit dem **Luxuszug** sicher eine der stillvollsten Möglichkeiten, von Singapur nach Bangkok (oder umgekehrt) zu gelangen. Ob man sich in einem der drei Restaurant-Wagen kulinarisch verwöhnen lässt, den Tag mit einem Singapore Sling in der Pianobar ausklingen lassen möchte oder sich bei einem Tee den Wind im Panoramawagen um die Nase wehen lassen will – stets ist jemand des omnipräsenten, immer lächelnden Zugpersonals zur Stelle.

Start ist am **Woodlands Train Checkpoint**, etwa 20 km nördlich der Innenstadt Singapurs. Bis 2011 startete der Zug stilecht im historischen Bahnhof mitten im Zentrum, doch dieser wurde leider geschlossen. Nun geht es vom Hotel zum Gleis, wenn der Zug zum Einsteigen bereit ist. Hier werden auch die Einreiseformalitäten nach Malaysia erledigt.

Über einen grünen Teppich werden die Gäste in den grün-beigen Zug geleitet. Schon kurz nach dem Start geht es auf einspurigen Gleisen über eine 1.056 Meter lange Brücke, den **Johor–Singapore Causeway**, auf das malaysische Festland. Die Brücke wurde bereits 1923 eingeweiht, neben einer Fahrbahn für Autos verlaufen auch riesige weiße Rohre entlang der Strecke, durch die Trinkwasser nach Singapur gepumpt wird.

Mit maximal 60 Stundenkilometern geht es durch einige kolonial anmutende Bahnhöfe, das undurchdringliche Grün des malaysischen Urwalds und große Palmöl-Plantagen mit

Auf engen Schneisen geht es durch den Regenwald

Palmen bis an den Horizont. Nächster Halt ist **Kuala Lumpur** mit seinem wunderschönen alten Bahnhof (s. S. 183), an dem man aussteigen kann.

Am nächsten Morgen ist **Butterworth** erreicht. Hier steht ein Ausflug auf dem Programm, nach Georgetown auf Penang Island, benannt nach dem englischen König George III., von den Einheimischen allerdings „Penang" genannt. In der Innenstadt, die aufgrund ihrer zahlreichen Kirchen, Tempel, Moscheen und der kolonialen Architektur seit 2008 UNESCO-Weltkulturerbe ist, wimmelt es von Fahrrad-Rikschas.

Zum Mittagessen ist man wieder im Zug, weiter geht es Richtung Thailand, das am Nachmittag erreicht wird. Grenzüberquerung ist bei Padang Besar. Auf den einspurigen Gleisen der thailändischen Eisenbahn rollt der Zug gemächlich auf Bangkok zu. Der beste Platz ist hier, wie eigentlich die ganze Fahrt lang, der offene Panoramawagen am Ende des Zugs.

Am nächsten Morgen ist die Brücke am Kwai erreicht (s. S. 174). Während die Passagiere aussteigen, das Museum besuchen und eine Bootsfahrt auf dem Fluss machen, rollt der Zug einmal fotogen über die Brücke selbst. Wenige Stunden später ist der Endpunkt der Reise erreicht, die Hualamphong Station von Bangkok (s. S. 179).

Orient-Express

Wer kennt ihn nicht, den „Mord im Orient-Express"? Der legendäre Zug der Compagnie Internationale des Wagons-Lits (Internationale Schlafwagen-Gesellschaft), 1874 von dem Belgier Georges Nagelmackers gegründet, war seit 1883 unterwegs. 1977 wurde die bekannteste und ursprüngliche Strecke, **Paris-Konstantinopel** (wie Istanbul bis 1930 offiziell hieß), eingestellt.

Auf seinen Spuren bzw. Gleisen kann man heute mit dem Venice Simplon-Orient-Express reisen, einem Privatzug der E&O (s.u.), der z.T. original restaurierte Wagen benutzt. Er fährt u.a. in zwei Tagen von Venedig über Paris nach London.

Luxus vom Feinsten, hier im Loungewagen – entsprechend teuer ist die Fahrt

Wem das nicht reicht an Bahnerlebnis: Es gibt auch bis zu siebentägige Reisen durch Thailand oder bis nach Laos. Oder: Man nimmt eine der zahlreichen weniger luxuriösen Bahnen ab Bangkok (s. S. 172 und S. 174).

Strecke: Singapur–Bangkok 1.920 Kilometer
Information: Die Reise dauert drei Tage (zwei Nächte) und kostet ab 1.930 € p.P. in einer Pullman-Kabine (das ist eine Doppelkabine mit Etagenbett), im Preis sind alle Mahlzeiten und Ausflüge eingeschlossen. Die Fahrt findet das ganze Jahr über statt (außer im August). Infos unter www.orient-express.com.
Dieselbe Strecke kann man (mit zweimal Umsteigen in Butterworth und Kuala Lumpur) natürlich auch mit normalen Zügen zurücklegen, dafür braucht man ca. 48 Stunden, siehe S. 178 und S. 182. Infos unter www.ktmb.com.my.

INFO

73 Verständigung mit Gesten und Handzeichen: im „Schnellzug" von Surat Thani nach Bangkok

Bei der thailändischen Staatsbahn sind die Leitersprossen gleichzeitig **Preisstufen**: Wer im Schlafwagen zu den oberen Betten hinaufsteigt, zahlt weniger. „Das Bett unten ist wegen der Lehne etwas breiter, das kostet", wird der – wenn auch nicht besonders hohe – Preisunterschied begründet.

Der Zug, der allmorgendlich in Surat Thani eingesetzt wird, um nach Bangkok zu fahren, steht als „Sprinter-Zug" im Fahrplan. Das sind in Thailand die Schnellzüge, die zwar deutlich schneller als Bummelzüge sind, aber streckenweise auch nur mit Tempo 50 fahren. Entsprechend wird der Zug von Surat Thani, von wo aus die Fährschiffe zur vorgelagerten Urlaubsinsel Ko Samui fahren, erst **elf Stunden** nach seiner Abfahrt in Bangkok erwartet. Vor der Abfahrt sitzen die Schaffner und Schaffnerinnen noch einmal auf dem Bahnsteig zusammen, um Suppe, Hühnchenfleisch oder Fisch mit Reis aus Pappbechern zu löffeln. Jetzt können sie noch einmal alle miteinander sprechen, wenn der Zug erst einmal fährt, betreuen alle ihre eigenen Waggons und sehen einander erst am Zielbahnhof wieder.

Die Sitze im Zug sind etwas eng. Das ist wenig erstaunlich, denn für die Thai-Fernzüge haben Flugzeugausstatter gearbeitet. Auch sonst funktioniert das Reisen im Schnellzug wie bei den Fliegern. Jedem Fahrgast wird ein **bestimmter Sitz** zugeteilt, der auch auf dem Fahrschein vermerkt ist. Das kann zu Problemen führen, etwa so: Eine Fahrscheinverkäuferin im Reisebüro von Ko Samui hat sich beim Ticketverkauf im Datum vertan. Die Schaffner haben aber Verständnis dafür, dass deutsche Fahrgäste, die weder Thai sprechen noch die verschnörkelte Schrift auf den Fahrscheinen lesen können, den Fehler nicht erkennen konnten. Sie sind hilfsbereit und finden irgendwo im Zug noch freie Plätze. Problem gelöst.

Die **thailändische Familie**, zu der die „Fremden" gesetzt werden, freut sich: Die Reise verspricht interessant zu werden. Bald beginnt ein „Gespräch", bei dem Handzeichen eine wichtigere Rolle spielen als die paar Brocken Englisch, mit denen sich die Thailänder verständlich machen wollen. Kurz darauf wissen alle, woher die Europäer kommen, dass die Abteilnachbarn Patom Prayoon und Paninart Tiyaphorn heißen und zu ihren Verwandten in Bangkok fahren. Diese werden im Hauptstadtbahnhof auf den Zug warten und leicht zu erkennen sein. Fotos werden hervorgekramt und machen die Runde. Erstaunlich, wie gut man sich mit Gesten und Handbewegungen verständigen kann, wenn man nur möchte und etwas Geduld hat.

Die thailändischen Mitreisenden kennen die Strecke gut. Lange bevor der Zug auf berühmte Brücken zurollt oder über tiefe Schluchten fährt, wird signalisiert, von welcher Seite des Zuges die beste Sicht darauf zu haben ist. Auch auf die **dressierten Affen**, die in den Palmwipfeln der riesigen Kokosnussplantagen herumturnen, wird rechtzeitig aufmerksam gemacht.

Lange geht es durch den Regenwald. Bei **Prachuap Khiri Khan**, das ist die engste Stelle Thailands, machen die Mitreisenden vermeintlich auf die Ananasplantagen rechts vom Zug aufmerksam. Es geht ihnen aber um etwas anderes: Gleich hinter den Ananasfel-

Endstation Hua Lamphong: der riesige Bahnhof der Hauptstadt Bangkok

dern steigen Berge steil auf; sie gehören schon zum Nachbarland Myanmar, dem früheren Burma.

Die blau uniformierten Zugbegleiterinnen verteilen inzwischen Pappschachteln, jede so groß wie ein halber Schuhkarton. Sie enthalten süßes Gebäck und einige Snacks. Die „Lunch-Box" ist im Fahrpreis inbegriffen, genau wie die Getränkepackungen, die es dazu gibt. Dieser Service lenkt davon ab, dass es im Zug keinen Speise- und auch keinen Bistrowagen gibt. Das Essen schmeckt vor allem süß – kein Wunder also, dass die Eisenbahner vor der Abfahrt in Surat Thani noch etwas Handfestes gegessen haben. Später folgen Kaffee und Kuchen. Während am klimatisierten Zug die **schönsten Landschaften** von Thailands heißem Süden vorbeiziehen, wird Eiswasser ausgeschenkt.

Als der Zug schließlich durch ein weitläufiges **Reisanbaugebiet** fährt und breite Flüsse sowie Meeresausläufer überquert, fangen die Thais an, zusammenzupacken. Der Zug fährt erkennbar auf Bangkok zu, wo die Verwandten schon warten. Familie Prayoon verabschiedet sich von ‚ihren' Ausländern, die so begeistert von der Landschaft links und rechts der Bahn waren.

Strecke: ca. 635 Kilometer von Surat Thani nach Bangkok
Information: Buchung über Reiseveranstalter oder vor Ort. Die Fahrt von Surat Thani nach Bangkok dauert etwa elf Stunden und kostet je nach Komfort-Kategorie ca. 5–20 €.

Reisezeit: Wer vor der Fahrt nach Bangkok einen Badeurlaub im Süden Thailands – zum Beispiel auf der Insel Ko Samui – plant, sollte die Zeit von Dezember bis April bevorzugen, dann ist es weder zu heiß noch regnet es stark.

INFO

74 Durch malerische Häusergassen und entlang der Küste: im Wiedervereinigungszug von Ho-Chi-Minh-Stadt nach Hanoi

Am 2. Juni 1976 wurden Süd- und Nord-Vietnam nach langem Krieg als „Sozialistische Republik Vietnam" wiedervereint. Das hindert die vietnamesische Staatsbahn aber nicht, bis heute zwischen südlichen und nördlichen Fahrstrecken zu unterscheiden. So wird gerechnet: Von Hue – Bahnkilometer null – müssen Züge in Richtung Ho-Chi-Minh-Stadt 1.038 Kilometer zurücklegen, in der nördlichen Gegenrichtung nach Hanoi exakt 688 Bahnkilometer. Diese wichtige **Nord-Süd-Achse** ist also insgesamt 1.726 Kilometer lang, das entspricht in etwa der Distanz zwischen Berlin und Moskau.

Schnelle Züge gibt es hier nicht. Auch der „Wiedervereinigungszug", der Sprinter unter den Vietnambahnen, ist von Hanoi bis nach Ho-Chi-Minh-Stadt, dem ehemaligen Saigon, 29 Stunden unterwegs. Und das ist bereits ein gewaltiger Fortschritt. In den 1980er-Jahren dauerte die Reise noch 72 Stunden, weil die durch Bomben verwüstete Trasse mancherorts nur notdürftig geflickt war. Auf sehr vielen Streckenabschnitten konnte deshalb nur langsam gefahren werden. Die Fahrzeit zu verkürzen ist seither erklärtes Ziel der Vietnambahn, die in absehbarer Zeit in weniger als 20 Stunden einmal längs durch das Land am Südchinesischen Meer fahren will.

Aus Touristensicht eilt es damit eigentlich

Die Schienen führen wie hier in Hanoi oft mitten durch Wohngebiete – die Züge fahren daher unter ständigem Tuten und Klingeln durch die Städte

nicht, denn von kaum einer anderen Bahnlinie aus sieht man so viel vom jeweiligen Land, wie hier. Das beginnt schon am „Ga Sai Gòn", das ist der stets überlaufene **Hauptbahnhof** von Ho-Chi-Minh-Stadt, deren alter Name noch immer in Riesenlettern über der großen Eingangshalle steht.

Die Lokomotiven und Waggons scheinen alle aus der Produktion der einstigen sozialistischen Bruderstaaten – einschließlich der Deutschen Demokratischen Republik – zu stammen. Bei den Lokomotiven haben die Vietnamesen offensichtlich Wert darauf gelegt, dass sie gleich mit mehreren sehr kraftvollen Signalhörnern ausgestattet wurden. Und als ob deren ständiges Gepfeife allein nicht ausreichen würde, fahren die Züge noch mit lautem Klingeln durch die Städte. Der Lärm ist wohl auch notwendig, denn in städtischen Gebieten wurden die Häuser bis eng an die Gleise herangebaut. Man wundert sich, dass die Motorroller, die überall geparkt sind, hier nicht von der Bahn überrollt werden. Schranken sind in Vietnam weitgehend unbekannt. Es reicht wohl, wenn sich die Dieselzüge mit überlautem Fahrgeräusch und ständigem Tuten und Läuten den Straßenübergängen nähern. In bewohntem Gebiet geht es zudem nur im Schneckentempo vorwärts, was prächtige Fotos von Zügen ermöglicht, die durch **malerische Häusergassen** schleichen.

Zwischen Ho-Chi-Minh-Stadt und Hanoi gibt es exakt 30 Haltestellen, den jeweiligen Zielbahnhof mitgerechnet. Der Wiedervereinigungszug hält nur in den wichtigsten Städten entlang der Strecke – insgesamt sieben Mal. An den Haltestellen bleibt er planmäßig bis zu zwölf Minuten stehen, denn es gibt jeweils nur ein Gleis und Gegenzüge müssen abgewartet werden. Das ist wohl auch ein Grund dafür, dass die Bahnhöfe aussehen wie **Markthallen**. Entlang der Züge haben meist dutzende von Händlern ihre Stände aufgebaut. Hier gibt es alles, was man auf einer Reise brauchen könnte – und noch viel mehr.

Die Strecke von Ho-Chi-Minh-Stadt nach Hanoi – oder umgekehrt – gehört zu den schönsten Eisenbahnlinien der Welt. Eine andere Streckenführung als an der Küste entlang war in diesem Land mit bis zu 2.598 Meter hohen Gebirgszügen kaum möglich. Vom Zug aus hat man daher unvergleichliche **Ausblicke auf das Meer** weit unten. Ein besonderer Höhepunkt der Reise ist die Fahrt über den Wolkenpass zwischen Danang und Hue. Der Blick auf die Buchten vor Hue ist unvergleichlich schön.

Strecke: 1.726 Kilometer von Ho-Chi-Minh-Stadt bis Hanoi
Information: Einfach am Bahnhof eine Fahrkarte kaufen kann man in Vietnam nur in Ho-Chi-Minh-Stadt, Hanoi und Hue, und auch dort nicht immer. Tickets sollen, so will es die Bahn, im Voraus bestellt werden. Wenn es zeitlich eng wird, können bisweilen Reisebüros helfen. Am Ticketschalter geht es dann nicht nur um das gewünschte Fahrziel, sondern auch um die gewünschte Klasse. Es gibt die Holzklasse (hard seat), die Polsterklasse (soft seat), die einfachen Liegewagen (hard sleeper) mit sechs Betten pro Abteil, die einfacheren Schlafwagen (soft sleeper normal) und die Extraklasse mit Klimaanlage (soft sleeper aircon) mit vier Betten pro Abteil. Wer in einem Liegewagen fährt, muss sich noch entscheiden, ob das Bett unten, in der Mitte oder ganz oben gewünscht wird. Je höher man ins Bett hinauf steigt, umso günstiger sind die Preise.

INFO

75 Quer durch Gummiwälder und den Dschungel: von Singapur nach Butterworth

Schweres Gerät macht den Unterschied. Als in den 1980er-Jahren die Autobahn längs durch die malaysische Halbinsel, von Johor Bahru ganz im Süden bis an die Grenze zu Thailand im Norden, gebaut wurde, brachten die Straßenbauer ganze Batterien von Schaufelradbaggern, Planierraupen und ähnlichen Maschinen in Stellung. Damit konnten sie Schneisen in den Regenwald fräsen und die Schnellstraße quer durch das Gebirge bauen. Größere Steigungen störten nicht, Autos und Lastwagen sind da flexibel.

Die britischen Ingenieure, die gut 75 Jahre zuvor einen geeigneten Weg für eine **Bahntrasse** finden mussten, hatten es da ungleich schwerer. Die Strecke sollte von Singapur über die Meerenge der Straße von Johor nach Kuala Lumpur und weiter nach Butterworth führen. Große Erdbewegungen sowie starke Steigungen mussten dabei möglichst vermieden werden. Dampflokomotiven aus der Wende vom 19. zum 20. Jahrhundert waren im Vergleich zur heutigen Technik relativ schwach, besonders, wenn sie wie hier mit Holz und Kokosnussschalen beheizt wurden.

Von all diesen Bemühungen profitiert, wer heute auf der Strecke entlang der Straße von Malakka mit dem Zug fährt. Drei Schnellzüge – „Ekspres" genannt – fahren hier täglich in beide Richtungen. Es geht an Flüssen entlang, um Bergrücken herum, durch den Regenwald und nicht enden wollende tiefgrüne **Palmenplantagen**. Malaysia ist ein führender Lieferant von Palmöl. Aber auch durch Wälder mit Kautschuk-Bäumen, deren Saft für die Gummi- und damit für die Reifenherstellung abgezapft wird, wurden die Schienen der Malaysia-Bahn gelegt.

Für die Briten war Malaysia so etwas wie eine **Schatzkammer**. Nicht nur Rohgummi und Palmöl kamen von hier, das Land ist auch reich an Bodenschätzen. Auch deshalb wurden hier schon früh Bahnstrecken gebaut. Die vielen kleinen Stationen, an denen der „Ekspres" vorbeirauscht, lohnen den Blick aus dem Zugfenster. Wer sie besuchen möchte, nimmt einen „Tren Mel", das ist ein Bummelzug. Auf Siedlungen nahmen die britischen Eisenbahnen nicht viel Rücksicht, es geht auf der Strecke quer durch die Dörfer.

Die **Hafenstadt Malakka**, an der Meerenge zwischen der indonesischen Insel Sumatra und Malaysia, steht seit 2008 gemeinsam mit Georgetown auf der Liste des UNESCO-Weltkulturerbes. Neben der Altstadt aus holländischer Kolonialzeit gibt es indische und malaiische Bauten sowie ein gut erhaltenes Chinatown zu sehen. Wer Malakka besuchen möchte, fährt zunächst bis Tampin. Von hier geht es mit Bussen weiter, die in Malakka in der Nähe des Königin-Victoria-Denkmals halten.

Die Züge der malaysischen Bahngesellschaft Keretapi Tanah Melayu Berhad fahren morgens, mittags und spät in der Nacht in Singapur vom Bahnhof **Woodland Train Checkpoint** ab. Der Checkpoint ist die überdimensionierte Grenzabfertigungsstelle für den Autoverkehr von und nach Malaysia. Der Zug wartet hier in einem Seitentrakt auf seine Fahrgäste, um dann auf seinem Gleis am Ostrand der Woodlands Causeway Bridge über die Meerenge Singapur zu verlassen.

Der schöne alte Malaysia-Bahnhof in Singapur, der 1932 im Art-déco-Stil in der Keppel Road gebaut worden war, wird seit Sommer 2011 nicht mehr benutzt. Auch die **Kuala**

*Wird leider von Fernzügen nicht mehr angefahren:
der alte Hauptbahnhof in Kuala Lumpur*

Lumpur Railway Station von 1911 wird von den Fernzügen nicht mehr angefahren. Das ist schade, denn einen prächtigeren Bahnhof als den alten Hauptbahnhof der Hauptstadt Malaysias gibt es in ganz Südostasien nicht. Von außen wirkt er wegen seiner Größe und der vielen Türme, Türmchen und Erker wie der Palast eines sehr reichen und mächtigen Maharadschas. Er befindet sich nur 800 Meter vom **Kuala Lumpur Sentral**-Bahnhof entfernt, der 2001 eröffnet wurde. Für den modernen Bau wurde ein Straßenviereck mit vierstöckigen Hallen überbaut. Je eine Etage ist für Busse, Regionalzüge und die Bahn zum Flughafen, für Fernzüge und Stadtbahnen reserviert.

Strecke: etwa 750 Kilometer von Singapur nach Butterworth
Information: Buchung vor Ort oder über www.ktmb.com.my. Der günstigste Zug für die Fahrt von Singapur nach Butterworth fährt am Woodland-Bahnhof um 13.45 Uhr ab. In Kuala Lumpur hat man drei Stunden Aufenthalt. Eisenbahnfahren ist in Malaysia günstig. Für das, was in Deutschland eine Fahrt von Köln nach Frankfurt kostet, kann man per Rail-Pass mehrere Tage die malaysischen Bahnen benutzen. Das Bett im Schlafwagen kostet nur einen Bruchteil dessen, was sonst für Hotelübernachtungen fällig wird.
Reisezeit: In Malaysia ist es das ganze Jahr über heiß und feucht. Die Westküste ist vom Monsun kaum beeinflusst, sodass die Bahnreise das ganze Jahr über möglich ist.

INFO

76 In „Bisnis" sitzen die netteren Leute: mit der Javabahn von Jakarta nach Yogyakarta

„Seid mindestens eineinhalb Stunden vor Abfahrt am Zug", die indonesischen Freunde bestehen eindringlich darauf, zeitig zum neuen Hauptbahnhof zu fahren. In Jakarta, Indonesiens Hauptstadt, werden Fernzüge lange vor ihrer Abfahrt bereitgestellt. Wer also eine Chance auf die **besten Plätze** – oder überhaupt einen Platz – ergattern möchte, muss früh da sein. Wer zu spät kommt oder unterwegs zusteigt, muss stehen – und das einige Stunden lang.

„Nehmt Bisnis", lautet der zweite wichtige Rat. Neben Business, der **gepolsterten zweiten Klasse**, gibt es auch noch „Eksekutif"-Fahrkarten. Sie sind wegen der in diesem Bereich des Zuges vorhandenen Klimaanlagen teurer. Die künstliche Kühlung falle aber oft aus, daher seien die Deckenventilatoren sowie der Fahrtwind, der durch die stets offenen Fenster der zweiten Klasse einströme, die bessere und zudem günstigere Wahl. Das ultimative Argument für diese Klasse der indonesischen Staatsbahn ist weniger rational, macht aber einen Widerspruch fast unmöglich: „In Bisnis sind die Mitreisenden netter als in Eksekutif". Im feuchtheißen Klima der indonesischen Insel Java zählen offenbar andere Kriterien als bei europäischen Bahnen.

Der Zug sieht etwas müde aus. Laut Lok- und Wagenkennung ist er 30 Jahre alt. Das von den amerikanischen Lokomotiv-Bauern angeschraubte Typenschild der Diesellok besagt, dass diese Zugmaschine eine Geschwindigkeit von 120 Kilometern in der Stunde erreichen kann. Tatsächlich braucht die Bahn jedoch für ihre 500 Kilometerfahrt durch Java etwa elf Stunden. Doch die vergehen schneller als erwartet.

Auf Java gibt es viele schnurgerade Streckenabschnitte

Wo immer die Bahn hält, entert mindestens ein Dutzend **Händler** die Waggons. Sie sind laut und aufdringlich und vor allem ungeduldig. „Das ist so, weil sie schon an der nächsten Station wieder aussteigen, um mit dem Gegenzug zurückzufahren", erklären die Mitreisenden die spürbare Hektik. Auf den Verkäufer von Sitzkissen folgt eine Frau mit gekochten Erdnüssen, es werden Getränke angeboten, Gürtel und Börsen aus Leder, Schmuck und Spielsachen. Auf jede Gruppe fahrender Händler, die den Zug verlässt, folgt die nächste. Die Verkäufer bewegen sich wie Schlangenmenschen durch das Gewühl, auch in dem überfülltesten Waggon.

Die Konkurrenz ist groß, nicht nur unter den mitfahrenden Verkäufern: An jedem Haltepunkt sitzen genau vor den Türen der Eisenbahnwagen Frauen hinter Benzinkochern und erhitzen **chilischarfe Speisen**, gebratene Hühnchen oder Eier in jeder Zubereitungsform. Es ist, als hätte der Zug keinen Speisewagen, in dem schon vor Fahrtbeginn unglaubliche Mengen Reis zu Nasi Goreng verarbeitet wurden.

Berühmter Tempel

Von Yogyakarta aus sollte man unbedingt einen Abstecher zu der Tempelanlage **Borobudur** etwa 25 Kilometer nordwestlich der Stadt machen. Das buddhistische Heiligtum steht seit 1991 auf der Liste des UNESCO-Weltkulturerbes.

Eine der größten buddhistischen Tempelanlagen Südostasiens: Borobudur in der Nähe von Yogyakarta

„Orang Putihs", wie Europäer, Amerikaner oder Australier weißer Hautfarbe genannt werden, fahren nur selten in diesen Zügen. Die ältere Indonesierin von gegenüber freut sich, dass ‚ihr' Orang Putih keine „Rambutans" kennt. Geschickt drückt sie mit dem Daumen die rote, weichstachelige Kapsel auf, die dadurch das Fruchtfleisch frei gibt. Es hat in etwa die Farbe von weißen Kerzen und schmeckt erfrischend süßsauer – genau das Richtige für eine Fahrt quer durch Java. Bald wird von der Sitznachbarin jeder durch den Wagen ziehende **Fruchtverkäufer** angehalten, reihum werden die Früchte gekauft und an alle im Abteil verteilt: Die Reise wird zu einer Obstkur.

Plötzlich ein lautes Geräusch. Beim Einfahren in eine Überholschleife ist der letzte Wagen aus den Schienen gesprungen. Kein Grund zur Aufregung, niemand ist verletzt. Die Fahrgäste aus Wagen acht verteilen sich auf die übrigen sieben Wagen – es wird noch voller. Nach mehr als einer Stunde geht es weiter, der verunglückte Waggon bleibt zurück. Niemand im Zug regt sich auf, alle sind geduldig. Eisenbahnfahren ist auf Java eben noch ein **Abenteuer.**

Strecke: 500 Kilometer von Jakarta nach Yogyakarta
Information: Buchung vor Ort, eine Fahrt kostet 15–20 €. Ein Luxuszug fährt nachts über die indonesische Insel Java, der wird Ausländern in der Regel empfohlen. Nur sieht man von diesen Nacht- und Schlafwagenzügen aus überhaupt nichts. Dagegen versprechen die Tageszüge unvergessliche Reiseerlebnisse.

INFO

Australien und Neuseeland

Neuseeländisches Alpenidyll: der TranzAlpine nahe dem Ort Jackson

⑦ Reisen im Zeichen des Kameltreibers: The Ghan von Adelaide nach Darwin

Einen **Zug der Extraklasse** nach Kameltreibern zu benennen, erscheint auf den ersten Blick nicht gerade naheliegend. In Australien sieht man das anders: Hier ziert das Bild eines Kamelreiters die Lokomotiven und die Wagen der transkontinentalen Bahn. Diese fährt auf einer Strecke von 2.979 Kilometern einmal von Norden nach Süden durch den fünften Kontinent. Der Mann auf dem Kamel – das eigentlich ein Dromedar ist, doch der Unterschied kümmert hier kaum jemanden – ist Afghane. Die Briten hatten im frühen 19. Jahrhundert Afghanen, Pakistaner und Araber mitsamt ihren Kamelen in die australischen Kolonien gebracht. Der Grund dafür war, dass Edelmetalle und

Der Ghan ist als einziger Langstreckenzug in Nord-Süd-Richtung unterwegs

sonstige wertvolle Funde aus der Wüste an die Küste geschafft werden mussten. Weil sich dabei besonders die afghanischen Karawanenführer als zuverlässig und geschickt erwiesen, wurden die Kamel-Trecks „The Afghan Express" genannt. So erklärt sich die Namensfindung von 1929 und das Dromedarlogo des Zuges The Ghan.

Der Ghan ist nicht nur ein australischer Prestigezug, er zählt neben den russischen und amerikanischen Bahnen sowie dem Indian Pacific (S. 190) zu den Bahnen mit der längsten Fahrstrecke weltweit. Er ist als einziger dieser Langstreckenzüge nicht in Ost-West-Richtung unterwegs, sondern **von Norden nach Süden**. Der Ghan durchquert den Kontinent von Adelaide im gemäßigteren Süden bis Darwin im tropisch-warmen Norden. Im Innern des Landes kann auf einen überheißen Tag eine kalte Nacht folgen: typisches Wüstenklima eben. Im Zug bekommt man dank der Klimaanlage nicht viel davon mit.

Wenn in Europa die Heizungen eingeschaltet werden, genießen die Australier ihren Sommer. Dann fährt der Ghan vier- bis zweimal im Monat. Im australischen Winter wird der Zug öfter eingesetzt, bis zu neunmal pro Monat. Aber wann auch immer man auf dieser Strecke reist, muss man sich auf sehr unterschiedliche Temperaturen an den Haltestellen unterwegs einstellen – es geht durch vier unterschiedliche Klimazonen. Von April bis Oktober ist der Ghan der einzige Langstreckenzug der Welt, in dem die Uhr nicht umgestellt werden muss. Er bleibt dann in immer gleicher Zeitzone. In den übrigen Monaten ist der Norden dem Süden eine Stunde voraus, in Südaustralien gilt dann die Sommerzeit, im Northern Territory dagegen nicht.

Im sogenannten „**Red Centre**" des Landes fährt der Zug stundenlang durch menschenleeres Gebiet. Man ist dankbar dafür, dass zwei Lokomotiven den Zug ziehen, obwohl eine allein völlig ausreichen würde. Die zweite Lok fährt zur Sicherheit mit. Falls die eigentliche Zugmaschine in dieser Region ausfallen sollte, würde es hier mitten im gluthei-

Alice Springs ist der Ausgangspunkt für Touren ins Outback, zum Beispiel zum Ayers Rock

ßen Nirgendwo viel zu lange dauern, bis Hilfe kommt. Zugleich übt dieser Teil Australiens eine ungeheure Faszination aus: So weit man sehen kann, gibt es hier nur **tiefrotes Land** und darüber einen **dunkelblauen Himmel**. Man weiß gar nicht so genau, wohin man schauen soll: Es gibt keine Pflanzen, keine Felsen, nichts worauf man den Blick richten könnte. Dann wieder fährt der Zug durch eine Gebirgslandschaft – die kümmerlichen Überbleibsel eines urzeitlichen Hochgebirges. Da und dort ist zwischen Sanddünen, Salzseen und Schluchten ein grüner Fleck zu sehen – eine Oase!

Aber plötzlich überrascht üppiges Grün, mitten im roten Sandland und umgeben von der öden McDonnell-Gebirgskette: **Alice Springs**. Hier hält der Ghan mehr als vier Stunden, damit man den Ort erkunden kann. Wer den berühmten Ayers Rock sehen möchte, dessen richtiger Name „Uluru" lautet, muss hier die Fahrt unterbrechen und mit dem nächsten Zug weiterfahren. Der gewaltige Fels ist 450 Kilometer von Alice Springs entfernt. Während der Fahrt durch Tennant Creek und rund um Katherine sollte man sich Fensterplätze sichern, der Zug fährt hier durch einige der schönsten Landschaften Australiens.

Strecke: 2.979 Kilometer von Adelaide nach Darwin
Information: Buchung über www.greatsouthernrail.com.au; der Ghan ist zugleich ein Luxuszug und eine Bahn für Rucksacktouristen. Es gibt sehr unterschiedliche Preisstufen sowie Schlaf-, Speise- und Buffetwagen unterschiedlicher Kategorien (ca. 500–2.500 € p. P. einfache Fahrt). Dazu werden bei Bedarf Autotransportwagen oder von Gruppen oder Reiseveranstaltern gecharterte Salonwagen an den Regelzug angehängt. Die Züge fahren immer um 12.20 Uhr in Adelaide ab und kommen zwei Tage später um 17.30 Uhr in Darwin an.

INFO

78 Stundenlang immer geradeaus: im Indian Pacific von Perth nach Sydney

Beim Einsteigen in australische Züge hat man das unbestimmte Gefühl, in Amerika zu sein – und das trügt nur bedingt. Die silberglänzenden Reisewagen wurden von den amerikanischen Firmen geliefert, die auch für die US-Fernbahnen arbeiten. Auch die Länge der Züge kann durchaus **amerikanische Ausmaße** erreichen. Wenn der Indian Pacific, der vom Indischen Ozean zum Pazifik einmal quer durch Australien fährt, als Doppelzug eingesetzt wird, dann ziehen die beiden Dieselloks mindestens 25 Wagen hinter sich her. Es können sogar noch mehr werden, wenn Autotransportwagen oder von Reiseveranstaltern gecharterte Luxus-Wagen angehängt werden. Die Länge des Zuges bewegt sich dabei zwischen 410 und knapp 690 Metern.

Immer werden jedoch **zwei Loks** vorgespannt, denn der Indian Pacific hat nach der Transsibirischen Eisenbahn (S. 132) und dem Trans-Kanadazug The Canadian (S. 230) mit exakt 4.352 Kilometern das größte Fahrpensum schaffen. Er ist von einem Ende Australiens zum anderen 65 Stunden unterwegs und falls es bei der stundenlangen Durchquerung der heißen und trockenen Nullarbor-Wüste Probleme mit der Zugmaschine geben sollte, ist es gut, eine zweite dabei zu haben. Weil auch starke Dieselloks nicht so viel Elektrizität liefern, wie sie Bahnen mit mehreren Speisewagen und einer sehr effektiven Kühlung benötigen, fahren je nach Zuglänge ein bis zwei Generatorwagen mit, die zusätzlichen Strom liefern.

Ohne umzusteigen von Perth in West-Australien nach Sydney ganz im Osten zu fahren, ist erst seit 1970 möglich. Es gibt zwar schon seit 1917 transaustralische Eisenbahnverbindungen, doch Bahnreisen waren damals sehr mühsam, weil sich die ersten Eisenbahngesellschaften nicht auf einheitliche Fahrspuren einigen konnten. Die alten Bahnen fuhren auf 1.067-Millimeter-Gleisen ebenso wie auf der Breitspur von 1.600 Millimetern und auf der weltweit genutzten Normalspur mit 1.435 Millimetern. In Bellevue, 23 Kilometer hinter Perth und kurz vor dem Auf-

The Indian Pacific fährt mit zwei Loks. Nr. 2 dient der Sicherheit, falls Nr. 1 ausfällt

stieg in die Eastern Hills ist das **Drei-schienengleis**, ein Überbleibsel der westaustralischen Eisenbahngeschichte, vom Zug aus besonders gut zu sehen, weil dieser Streckenabschnitt zweispurig ausgebaut ist. Hier können Züge mit der Kapspur (1.087 Millimeter) und Normalspurbahnen dank der Zusatzschiene die gleiche Trasse benutzen.

Ob die ersten 2.659 Kilometer von Perth nach Adelaide oder der zweite Teilabschnitt mit 1.693 Kilometern nach Sydney schöner ist, darüber kann man streiten. Auf jeden Fall ändert sich die Blickrichtung: Weil Adelaide ein **Kopfbahnhof** ist, fährt der Indian Pacific auf diesem Teil der Reise mit umgekehrter Wagenfolge.

Von Perth aus rollt der „IP", wie ihn die Australier nennen, erst einmal entlang des Avon-Flusses durch das weite Getreideland West-Australiens, den „Wheatbelt" (Weizengürtel). Hinter Kalgoorlie durchquert der Zug das trockene Hochplateau. Hier regnet es nur ganz selten, und wenn doch einmal Niederschlag fällt, dann so heftig, dass es Überschwemmungen geben kann. In Kalgoorlie brach 1893 das **Goldfieber** aus und auch heute noch sind Goldminen hier die wichtigsten Arbeitgeber. Vom Zug aus sieht man noch hier und da Geisterstädte und längst verlassene Gruben, an denen die Goldgräber altes Fördergerät zurückgelassen haben.

Australiens Eisenbahnnetz

Die meisten Züge Australiens fahren im Süden des Landes und entlang der Ostküste, etwa von Adelaide nach Melbourne und Brisbane, dort beginnt die Strecke hoch in den Norden hinauf bis nach Cairns. In Brisbane, Rockhampton, Townsville und Cairns zweigen Linien ins Landesinnere ab.

Über hunderte von Kilometern geht es durch menschenleeres Gebiet

Die **Nullarbor-Wüste** ist bei Quizmastern rund um den Globus beliebt. Hier fährt der Zug auf 478 Kilometern immer stur geradeaus. Einen solch langen Streckenabschnitt ohne eine Kurve gibt es kein zweites Mal, das ist Weltrekord.

Auf dem zweiten Teil der IP-Fahrt geht es ab Adelaide durch Weinanbaugebiet, durch reiches Agrarland und das trockene Outback weiter. Danach folgen die landschaftlich einzigartigen **Blue Mountains**. Sie sind der krönende Abschluss dieses Trans-Australien-Bahnabenteuers.

Strecke: 4.352 Kilometer von Perth über Adelaide nach Sydney
Information: Buchung über www.greatsouthernrail.com.au. Wie im Nord-Süd-Zug The Ghan (S. 188) gibt es auch im Indian Pacific Luxusabteile und Wagen für Rucksacktouristen (ca. 500–3.000 € p. P. einfache Fahrt).

INFO

79 Nostalgiezüge durch das nordaustralische Outback: Savannahlander und Gulflander

Die Bucht, in der das heutige Cairns liegt, wurde von Captain James Cook 1770 auf der Heimreise nach seiner ersten Entdeckerfahrt „Trinity Bay" genannt. Die Lebensbedingungen hier im tropischen Klima Queenslands waren jedoch schwierig. Erst 1876 wurde Cairns gegründet, um die Goldfelder im Inland versorgen zu können. Neun Jahre später ein weiterer Meilenstein: Die Stadt wird durch die **Anbindung an die Eisenbahn** zum wichtigsten Küstenort im sogenannten „Far North", dem damals von allen Siedlungen weit entfernten Norden Australiens. Heute ist **Cairns Urlaubsstadt**, die von vielen Touristen als Ausgangspunkt für Fahrten zum Great Barrier Rief, dem größten Korallenriff der Erde, oder in den Regenwald angesteuert wird.

Spektakuläre Bahnfahrt durch den Regenwald

Kuranda ist ein kleines Städtchen im „Atherton Tablelands" genannten Hochland. Auf dem **Kuranda Scenic Railway** geht es seit 1891 von Cairns durch den dichten Regenwald, über schwindelerregend hohe Brücken, an Wasserfällen vorbei und durch zahlreiche Tunnel hierher. Die Fahrt dauert rund 2 Std., Abfahrt täglich 8.30 Uhr und 9.30 Uhr, Rückfahrt von Kuranda 14 Uhr und 15.30 Uhr. Die einfache Fahrt in der „Heritage Class" kostet für Erw. ca. 38 €, für Kinder 4–14 J. ca. 19 €, für Familien (2 Erw./2 Kinder) ca. 95 €. Eine Fahrt kann auch mit der Gondelbahn **Skyrail**, die von Cairns auf einer 7,5 Kilometer langen Strecke nach Kuranda schwebt, in Kombination gebucht werden. www.ksr.com.au; www.skyrail.com.au.

Außerdem ist Cairns ein **Mekka für Eisenbahn-Begeisterte**, die von hier aus neben den folgend beschriebenen Nostalgie- und Touristenzügen einige interessante **Touren mit Regelzügen** der QueenslandRail (s. Info) machen können. Die 1.691 Kilometer lange Strecke die Küste entlang nach Brisbane fahren der Lokomotivzug The Sunlander (drei Mal wöchentlich, Dauer 31 Std.) und der Neige-Schnellzug Tilt Train (drei Mal wöchentlich, Dauer 24 Std.). Weitere bekannte Züge, in die man auf dieser Strecke umsteigen kann, sind The Inlander (Townsville–Mount Isa), Spirit of the Outback (Rockhampton–Longreach) und The Westlander (Brisbane–Charleville).

Weg von der Küste und tiefer in die „Gulf Savannah", die Busch- und Savannenregion westlich von Cairns, geht es mit dem **Savannahlander**. Er fährt die Strecke des Kuranda Scenic Railway und weiter durch die „Atherton Tablelands", die nach ihrem Erforscher John Atherton benannt wur-

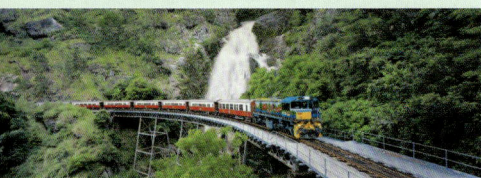

Regenwald und Wasserfälle: der Kuranda Scenic Railway

den. Das Klima hier oben ist kühler und das satte Grün der Landschaft begeistert. Vorbei an Mareeba, einem Zentrum des Tabakanbaus, macht der nur 50 km/h schnelle Zug Halt am Chillagoe Mungana Caves National Park, dessen Hauptattraktion seine Kalksteinhöhlen sind. Eine weitere Station ist Mount Surprise, ein kleines Minendorf, wo früher Gold und Kupfer abgebaut wurden. Mit rund 100 Einwohnern ebenso klein ist Forsayth, die Endstation des „Silver Bullet", wie der Zug auch liebevoll genannt wird.

Noch weiter westlich, bereits über 500 Kilometer von Cairns entfernt, liegt Croydon. Durch den Goldrausch der 1880er-Jahre einst viertgrößte Stadt Queenslands, leben

Angekommen: der Gulflander am Bahnhof Normanton

hier heute nur noch einige hundert Menschen. Der „Tin Hare" (etwa „der Zinnhase"), wie der **Gulflander** auch genannt wird, beginnt hier seine Reise weiter durch das staubige Gulf Country. Die vom restlichen Netz völlig isolierte Strecke dieser historischen Kleinbahn wurde 1891 eröffnet und führt nach Normanton. Der Zug transportierte damals das Gold und seine Gräber in die rund 1.150 Einwohner zählende Hafenstadt am Golf von Carpentaria. Ab hier lohnt sich ein Abstecher nach Norden in die Hafenstadt Karumba, wo die schmackhaften „Karumba Prawns" (Krabben) gekostet werden können.

Strecken: 423 Kilometer mit dem **Savannahlander** auf der Strecke Cairns–Forsayth; 152 Kilometer mit dem **Gulflander** auf der Strecke Croydon–Normanton
Information: Der **Savannahlander** fährt mittwochs ab Cairns um 6.30 Uhr (Anfang März bis Mitte Dezember). Die einfache Zugfahrt Cairns–Forsayth dauert 16 Std. und kostet für Erw. ca. 140 € (hin und zurück ca. 250 €), für Kinder jeweils die Hälfte. Es können mehrtägige Arrangements hin und zurück inkl.

Übernachtungen und Touren ab ca. 350 €/Erw. gebucht werden. www.savannahlander.com.au. Im **Gulflander** sitzt man rund 5 Std., Abfahrten mittwochs ab Normanton und donnerstags ab Croydon um 8.30 Uhr. Erw. ca. 52 €, Kinder die Hälfte. www.gulflander.com.au. **Regelzüge der QueenslandRail ab Cairns:** Die Central Railway Station befindet sich in einem Gebäude mit dem Cairns Central Shopping Centre in der Bunda Street. www. queenslandrail.com.au.

INFO

80 Durch die Südalpen zur Tasmansee: per TranzAlpine von Christchurch nach Greymouth

Verglichen mit den europäischen Alpen sind die neuseeländischen Alpen überschaubar. Quer durch Europa zieht sich ein 1.200 Kilometer langer Hochgebirgsriegel. Die Alpen auf der neuseeländischen Südinsel bringen es nur auf 360 Kilometer, die aber haben es in sich. Es gibt nur wenige Pässe über die „**Southern Alps**" mit ihren über 2.000 Meter hohen Gipfeln. Der höchste Berg hier ist der **Mount Cook** mit imposanten 3.754 Metern. Damit überragt dieser rund ums Jahr schneebedeckte Riese den höchsten deutschen Berg, die Zugspitze, um 792 Meter. Ganz schön viel!

Durch solch ein Gebirge eine Querbahn zu bauen war ebenso schwierig wie der Eisenbahnbau in den europäischen Alpen. Die ersten Schienen für die Bahn wurden bereits 1886 gelegt. Stück für Stück wurde in den darauf folgenden Jahren die Trasse erweitert. 1923 dann war die gesamte 223 Kilometer lange Strecke fertig, nun konnten Züge quer über die Südalpen fahren. Die Bahningenieure mussten beim Eisenbahnbau gewaltige Probleme lösen, die beeindruckenden Viadukte sind Zeugen ihrer Leistungen.

Von Christchurch aus fährt der TranzAlpine zunächst durch gutes Farmland. Darauf folgen Landstriche, in denen nur noch Grasbüschel die Erde bedecken. Hier ist das „New Zealand Lamb" zuhause, das, wie die Neuseeländer beteuern, das beste Lammfleisch der Welt liefert. Um über den **Waimakariri-Fluss** – der Name bedeutet in der Sprache der Ureinwohner von Neuseeland, den Maoris, „eisiges Wasser" – fahren zu können, musste eine Brücke mit 17 Pfeilern gebaut werden. Kurz danach dann beginnt die eigentliche Gebirgsstrecke mit großen Buchenwäldern und einem Regenwald, in den kaum Wege hinein führen. Eine märchenhafte Landschaft, weshalb auch Teile des Films „**Der Herr der Ringe**" hier gedreht wurden. Mit etwas Glück sind vom Zug aus auch Tiere zu sehen, die in Europa unbekannt sind. Der Cheeky Kea etwa ist der einzige Papageienvogel, der im Hochgebirge lebt.

Panoramawagen, damit die Gipfel der Southern Alps vom Zug aus besser zu sehen sind

Die fünf hohen Viadukte über tief eingeschnittene Täler zählten zu den Sehenswürdigkeiten der TranzAlpine-Bahn. Das imposanteste Brückenbauwerk ist das **Staircase-Viadukt** mit einer Höhe von 73 Metern. Auch die Tunnelbauer lieferten in diesem Gebirge wahre Meisterleistungen ab. Der längste der 16 Tunnel entlang dieser neuseeländischen Alpenbahn ist der Otira-Tunnel mit seinen 8,55 Kilometern. Er erspart der Bahn eine aufwändige Bergfahrt. Wie hoch, das erleben Autofahrer. Sie müssen über viele Kurven bis

Zug mit Aussicht

Die neuseeländische Bahn hat 2011 ihre alten Wagen auf den touristisch interessanten Strecken samt und sonders durch moderne Reisewagen ersetzt. Es sind Panoramawagen mit Oberfenstern, durch die man selbst dann die Gipfel der Berge sehen kann, wenn der Zug durch engste Täler fährt. Dazu werden bei einigen Zügen hinten offene Wagen angekoppelt, bei denen keine Fenster beim Fotografieren stören.

zum 920 Meter hohen Arthur's Pass hinauf fahren, mitten im gleichnamigen Nationalpark gelegen. Für den Bahnhof Arthur's Pass, etwas mehr als zwei Bahnstunden hinter Christchurch und ziemlich genau zwei weitere Stunden vor Greymouth gelegen, wird die Höhe mit 737 Metern angegeben. In dieser Höhe geht es durch den Berg unter dem eigentlichen Pass hindurch. Die Bahnstation davor macht nicht viel her. Weil hier oben im Gebirge nur wenige Menschen leben, reichte der Bahn ein Einfachbau als Bergstation. Er sieht aus wie ein großes Zelt, etwas enttäuschend für den höchstgelegenen Bahnhof Neuseelands.

Um 11.47 Uhr erreicht der TranzAlpine Moana. Das ist die Kurzform vom maorischen **Kotuku Moana**, zu Deutsch: Reihersee. Der Kotuku Moana, der als Lake Brunner in den Landkarten eingezeichnet ist, übertrifft mit seiner Größe von 40 Quadratkilometern alle anderen Seen der Südinsel. Die Bahn schlägt vor, hier zweieinhalb Stunden lang den See zu besuchen, um dann exakt um 14.42 Uhr (Check-in 20 Minuten zuvor) zurück nach Christchurch zu fahren. Tagestouren nach Greymouth lohnen sich nicht, der Zug fährt von dieser Endstation nach einer Pause von einer Stunde gleich wieder zurück. Die Zeit reicht nicht einmal, die Umgebung des Bahnhofs zu erkunden. Man kann aber von Greymouth per Bus oder Mietwagen weiter in Richtung Süden zum Franz-Josef-Gletscher und dem Fox-Gletscher unterhalb des Mount Tasman (3.498 Meter) fahren.

Strecke: Christchurch–Greymouth 223 Kilometer
Information: Die täglich stattfindende Fahrt bis Greymouth dauert ca. 4,5 Stunden, Abfahrt in Christchurch um 8.15 Uhr, regulärer Preis ca. 120 € (189 Neuseeland-Dollar). Aktuelle Bahnfahrpläne stehen unter www.kiwirail.co.nz im Netz. Busfahrpläne unter www.coachnew zealand.com.
Tipp: Die neuseeländische Bahn bietet eine Reihe von **Bahnpässen** an, die zwischen sieben und 21 Tagen auf allen Scenic Train Services gelten – also allen Zügen zu

touristisch interessanten Zielen. Es gibt diesen „KiwiRail Scenic Journey Rail Pass" für Einzelreisende und für Passagiere, die zusammen reisen. In der Regel müssen die Pässe 24 Stunden vor Fahrtantritt gebucht werden. Das funktioniert in Neuseeland über die Telefonnummer 0800 250 00 oder über das Internet (www.kiwirail.co.nz). Merkwürdigerweise unterdrückt der Computer der Neuseelandbahn bei Online-Anfragen außerhalb von Neuseeland und Australien günstige Sonderangebote, sodass man möglicherweise erst im Lande selbst buchen sollte.

INFO

81 Am Ozean entlang: von Christchurch nach Picton mit dem Coastal Pacific

Der Coastal-Pacific-Zug ist ein Sommerzug. Er fährt nur, wenn in Neuseeland verlässlich die Sonne scheint – und Europa friert. Dann fährt der Coastal Pacific von Süd nach Nord entlang der Küste der neuseeländischen Südinsel und wieder zurück. Von Anfang Mai bis in den späten September gibt es hier auf der Strecke von Christchurch nach Picton keinen Zugverkehr. Aber es gibt auch einen Tag im neuseeländischen Hochsommer, an dem die Züge im Depot bleiben – am Weihnachtstag ruht der Verkehr.

In der neuseeländischen Sommersaison verlässt der Coastal Pacific täglich um 7.00 Uhr den Bahnhof von Christchurch, um an die Nordspitze der Südinsel zu fahren. Zunächst beginnt die Fahrt enttäuschend. Es geht lange durch die **Canterbury Plains**, die größte Ebene von ganz Neuseeland. Die Flüsse sind hier breit und zahlreich. Die Bahnfahrt ist 340 Kilometer lang und dabei geht es über rund 300 Brücken. Macht fast eine Brücke pro Kilometer, das ist rekordverdächtig!

Wer am frühen Morgen noch nicht ausgeschlafen hat, darf nach der Abfahrt noch etwa eineinhalb Stunden dösen. Die neuen, in Neuseeland gebauten Aussichtswagen verfüh-

Zwischen Meer und schneegekrönten Bergen, die Bahnreisenden sind sich einig:
eine der schönsten und abwechslungsreichsten Strecken der Welt

ren angesichts der wenig abwechslungsreichen Landschaft auf diesem Streckenabschnitt fast dazu. Sie sind breit und sehr komfortabel und entsprechen allesamt dem internationalen Erste-Klasse-Standard. Eine Zweite Klasse gibt es im Zug eh nicht und Schlafwagenzüge übrigens auch nicht. Die Fernzüge in Neuseeland fahren nur am Tag.

Wenn endlich **Hawkswood** erreicht ist, muss man sich wegen der Erinnerungsfotos einen Fensterplatz gesichert haben, es sei denn, man nutzt den oft eingesetzten offenen Fotografenwagen am Schluss des Zuges, in dem auf Fenster mit ihrem spiegelnden Glas verzichtet wurde. Hier nun beginnt die Fahrt direkt am Meer entlang. Das ist der Streckenteil, dessentwegen diese Bahnreise gebucht wird. Viel Platz hat die Bahn entlang des Pazifiks nicht. Die Bautrupps des 19. Jahrhunderts mussten für die Schienen mit viel Dynamit eine Trasse in die Felsenflanken oberhalb des Meeres sprengen, die mancherorts noch erweitert werden mussten. Auch für die Autostraße gab es keinen anderen Weg als hier entlang des Wassers.

Mit „In **Kaikoura** kommt alles zusammen, Berge, Meer und Wildlife" wirbt diese neuseeländische Ferienstadt für sich. Mit „Wildlife" sind Wale gemeint, die im Pazifik an der Küste vorbeiziehen. Hier steigt direkt am Strand eine Reihe von Mitreisenden aus. Der Zug aus Christchurch kommt um 9.54 Uhr an und der Gegenzug fährt um 15.48 Uhr ab. Das reicht für das „Whalewatching", zumal es zu den Booten nur ein paar Schritte sind. Zug plus Wale werden als Tagesausflug angeboten. Aber auch hinter Kaikoura kann von der Bahn aus „Wildlife" erlebt werden. Nicht die vielen Surfer, die die am rollenden Riesenwellen nutzen, interessieren die Bahnreisenden, sondern die Seehunde, die sich zahlreich auf den Felsen unterhalb der Bahntrasse sonnen. Sie lassen sich von den Zügen nicht stören, beachten sie nicht einmal.

Aber auch der Blick in die Gegenrichtung lohnt sich. Die sehr steil aufsteigenden Berge des küstennahen Gebirges sind die **Seaward Kaikoura Range**. Sir Edmund Percival Hillary, Ex-Navigator der New Zealand Royal Airforce und professioneller Imker, nutzte einige ihrer Flanken, um für seine Mount-Everest-Besteigung zu trainieren. Die Erinnerung an die Bezwingung des höchsten Berges der Welt macht die Neuseeländer bis heute stolz.

Wenn es später bei Blenheim durch riesige **Weinanbaugebiete** geht, eigentlich sind es flache Weinfelder, packen die ersten Passagiere ihre Sachen zusammen. Jetzt dauert es noch knapp eine halbe Stunde, bis Picton, die Endstation des Coastal Pacific, erreicht ist. Das Ende einer gut fünfstündigen Fahrt. Man könnte schon um 13.00 Uhr zurückfahren, viele aber folgen den gelben Zeichen auf dem Bürgersteig vor dem Bahnhof. Sie weisen den Weg zu den Fähren hinüber nach **Wellington** auf der Nordinsel. Ein Taxi ist nicht nötig. Zum Wasser ist es in Picton nicht weit.

Strecke: Christchurch–Picton rund 340 Kilometer
Information: Der Zug fährt täglich einmal in jede Richtung. Die Fahrt dauert ca. fünf Stunden. Infos zum neuseeländischen **Bahnpass** s. S. 195 (Christchurch nach Gerymouth), www.kiwirailscenic.co.nz. **Weiterreise nach Wellington:** Ab Picton fahren verschiedene Fährgesellschaften mehrmals täglich nach Wellington, die Interisland Line (www.interislandline.co.nz) stimmt den Fahrplan mit dem Zug ab. Auch die Bluebridge Strait Cook Ferry (www.bluebridge.co.nz) bietet die rund 90 Kilometer lange Fährüberfahrt über den Cook Strait an.

INFO

82 Von Auckland nach Wellington: der Northern Explorer fährt einmal über die gesamte Nordinsel

Die Reisebüro-Experten wissen es nicht besser. Für Neuseeland empfehlen sie Mietwagen, wenn nicht gleich Wohnmobile. Dabei kommt man hier mit Bus und Bahn gut durchs Land und sieht vor allem mehr, denn so manche Bahn fährt dort, wo Autos nie hinkommen. Zu Recht werden neuseeländische Bahnstrecken zu den schönsten der Welt gezählt.

Die Bahnfahrt mit dem Northern Explorer von Auckland nach Wellington beginnt genau um 7.50 Uhr am Morgen, das aber zurzeit nur montags, donnerstags und samstags. Dienstags, freitags und sonntags fährt der Zug zurück. Wer mitfahren will, sollte spätestens 30 Minuten vor Abfahrt am Bahnsteig der KiwiRail – so heißt die Passagierbahn von Neuseeland – im **Britomart Transport Center** stehen. Britomart ist schon ein erster Höhepunkt der Reise. Die Bahn fährt hier unterirdisch, das einstige Kellergeschoss des historischen Hauptpostamts von Auckland wurde zum modernen Hauptbahnhof umgebaut. Britomart ist eines von den Gebäuden, mit denen die Neuseeländer im Britischen Empire auf sich aufmerksam machen wollten. Hier wurde nicht gespart. Hohe Rundbogen und eine Fassade mit aufgesetzten Säulen sollten die Auckland-Besucher beeindrucken. Britomart blieb ein Vorzeigeobjekt. Als um das Jahr 2000 herum die Altstadt von Auckland für diesen Bahnhof unterhöhlt wurde, konnten die Architekten aus dem Vollen schöpfen. Die Lichtführung über in die Decke über den Gleisen eingelassene Kuppeln ist einzigartig. Deshalb gehört der 2003 eröffnete Bahnhofskomplex auch zu den Sehenswürdigkeiten der Stadt, wie der 12 Minuten entfernte Sky Tower oder der Fähr- und Passagierschiffhafen, der nur ein paar Schritte von Britomart entfernt ist.

Der Northern Explorer, der früher passend „Overlander" hieß, weil er 681 Kilometer „über Land" von Norden nach Süden durch die neuseeländische Nordinsel fährt, durchquert zuerst grüne, fruchtbare Landschaften. Danach beginnt die Bergstrecke. Man könnte in Otorohanga – drei Bahnstunden südlich von Auckland – einen Zwischenstopp einlegen, um die berühmten orangefarbenen „Untergrundwunder" von **Waitomo**, das System der Glühwürmchen-Tropfsteinhöhlen („Glowworm Caves") zu besuchen. Doch das empfiehlt sich nicht, der nächste Zug nach Süden kommt erst am übernächsten Tag oder noch einen Tag später.

Gut zwei Stunden hinter Otorohanga sitzen Eisenbahnfans mit der Kamera in der Hand in Hab-Acht-Stellung an den Fenstern des Explorers. Die Seite des Wagens spielt keine große Rolle, denn hinter Raurimu muss der Zug auf sechs Kilometern 221 Meter an Höhe gewinnen. Man sieht von beiden Seiten des Zuges die gleiche Landschaft. Damit die einst schwachen Loks aus dem Jahre 1898, als diese Strecke gebaut wurde, den Bergaufstieg schaffen konnten, erfanden Bahningenieure die **„Raurimu Spiral"** – ein Name, der die Streckenführung aber nur unzureichend beschreibt. Hier am Rande des Tongariro-Nationalparks fahren die Züge zuerst einmal über eine ausgedehnte Schleife zurück in die Richtung, aus der sie kommen, um dann in weitem Bogen auf der Spirale an Höhe zu gewinnen. Die nächste Attraktion entlang der Strecke ist der stets schneegekrönte **Mount Ruapehu**, 2.797 Meter hoch, einer der drei aktiven Vulkane des Na-

Der Northern Explorer vor dem stets schneegekrönten Mt. Ruapehu

tionalparks. Obwohl der Northern Explorer hier nicht besonders schnell fährt, bleibt oft viel zu wenig Zeit, um die Schluchten tief unter dem Zug zu fotografieren.

Nach Palmerstone North – der Zusatz „North" ist wichtig, es gibt im Süden Neuseelands noch ein Palmerstone – fährt der Northern Express zur Kapiti-Küste an der Tasmansee hinunter und entlang der See nach Wellington.

Im Zug wird auf ein Gebäude aufmerksam gemacht, das aus der Entfernung wie ein Bienenkorb aussieht und deshalb auch allgemein „**Beehive**" genannt wird: Hier in Wellington tagt das neuseeländische Parlament. Um 18.25 Uhr läuft der Northern Explorer in der „Wellington Railway Station" ein. Auch hier wurde geklotzt: Der Bahnhof ist 105,5 Meter lang und 23,5 Meter breit. Mit seinen acht dorischen Säulen wirkt er fast wie ein griechischer Tempel. Der im Jahre 1930 fertiggestellte Bau gilt aber aus anderen Gründen als beispielhaft. Er ist das erste Gebäude Neuseelands, das so konstruiert wurde, dass es Erdbeben übersteht. Neuseeland ist stets erdbebengefährdet.

Strecke: Auckland–Wellington 681 Kilometer
Information: Die spektakuläre Fahrt dauert rund 10 Stunden, der reguläre Preis ist ca. 120 € (189 NZ$). Infos zum neuseeländischen **Bahnpass** und Sparmöglichkeiten s. S. 195 (Christchurch nach Gerymouth), www.kiwirailscenic.co.nz.
Weiterfahrt nach Picton: Der Bahnhof von Wellington ist nur einen Katzensprung vom Fähren-Terminal entfernt, von dem aus zwei Fährgesellschaften nach Picton, dem Fährhafen an der Nordspitze der Südinsel, fahren (s. S. 196). Für die 92 Kilometer lange Fährschiffreise muss man 3 Stunden rechnen. Die späten Abfahrten oder Fahrten bei Nacht sind nicht zu empfehlen, man würde nichts von den vielen Picton vorgelagerten Inseln und Inselchen sehen, die das Schiff passiert. Das wäre schade!

INFO

Afrika

Im Wassernebel der Victoria Falls:
der Rovos Rail zwischen Zimbabwe und Zambia

83 Rote Felsen, ganz nah: mit dem Lézard Rouge durch das tunesische Atlasgebirge

In Tunesien werden Touristen meist in Busse oder auf Kamele gesetzt, in den Zügen der Société Nationale des Chemins de Fer Tunisiens (SNCFT) sind die Einheimischen aber meist unter sich. Dabei sind Bahnreisen in dem nordafrikanischen Land eine recht unkomplizierte Angelegenheit. Die früheren französischen Machthaber und diverse Bergwerksgesellschaften haben im Land ein **beachtliches Eisenbahnnetz** hinterlassen. Und beim Blick auf die Schienen weiß man dabei, wo in Tunesien man sich befindet: In den nördlichen Landesteilen entlang des Mittelmeers sind die SNCFT-Züge auf Normalspurgleisen unterwegs, im südlichen Landesinneren liegen Meterspurgleise. An einigen Bahnhöfen, und in Tunis sowieso, liegen beide Spuren nebeneinander.

Die tunesischen Züge fahren in gemächlichem Tempo und sind entsprechend lange unterwegs. Für die etwa 450 Kilometer von Tunis in die **Oasenstadt Tozeur** am Rande des überkrusteten Salzsees Chott el Djerid braucht der Zug 8,5 Stunden. Die 150 Kilometer nach Sousse, südöstlich von Tunis am Mittelmeer gelegen, schafft eine moderne Variante in 1,5 Stunden bei Tempo 100.

Das **Eisenbahnmekka** für Touristen aber ist weit im Süden des Landes zu finden: Métlaoui. Um hierher zu kommen, geht es über Tozeur. Der Ort, am Rande des Tell-Atlas-Gebirges gelegen, ist recht trostlos. Wichtig ist Métlaoui vor allem, weil es hier in Tunesien gewaltige Phosphatvorkommen gibt und das Land ein bedeutender Lieferant für diesen Grundstoff der chemischen Industrie ist, der für die Waschmittelproduktion ebenso gebraucht wird wie für Dünger oder Rostschutzfarben. Der Bahnhof von Métlaoui scheint gar nicht in diese staubige Gegend zu passen. Er ist strahlend weiß-hellblau angestrichen und Ziel vieler Menschen, die sonst nur selten Bahn fahren.

Genau hier fährt der Lézard Rouge ab. Die geschichtsträchtige „**Rote Eidechse**", die sich auf ihrer Fahrt eng um jeden Felsen herumschlängelt, schmückt sich mit dem Logo der tunesischen Staatsbahn. Der ehemalige Luxuszug war 1910 das Geschenk Frankreichs

an den Herrscher, den sogenannten „Bey", von Tunis und bis 1945 dessen Privatzug.

Der von Grund auf restaurierte Zug besteht aus sechs unterschiedlich ausgestatteten Waggons, gezogen von einer schweren Diesellok der SNCFT. Der Lézard Rouge ist ein Touristenzug und fährt drei Mal pro Woche (s. Info) durch die „Gorges de Selja" – die Selja-Schlucht – hinauf nach Redeyef, eine Phosphatminenstadt. Der Zug des früheren Herrschers

Die „Rote Eidechse"
kurz vor der Abfahrt

von Tunesien ist so gediegen ausgestattet, dass er gern als „**Orientexpress Tunesiens**" bezeichnet wird.

Zu den Abfahrtszeiten füllt sich der Bahnhof von Métlaou: Reisebusse und Kamele „fahren" vor. Die Touristen laufen kreuz und quer über das Gelände, die Gleise und Bahnsteige und zwischen abgestellten Güterwaggons hindurch zur „Eidechse". Sie steht schon da, wird von außen und innen bestaunt. Die Passagiere begeistern sich für die **üppige Ausstattung**, blankgeputztes Messing und Kupfer hier und schwere Ledersessel dort, und den holzgetäfelten Barwagen. In anderen Waggons sitzt man auf einfachen Holzbänken, das reichte wohl für die Bediensteten des Beys. Im letzten Wagen will jeder die Aussichtskanzel mit dem erhöhten Sitz für den Bremser sehen. Früher war das der aktuelle Stand der Technik: Auf einen Pfiff der Lokomotive hin mussten die Bremsen in den Wagen per Hand zugedreht werden.

Genau 16 Kilometer beträgt die Strecke dieser schmalen Bahnlinie. An den schmalsten **Felsdurchfahrten** kann man die Wände links und rechts berühren, so eng ist der für den Zug ins Gebirge gesprengte Hohlweg. Der Lézard Rouge fährt an den schönsten Stellen noch langsamer als sonst, und es gibt viel zu sehen: Flusstäler mit letzten Wasserresten und fast senkrecht aufsteigende Felsen in einem Farbspektrum von Beige über Braun bis Rot.

Zwei Stopps gibt an der Strecke: Einmal über einer tiefen Schlucht unterhalb der Bahn. „Vorsicht, hier kann man abstürzen", wird gewarnt. Die Passagiere geben sich furchtlos, schwärmen aus und fotografieren den Zug vor der schönen Landschaftskulisse. Und dann hält der Zug noch einmal, unmittelbar vor einem Tunnel. Auch jetzt wieder steigen alle aus. Zug, Berg, Tunnel, rote Felsen – solche Bilder will man als Eisenbahn-Fan mit nach Hause nehmen! Der nächste Halt ist schon die Endstation. Die „Eidechse" fährt nun zurück. Jetzt können Schluchten, Brücken und Tunnel aus der Gegenrichtung angeschaut werden.

Die beste Reisezeit

Der Sommer in der Wüste Tunesiens kann sehr heiß werden. Deshalb wird für angenehme Bahnfahrten der **Frühling** empfohlen. Dann sind die Pflanzen, die in der Wüste wachsen, noch nicht verdorrt und die Schlucht beim ersten Halt des Lézard Rouge ist, so weit man blicken kann, mit weißen und violetten Blumen übersät.

Der Bahnhof von Métlaoui

Strecke: 16 Kilometer von Métlaoui nach Redeyef
Information: Allgemeine Informationen zur tunesischen Staatsbahn unter www.sncft.com.tn.
Eine Fahrt mit dem Lézard Rouge dauert 1:45 Std. Abfahrten dienstags um 10 Uhr, freitags und sonntags um 10.30 Uhr. Sonderfahrten von Ende Dezember bis Anfang Januar. Erw. ca. 9,50 €, Kinder 2–12 J. ca. 6 €. Ermäßigte Gruppenpreise ab 25 Personen. Der Zug kann auch privat gemietet werden. www.lezard-rouge.com.

INFO

84 Durch die namibische Wüste: mit dem Desert Express von Windhoek nach Swakopmund

Die Anfänge der namibischen Bahn gehen auf die deutsche Kolonialherrschaft (1894–1915) zurück. Die erste Strecke war eher kurz: ca. 20 Kilometer bei Cape Cross, um die riesigen Guano-Vorkommen für die Damaraland Guano Company transportieren zu können. Die Arbeiten an der „Staatsbahn" (state railway) von Windhoek nach Swakopmund wurden 1897 in Angriff genommen. Grund war unter anderem, dass ein Ausbruch der Rinderpest das bisherige Fortbewegungsmittel der Wahl, den Ochsenkarren, lahmgelegt hatte. 1902 wurde die Strecke mit einer (später erweiterten) Spurbreite von 60 cm eingeweiht. Damit reduzierte sich die Reisezeit von mindestens 10 Tagen mit dem Ochsenwagen auf nur noch drei Tage. Der damalige deutsche Einfluss ist weder bei Abfahrt in Windhoek mit seinem im wilhelminischen Stil errichteten Bahnhof noch bei der Ankunft im stark durch koloniale Architektur geprägten Swakopmund zu übersehen. Die Spurbreite der Bahn selber wurde allerdings später an die südafrikanische Norm angepasst.

Für Eisenbahnfans

Das **Transnamib Museum** liegt in Windhoek über dem Bahnhof in der Bahnhofstraße, westlich der Independence Avenue. Das 1912 errichtete Gebäude wurde später erweitert. Die wilhelminischen und jugendstilähnlichen Bauelemente machen den Reiz des noch immer im Betrieb befindlichen Bahnhofs aus. Vor dem Eingang steht „Old Joe", eine **Schmalspurlokomotive** aus der „guten, alten Zeit". Ein Schild am Eingang des Gebäudes vermerkt die Höhenlage: „1632 metres above sea level." Im 1. Stock des Gebäudes lockt das 1993 eröffnete interessante Museum Eisenbahnfans an. Die Exponate (Eisenbahnteile, Landkarten etc.) stammen aus der deutschen Kolonialzeit bis zur südafrikanischen Administrationszeit.

Auf einer Sonderzugreise mit dem Desert Express geht es zwar auch nicht schneller, aber luxuriöser voran

Namibia ist kein klassisches Eisenbahn-Land. Das Schienennetz des südwestafrikanischen Staates ist mit seinen 2.382 Kilometern für den touristisch orientierten Personenverkehr kaum geeignet. Der Passagier- und Frachtverkehr wird von **TransNamib** organisiert, die Sektion für Passagiere nennt sich „Star Line". Die Züge fahren extrem langsam. Für die ca. 380 Kilometer lange Strecke von Windhoek nach Swakopmund über Okahandja, Karibib, Usakos und Arandis braucht der Zug geschlagene neun Stunden (mit dem Bus sind es ca. 4,5 Stunden). Dazu kommt: der Zug fährt nur nachts, man sieht also nichts! Und schlafen kann man in den relativ lauten und unbequemen Wagen auch nicht richtig. Es gibt Business und Economy Class, die Sitze ähneln denen im Flugzeug. Außer einem Automaten gibt es keinen Speisewagen an Bord, Essen und Getränke sollte man sich besser selbst mitnehmen. Nur auf der Strecke nach Keetmanshoop wird gelegentlich ein einfacher Schlafwagen eingesetzt. Immerhin: die Wagen sind klimatisiert. Man muss also schon ein echter Eisenbahn-Fan sein, um dieses Land mit dem Zug erfahren zu wollen, und auch dann muss man gelegentlich auf den Bus umsteigen. Per Bahn lassen sich nur wenige große Orte erreichen – bzw. in Namibia gibt es überhaupt nur wenige

„große" Orte. Wenn man aber genügend Zeit mitbringt, kann das Bahnfahren durchaus ein Erlebnis sein und Kontakte zu anderen Reisenden erleichtern.

Anders sieht das aus mit dem **Desert Express**. Der ist zwar nicht unbedingt schneller unterwegs, aber deutlich komfortabler. Der Zug ist als 5-Sterne-Verbindung klassifiziert, bietet 24 große, klimatisierte Abteile, verfügt über Bistro, Bar und Speisewagen. Die Schlafwagenabteile haben jeweils zwei Betten und ein eigenes Bad mit Dusche und Toilette. Der Zug verkehrt zwischen Windhoek und Swakopmund. Abfahrt ist je nach Saison um

Die Station von Okahandja um 1903

11.30 oder 12.30 Uhr. Am Nachmittag des ersten Tages wird ein Stopp für eine Fotosafari eingelegt. Abendessen gibt es im Zug, später wird zur Nachtruhe angehalten – dann können die Gäste besser schlafen.

Früh am Morgen nimmt der Desert Express wieder Fahrt auf in Richtung Küste. Nach dem Frühstück wird eine Dünenexkursion angeboten, etwa um 10 Uhr wird der Bahnhof von Swakopmund erreicht. An einigen Terminen im Jahr kann man bis in den **Etosha National Park** fahren. Stationen sind Okahandja, Walvis Bay, Swakopmund, Otjiwarongo, Etosha. Teile der Strecke werden mit dem Bus zurückgelegt. Während der Etosha-Safaris fällt der Zug auf der Strecke Windhoek–Swakopmund aus, da es ihn nur einmal gibt. Den Desert Express kann man direkt bei TransNamib buchen, er kann (und wird auch häufig) von Reiseveranstaltern gechartert. Dann muss man bei diesen buchen, um mitfahren zu können.

85 Auf Gandhis Spuren: mit Shosholoza Meyl von Durban nach Johannesburg

1860 kam Südafrikas erste Lok per Schiff in Kapstadt an. 1892 wurde die Strecke von Harbour Point nach Durban eröffnet, diese war allerdings nur wenige Kilometer lang. 1910 erreichte der erste aus Kapstadt kommende Zug Johannesburg. Die Schienen wurden noch weiter Richtung Norden, das damalige Rhodesien und Zambia verlegt – doch Cecil Rhodes' großer Traum einer durchgehenden Verbindung vom „Cape to Cairo" wurde nicht verwirklicht.

Heute sind Südafrikas Städte durch ein **gutes Eisenbahnnetz** verbunden, z.T. gibt es auch auf Nebenstrecken gute Verbindungen. Da viele Strecken so lang sind, dass eine Nachtfahrt unabdingbar ist, ist der Schlafwagenpreis bereits im regulären Fahrpreis eingeschlossen, allerdings muss zusätzlich noch eine Platzkarte gekauft werden (kann bei der Reservierung oder erst beim Zugschaffner erfolgen). Die Züge sind in der Regel langsamer als Busse und etwas teurer, doch mag man vielleicht den Genuss einer Zugreise mit Bett und Restaurant nicht missen. Wer also lieber mit dem Zug fährt, sollte rechtzeitig buchen, besonders Plätze in der ersten und zweiten Klasse.

Alle Intercity-Züge gehören zu Shosholoza Meyl. **Shosholoza** ist ursprünglich der Name eines afrikanischen Liedes, das vor allem von Minenarbeitern aus Zimbabwe gesungen worden sein soll, die sich in Südafrikas Goldminen verdingten. Das Wort selber hat keine Bedeutung, sondern soll das Geräusch der Räder des Zuges nachempfinden, wenn die Arbeiter sich auf den Weg in ihre Heimat Zimbabwe (damals Rhodesien) machten.

Das Lied wurde von zahlreichen Sängern aufgenommen, auch außerhalb Südafrikas, u.a. von Peter Gabriel und Helmut Lotti. Landesweite Verbreitung erfuhr es 1995 durch das

Fernsehen, als Südafrikas Rugbymannschaft den historischen Sieg über Neuseeland errang und damit Weltmeister wurde. „Meyl" leitet sich von dem Wort „imeyili" ab, das früher einen Fernzug beschrieb.

Die Züge sind in verschiedene Klassen eingeteilt: Economy (1. Klasse), Premier (2. Klasse) und Tourist. Die Economy-Wagen verfügen über 2er- bis 4er-Abteile, die **Premier-Wagen** über 3er- bis 6er-Abteile. Auf den Langstrecken führen die Züge gewöhnlich einen Speisewagen mit. Eines können sich die Betreiber nicht vorwerfen lassen: Farblosigkeit. Lila-gelb-türkis sind die Züge von außen bemalt, die Sitze innen sind ebenfalls lila.

Der Bahnhof in Durban ist groß und verhältnismäßig modern, er wurde für die WM 2010 komplett neu gestaltet. Innen ist eine alte Dampflok ausgestellt, eine der ersten des Landes.

Die Statue Mahatma Gandhis in Pietermaritzburg (Church Street) erinnert an seine Bedeutung, auch für die Südafrikaner

Erste Station nach der Abfahrt in Durban ist Pietermaritzburg. Der Bahnhof hat, wenn auch auf unrühmliche Weise, Geschichte geschrieben: Am 7. Juni 1893 wurde an dieser Station ein aus Durban kommender, junger indischer Anwalt nachts aus dem Zug geworfen. Er hatte sich geweigert, die 1. Klasse zu verlassen, für die er ein gültiges Ticket besaß. Diese war aber nur für Weiße vorgesehen. Der Name: **Mahatma Gandhi**. Heute erinnert ein Gedenkstein im Bahnhof an die Stelle, wo er auf einer Bank die ganze Nacht warten musste. Eingraviert sind die Worte „*This incident changed the course of his life. He took up the fight against racial oppression. His active non-violence started from that date*".

Etwa auf halber Strecke bis zur nächsten Station (Ladysmith) fährt der Zug an Estcourt vorbei. Der Ort hatte im Krieg zwischen Buren und Engländern (1899–1902) eine wichtige strategische Bedeutung, nachdem das nahegelegene Ladysmith in die Hände der Buren gefallen war. Am 15. November 1899 wurde hier ein Zug der Briten von den Buren angegriffen – mit an Bord: der damalige Kriegskorrespondent **Winston Churchill**. Er wurde gefangen genommen und kehrte erst später wieder zu seinen Truppen zurück.

Der Bahnhof von Johannesburg nahe dem Central Business District

Weiter geht es über Newcastle und Germiston, einem östlichen Vorort Johannesburgs, bis zur **Johannesburger Park Station**. Bis Pretoria fährt der Zug leider nicht mehr, dazu kann man hier in den **Gautrain** steigen. Der seit 2010 verkehrende Schnellzug zwischen Johannesburg und Tshwane (Pretoria) fährt ca. 35 Minuten und verbindet die Städte auch mit dem O. R. Tambo International Airport und den wichtigen Touristenzentren im Norden Johannesburgs (www.gautrain.co.za).

Strecke: Durban–Johannesburg ca. 570 Kilometer
Information: Die Strecke Durban–Pietermaritzburg (und in der Gegenrichtung) wird Mo, Mi, Fr und So bedient. Abfahrt ist um 19.15 in Durban, Ankunft um 7.45 am nächsten Morgen in Johannesburg. Im Sleeper kostet die Fahrt ca. 290 Rand (ca. 29 €), sonst 130 Rand (ca. 13 €). Zudem gibt es u.a. Verbindungen nach Kapstadt, Port Elizabeth.
Infos, Fahrpläne, Preise unter www.shosholozameyl.co.za, www.southafricanrailways.co.za.

INFO

86 Nostalgischen Luxus genießen: mit dem Rovos Rail durch das südliche Afrika

„Der Stolz Afrikas" – so bezeichnet Rovos Rail sein exklusives nostalgisches Zugerlebnis, das die **Eleganz vergangener Tage** wieder auferstehen lässt. Die gemächliche Fahrt durch wunderschöne Landschaften lässt das Herz eines jeden Eisenbahn-Freundes höher schlagen. Mit einer Original-Dampflok wird der Zug nur noch auf kurzen Strecken betrieben, das gebietet heute der Umweltschutz.

Seit über 20 Jahren reist der Gründer und Ideengeber von Rovos Rail, Rohan Vos, durch die Lande, um alte stillgelegte Loks und Waggons für seinen Zug zu kaufen und zu restaurieren. Jede der derzeit sieben Loks hat ihre eigene Geschichte und trägt den Namen eines seiner Familienmitglieder. Seine ersten vier restaurierten Lokomotiven hat er nach seinen Kindern benannt – Brenda, Bianca, Tiffany und Shaun.

Diese einzigartigen Safari-Reisen durch das Herz Afrikas kombinieren einige der schönsten Landschaften mit dem Glanz und Abenteuer des Zugreisens der Goldenen Ära. Die mit Liebe restaurierten, **holzvertäfelten Waggons** aus den 1930er-Jahren bieten Unterkünfte von höchstem modernem Standard. Aufmerksames Personal verwöhnt die Gäste königlich, während am Fenster die unvergleichliche Landschaft Südafrikas vorbeizieht.

Unterwegs bei Oudtshoorn

Der vollverglaste „Observation"-Waggon mit offenem Balkon am Ende des Zuges ermöglicht einen besonders guten Rundblick. Im wunderschön restaurierten und klimatisierten Restaurantwagen genießt man in nostalgischer Atmosphäre hervorragende Speisen und köstliche Weine.

Der Inbegriff von Luxus ist die **Royal Suite**, mit 16 m² eine der größten Suiten in einem Zug weltweit. Sie ist mit edlem Mahagoni vertäfelt und mit edwardianischem Dekor ausgestattet. Die Suite verfügt über eine private Lounge und ein viktorianisches Bad inklusive Wanne und Dusche.

In den insgesamt sieben Personenwaggons findet eine überschaubare Zahl von Gästen Platz. Auf der ca. 1.600 Kilometer langen Strecke **von Pretoria nach Kapstadt** folgt der Luxuszug einem alten Pionierweg durch das afrikanische „Bushveld" und fährt durch

wunderschöne Weinanbaugebiete. Höhepunkte der Reise sind der Besuch der Diamantenstadt Kimberley sowie des historischen Matjiesfontein in der ariden Karoo. Ferner fährt Rovos Rail von Pretoria zu den Victoriafällen (3 Tage), von Pretoria nach Durban (3 Tage) und bietet neben Golf-Safaris auch eine Zugfahrt durch die namibische Wüste nach Swakopmund (9 Tage) an.

Weiterhin wird eine **14-tägige Reise bis Daressalam** in Tansania von Kapstadt über Botswana, Zimbabwe und Zambia angeboten. Vorbei an der Diamantenstadt Kimberley und der Hauptstadt Pretoria wird ein zweitägiger Stopp im Madikwe

So wird man in einer De-Luxe-Suite gebettet

Game Reserve eingelegt, bevor es weitergeht zu dem faszinierenden Naturschauspiel der Victoriafälle. Über den Zambezi und hinein nach Zambia klettert der Zug bis an die tansanische Grenze, um dann durch spektakuläre Landschaften hinunter ins Rift Valley zu fahren. Vorbei am größten Wildpark Afrikas, dem Selous Game Reserve, findet das bequeme Leben an Bord des Luxuszuges in Daressalam sein Ende.

Das Highlight im Jahr 2014 wird eine Reise von Kapstadt nach Kairo sein. Alle zwei Jahre bietet Rovos Rail dieses vom „Kap-Kairo-Eisenbahnplan" inspirierte 28-tägige Abenteuer an, das allerdings ab Victoria Falls als „Air-Safari" durchgeführt wird.

Strecken: Auf der Reise von Kapstadt nach Daressalam werden rund 5.750 Kilometer zurückgelegt. Die beliebte Strecke von Pretoria nach Kapstadt ist „nur" etwa 1.600 Kilometer lang.
Information: Alle Reisen haben festgelegte Termine, Sonderfahrten wie die nach Daressalam und Swakopmund finden nur einmal im Jahr statt. Die Fahrt Pretoria–Kapstadt dauert 3 Tage und kostet ab ca. 1.200 € p.P. in den einfacheren Pullman Suites. www.rovos.com. Der Rovos Rail ist auch über deutsche Reiseveranstalter buchbar, z.B. unter www.afrika.de.

INFO

87 Ein Traum in Blau und Gold: der Blue Train von Pretoria nach Kapstadt

Sowohl Pretoria – heute offiziell „Tshwane" – in der nördlich gelegenen Provinz Gauteng als auch Kapstadt am Westkap sind **bedeutende Städte Südafrikas**. Die eine ist der Hauptsitz des Parlaments, die andere ist die nationale „Mutterstadt", von der aus das Land besiedelt wurde. Ein Eindruck Pretorias ist vor allem im Oktober von tausenden blau-lila blühenden Jacaranda-Bäumen bestimmt, Kapstadt fasziniert das ganze Jahr über mit seiner Tafelberg-Kulisse. Zwischen diesen beiden besonderen Städten liegt eine Schienenverbindung, die sicherlich die beliebteste Südafrikas ist, weil sie einmal quer durch diese bunte Nation mit ihren vielschichtigen Landschaften führt. Neben dem Rovos Rail (s. S. 208) fährt noch eine weitere „Legende auf Schienen" diese Strecke: der Blue Train.

Der **Luxuszug** fährt diese Verbindung seit Anfang der 1920er-Jahre, zu Beginn mit Startpunkt Johannesburg und unter dem Namen „Union Limited". Er wurde eingerichtet, um Passagiere – meist wohlhabend und in der Minenindustrie um die „City of Gold" tätig – zu den Schiffen nach Großbritannien zu bringen, die in Kapstadt abfuhren. Überhaupt ging es sehr britisch zu: Eine Tasse Tee wurde zusammen mit einem Snack gern in

den gemütlichen Sesseln des Lounge Car eingenommen – und das hat sich bis heute nicht geändert. Früh wurden die Waggons – der wohlhabenden Klientel entsprechend – auch mit Annehmlichkeiten wie einer Klimaanlage ausgestattet.

Ende der 1990er-Jahre wurde der Blue Train das letzte Mal komplett renoviert. Seitdem strahlen das äußerliche Blau seiner Waggons, das man vor dem Einsteigen im Bahnhof von Pretoria bereits von Weitem schimmern sieht, und die goldenen Details in seinem Inneren noch heller. Korrekterweise handelt es sich allerdings um **zwei Züge**, die unter diesem Namen

Gemütlich zur Tea Time oder bei einem abendlichen Drink

verkehren. Beide sind 336 Meter lang, wiegen über 800 Tonnen und werden heute von Dieselloks gezogen. Für 74 bzw. 58 Gäste stehen Suiten in zwei Kategorien (s. Info) zur Verfügung. Essen und Service sind exzellent und der Zug fährt mit höchstens 90 km/h sehr gemächlich, sodass man die Landschaft genießen kann. Immerhin wird der Zug mit dem Satz „A window to the soul of South Africa" beworben, und tatsächlich gibt es auf der Fahrt viel zu sehen:

Wie die ersten Gäste des Union Limited können auch die heutigen Reisenden nach der Abfahrt in Pretoria die rund um Johannesburg liegenden, leuchtend gelben Abraumhalden der Minen, die sogenannten „dumps", sehen. Vorbei geht es an der Stadt Potchefstroom, die am fruchtbaren Ufer des Mooi River liegt und am Bloemhof Dam, der sich unterhalb des Zusammenflusses von Vet und Vaal River bildet. Dann stoppt der blaue Zug: Kimberley ist erreicht, die **Stadt der Diamanten**. Auf diesem einzigen Halt steht

Kapstadt vom Tafelberg aus

eine Exkursion zum „Big Hole", dem größten von Menschenhand geschaffenen Loch der Erde, an. Der 460 Meter breite Krater legt Zeugnis ab vom Diamantenfieber der 1880er-Jahre. Darüber informiert ein angeschlossenes Museum.

Weiter geht's, es sind noch rund 1.000 Streckenkilometer bis Kapstadt. Nach dem vorzüglichen Abendessen und einem Drink ziehen sich die Reisenden in ihre Suiten zurück. Und nur, wer aufgrund der aufregenden Reise nicht schlafen kann, sieht die glitzernden Sterne über der Halbwüste Karoo. Am Morgen dann, zur besten Frühstückszeit, sind bereits die **Wein- und Obstanbaugebiete** des Western Cape erreicht. Über Worcester und Wellington geht es in Richtung Kapstadt. Zur Mittagsstunde ist die Stadt nahe dem Kap der Guten Hoffnung erreicht – genau zur richtigen Zeit, um an der belebten Victoria & Alfred Waterfront ein spätes Mittagessen einzunehmen.

Strecke: 1.600 Kilometer von Pretoria nach Kapstadt.
Information: Die ca. 27-stündige Fahrt Pretoria–Kapstadt – oder umgekehrt – kostet 2014 in der Kategorie De Luxe ab 1.100 € p.P./Doppelkabine, in der Kategorie Luxury ab 1.200 € p.P./Doppelkabine, beides inkl. Verpflegung und Ausflug (Kimberley bzw. Matjiesfontein auf umgekehrter Strecke). 3–5 Abfahrten im Monat (montags, mittwochs und freitags). Dadurch, dass der Blue Train um ca. 8.30 Uhr losfährt und am nächsten Tag um 12–12.30 Uhr ankommt, durchfährt man landschaftlich interessante Abschnitte in beiden Richtungen leider im Dunkeln.
Es werden weitere Routen angeboten, u.a. von **Pretoria nach Durban**. Bei diesem Arrangement verbringen die Gäste zwei Nächte im Blue Train und zwei Nächte in einer Lodge vor Ort, an die ein Golfplatz angeschlossen ist. www.bluetrain.co.za.

INFO

88 Tausendfüßer auf alten Schienen: im Shongololo von Johannesburg nach Livingstone zu den Victoriafällen

Die Leistungen englischer **Eisenbahnbauer des 19. Jahrhunderts** in Afrika waren herausragend. Die sehr belastbaren Trassen von damals halten bis heute. Das Eisenbahnnetz wurde allerdings keineswegs aus Liebe zu Afrika und seinen Menschen gebaut, die britische Kolonialmacht brauchte es für den Transport von Kohle, Erz, Kupfer sowie – in gepanzerten Wagen – Diamanten und Gold. Vieh und Agrarprodukte in Massen kamen bald hinzu. In den Personenzügen reisten Farmer, Kolonialbeamte, Minenarbeiter und auch immer wieder Soldaten tagelang von einer Station zur anderen. Statt wie zuvor mit gefährlichen Expeditionen ins Innere des Kontinents vorzudringen, reiste man im jungen Eisenbahnzeitalter bequem per Zug. Weil im afrikanischen Südosten ohnehin alles britisch war, endeten die Gleise auch nicht an Landesgrenzen, was sich auch heute noch als Vorzug erweist: Immer noch sind lange grenzüberschreitende Bahnreisen in Afrika möglich.

Die ersten Eisenbahnzüge wurden von den Zulu aufgrund ihrer Länge und der vielen Räder „Shongololo" – **Riesentausendfüßer** – genannt. Das ist heute der Name für vornehme Reisezüge im Süden Afrikas. Vier Routen werden derzeit unter dem Namen „Shongololo Express" angeboten: von Kapstadt nach Johannesburg, von Johannesburg nach Livingstone in Zambia, von Johannesburg nach Swakopmund in Namibia und von Livingstone nach Daressalam in Tansania.

Die Bezeichnung „Express" ist allerdings nicht allzu wörtlich zu nehmen, für die genannten Routen muss man jeweils zwölf bis 16 Tage einplanen. Unterwegs sind immer wieder Zwischenstopps für Ausflüge eingeplant, die teilweise schon im Reisepreis enthalten sind. Zudem sind nicht alle Bahntrassen in Afrika gut erhalten, oft schleichen die Züge über die Gleise. Das macht aber nichts, denn dadurch kann man die Fahrt und den Ausblick so richtig genießen. Die oft schon älteren Waggons werden von **neueren Dieselloks** gezogen. Diese haben auf der afrikanischen Schmalspur die imposanten Dampf-

Der Shongololo Express fährt zum Glück nicht allzu schnell –
sonst könnte man die grandiose Landschaft gar nicht richtig genießen

Hier können nostalgische Gefühle aufkommen: Bahnromantik im Speisewagen

lokomotiven abgelöst, die heute links und rechts der Hauptstrecken auf den Abstellgleisen verrotten.

Die zahlreichen **Nationalparks** links und rechts der Bahnstrecke sind leicht erreichbar, zu Luxus-Shongololos gehören Transportwagen, in denen geländegängige Minibusse mitgeführt werden. Mit diesen werden die Eisenbahnpassagiere zu Plätzen gebracht, von denen aus Elefanten, Zebras, Antilopen, Nashörner, Giraffen und hin und wieder auch Löwen beobachtet werden können.

Die 16-tägige Tour **The Southern Cross** führt von Johannesburg über Maputo, Polokwane und Bulawayo zu den Victoriafällen an der Grenze zwischen Zimbabwe und Zambia. Unterwegs werden zum Beispiel Ausflüge in das Königreich Swaziland, nach Maputo – die am Indischen Ozean gelegene Hauptstadt von Mosambik –, in den weltberühmten Kruger National Park, in den Antelope Park und in den Hwange National Park unternommen.

Ein vor allem für Bahnfans interessanter Zwischenstopp ist **Bulawayo** im Südwesten Zimbabwes. Es ist die wichtigste Drehscheibe für afrikanische Eisenbahnen. In die mit 630.000 Einwohnern zweitgrößte Stadt des Landes führen 24 Gleise hinein und wieder hinaus. Gleich daneben lockt das wichtigste Eisenbahnmuseum des südlichen Afrika mit dem Salonwagen des 1902 verstorbenen Cecil Rhodes, des Gründers von Rhodesien. Sein Wagen ist das Prunkstück der Sammlung.

Strecke: Rund 2.400 Kilometer von Johannesburg nach Livingstone
Information: Buchung über Reiseveranstalter, z.B. unter www.afrika.de; Informationen auf www.shongololo.com; je nach gewählter Komfort-Kategorie kostet die 16-tägige Reise inklusive Verpflegung und einer Reihe von Ausflügen zwischen ca. 3.700 und 5.000 € p. P./DZ.
Reisezeit: Die Southern Cross-Tour wird mehrmals im Jahr und zu verschiedenen Jahreszeiten angeboten. Reisetermine für das laufende Jahr auf der o. g. Webseite.

INFO

Nordamerika

*Der California Zephyr ist schnell wie der Pazifikwind,
nach dem er benannt ist*

89 Dem Sonnenuntergang entgegen: der Sunset Limited von New Orleans nach Los Angeles

The Sunset Limited fährt seit 1904 auf der südlichsten Transkontinentalstrecke der USA vom Atlantik zum Pazifik. Der Namenszusatz „Limited" adelt ihn zum **Expresszug**. Für die Fahrt zwischen New Orleans in Louisiana und Los Angeles im Staate Kalifornien stehen gerade einmal 20 Stopps im Fahrplan – wirklich nicht viel für eine zweitägige Reise. Als es noch keine regelmäßigen Inlandsflüge gab, fuhr der Zug täglich und war jedes Mal gut gebucht. Heute genügen drei Abfahrten pro Woche in jede Richtung.

Der Sunset Limited durchquert auf seiner Reise **fünf Staaten und drei Zeitzonen**. Sein Fahrpensum beträgt 3.211 Kilometer, das ist ziemlich genau – nur zum Vergleich – die Distanz zwischen Kopenhagen und Kairo. Die Fahrt dauert rund 48 Stunden. „Aber ich habe schon Verspätungen von 10 und 11 Stunden erlebt", erzählt eine ältere Amerikanerin im Zug. „Es gibt Überschwemmungen, Erdbeben oder sonstwas, und dann steht der Zug". Die Bahnreisenden verzeihen das: „Ist ja auch ein großes Land, ein Kontinent, und es geht stundenlang durch unbesiedeltes Gebiet."

Der Sunset Limited:
von der „Mardi-Gras"-Parade nach Hollywood

Auf der Strecke werden zweistöckige Superliner-Züge eingesetzt. Europäer empfinden die Wagen als riesig, sie sind sichtbar höher und breiter als etwa die großen Doppeldecker der Deutschen Bahn. Amerika begann später als Europa mit dem Bahnbau und entschied sich entsprechend den Erfahrungen der Europäer für größere Tunneldurchmesser und breitere Trassen.

In US-Zügen ist der **Service hervorragend**, verglichen mit dem, was man in Mitteleuropa gewohnt ist. Vor jedem Wagen steht bei jedem Halt ein „Attendant", der zuständige Schaffner. Ein „Sleeper Attendant" ist für den Schlafwagen zuständig, bereitet kostenlosen Kaffee, tauscht Handtücher aus, stellt Gepäck sowie Zeitungen bereit und klappt, wann immer es gewünscht wird, die Betten auf. Tagsüber werden die Schlafabteile in gemütliche Sitzabteile umgewandelt, nachts schlafen die Fahrgäste hier in zwei Etagen.

Manchmal schicken die Attendants ihre Fahrgäste in den Panoramawagen: „Jetzt geht es gleich über den Mississippi, das ist ein **Superfotomotiv**." Dass die Brücke, über die der

Zug fährt, 41 Meter hoch und 7.200 Meter lang ist, kann in den Streckenbeschreibungen nachgelesen werden, die überall im Sunset Limited ausliegen. Und an weiteren Fotomotiven mangelt es nicht: Die Sümpfe von Louisiana, dann geflutete Reisfelder, vorbei an riesigen Sojabohnen-, Mais- oder Zuckerrohranpflanzungen – die USA sind sichtbar ein Agrarstaat. Am nächsten Morgen Wild West-Landschaften. Cowboys sind nirgendwo zu sehen, doch mehrere Kleinlaster mit Vierradantrieb sind auf den staubigen Pisten unterwegs.

Das Fahrgeräusch ändert sich. „Stahlfachwerkbrücke", wissen die erfahrenen Bahnreisenden. „Jetzt kommt der tiefste Canyon der ganzen Reise. Wir fahren über den Rio Pecos." Dann ist nicht mehr weit bis El Paso, Texas. Der Sunset Limited hat hier 50 Minuten Aufenthalt. Gegenzüge müssen abgewartet werden, die Strecke ist eingleisig. Macht nichts, El Paso hat **einen der schönsten Bahnhöfe** der gesamten Strecke. Außerdem kann man von der Bahn aus Ciudad Juárez sehen, die mexikanische Stadt auf der anderen Seite des Rio Grande. Es wird Abend und der Zug fährt längere Zeit an einem Streckmetallzaun entlang, der genau auf der Grenze zu Mexiko steht. Er kommt nur langsam voran und beim nächsten Halt steht es fest: schon 90 Minuten Verspätung.

Am zweiten Morgen ist bereits Süd-Kalifornien erreicht. Um 9.30 Uhr „Pacific Time" hält der Zug in der Union Station von Los Angeles. „40 Minuten vor der Zeit, wir haben in der Nacht gute Fahrt gemacht", erklärt ein Attendant. Ein „Verfrühung" ist man als Europäer nicht gewohnt, aber bei den amerikanischen Bahnen ist eben vieles ganz anders als zu Hause …

„Einsteigen bitte"

„Please follow me!" – Bitte folgen Sie mir! – ruft der Schaffner an der Absperrung zum Bahnsteig. Daraufhin sollte man sich in die Schlange einreihen. Fahrpläne, in denen außer den Abfahrten auch das Abfahrgleis steht, gibt es nicht. Durch die ständigen Gleiswechsel ist dieses Ritual nötig. **„All aboard!"** – Einsteigen bitte! – ruft der Zugleiter. Diese Aufforderung wird noch durch ein paar Pfiffe von der Lok unterstützt. Dann schließen alle Türen und der Zug fährt an.

Strecke: 3.211 Kilometer von New Orleans, Louisiana, nach Los Angeles, Kalifornien. Neben den genannten werden die Staaten Texas, New Mexico und Arizona durchfahren. **Information:** Der Internetauftritt der US-Bahngesellschaft **Amtrak** informiert detailliert (auch auf Deutsch) über die Züge, so auch über den Sunset Limited: www.amtrak.com/sunset-limited-train. In L.A. lohnt der Umstieg in den Pacific Surfliner nach San Diego, s. Kasten S. 225. Oder man bleibt und lernt die Stadt mit der Metro kennen, s. S. 222. **Buchungstipps:** Erfahrungsgemäß ist es deutlich günstiger, online direkt bei Amtrak (s.o.) und nicht über deutsche Reisevermittler zu buchen, da durch die Zahlung per **Kreditkarte** der Kurs günstiger ist und keine Vermittlungsgebühren anfallen. **Für Eisenbahnsüchtige** bietet Amtrak die „**USA Rail Passes**" an, die 15, 30 oder 45 Tage auf allen Bahnen – und auf einer Reihe von Busstrecken sowie für einige Fahrten nach Kanada –, aber nur für eine bestimmte Anzahl von Abschnitten, gelten. Preisbeispiel 15 Tage/8 Abschnitte: Erw. 449 $, Kinder 2–15 J. 224,50 $. Zu den **Amtrak-Preisermäßigungen** s. Kasten S. 221.

INFO

90 Der mörderischste Pass der Sierra Nevada: mit dem California Zephyr durch den längsten Bahnschuppen der Welt

Im Sommer ist die Fahrt über die etwa 85 Kilometer lange Strecke von Truckee über das **Hochgebirge** der Sierra Nevada nach Colfax mit dem Auto in gut einer Stunde zu schaffen. Es sei denn, man hält an jedem der vielen Aussichtspunkte, was sich durchaus lohnt. Die Interstate 80, einer der großen transkontinentalen Fernstraßen Nordamerikas, steigt hier in Höhen von nahezu 2.500 Metern auf, um gleich darauf über viele Kurven zur San Francisco Bay hinunter zu führen.

Die Eisenbahn braucht hier in den Bergen deutlich länger als das Auto. Erst nach über zwei Stunden hat sie diese Bergstrecke bewältigt. Als die Bahn in den 1860er-Jahren gebaut wurde, war eine Steigung von 2,20 Metern auf 100 Meter Länge das Alleräußerste, was einer Dampflokomotive zugemutet werden konnte. Deshalb ist der Schienenweg durch die vielen Serpentinen deutlich länger als die Interstate, die 90 Jahre nach der Eisenbahn gebaut wurde – Bergfahrten waren für Autos damals schon kein Problem mehr. **Meisterleistungen** sind beide Verkehrswege, hier wie da müssen die Maschinen aber viel leisten.

Bei sonnigem Wetter wird die Reise durch die wilde Gebirgslandschaft zur Vergnügungsfahrt. Im Winter dagegen bleibt die Interstate bei Schneefall oft stundenlang unpassierbar und die Straßenwärter sperren die Route über die Berge. Auch heute noch kann **der mörderische Donnerpass** (s. Kasten) lebensgefährlich werden.

1867, 20 Jahre nach dem Tod der Donner-Gruppe, entschieden Landvermesser, dass genau über diesen Pass die erste transkontinentale Eisenbahnstrecke der USA führen sollte. Um überhaupt das Hochgebirge zu erreichen, mussten die Bautrupps einen 240 Meter langen und bis zu 20 Meter tiefen Graben durch einen Granitberg sprengen, der als **Bloomers Cut** berühmt wurde. Die neuen Gebirgshelden wurden damit die Männer von der Bahn.

Die Bergstrecken wurden vor allem **von Chinesen gebaut**, die eigens für diese Arbeit – teils mit rüden Anwerbemethoden – hierher geholt wurden. Es heißt, viele von ihnen seien den Werbern nicht ganz freiwillig gefolgt. Sie machten sich als besonders zähe Arbeiter unverzichtbar. Dazu konnten sie auch besser als andere mit Sprengstoff umgehen, eine im Gebirge wichtige Fähigkeit. An einer „Cap Horn" genannten Felsflanke hingen die chinesischen Sprengmeister in Weidenkörben über einer 600 Meter steil abfallenden Schlucht des American River und trieben mit Handbohrern Löcher in den Schiefer-

Warum heißt der „Donnerpass" so?

Der Name des Passes erinnert an eine unglückliche Siedlergruppe, die ihn auf ihrem Weg nach Westen überqueren wollte. Der Siedlertreck der Gebrüder Georg und Jacob Donner war langsamer als geplant vorangekommen. Sie hatten unterwegs wichtige Ausrüstungsgegenstände, Planwagen und Zugtiere verloren. Die Tragödie nahm ihren Lauf: Der Winter 1846 setzte in der Sierra Nevada früher und heftiger als sonst ein. Bis zu 3 Meter hohe Schneemassen schnitten den Siedlern sowohl den Weg nach Kalifornien als auch den Rückweg nach Nevada ab. Helfer fanden dann im März 1847 zerstückelte Leichen vor. In ihrer Verzweiflung hatten sich die Überlebenden vom Fleisch ihrer verhungerten Reisegenossen ernährt. Von den ursprünglich 89 Siedlern, die mit den Donners losgezogen waren, lebten da noch 42.

Fahrt durch die Sierra Nevada

felsen. Auf ein Kommando hin zündeten sie die Lunten, wurden aus der Gefahrenzone herausgezogen und wieder abgesenkt, noch während die losgesprengten Felsbrocken in den Fluss tief unten donnerten. Mehrere Tunnel – der höchste davon 38 Meter unterhalb des Donnerpasses – mussten auf diese Weise in das Felsengebirge gesprengt werden.

Der Donnerpass blieb eine Herausforderung für die Bahnen. Schneeverwehungen bis zu 18 Metern wurden gemessen, und weil selbst 12 aneinander gekoppelte Dampflokomotiven den Schneepflug nicht durch diese Schneemassen schieben konnten, entschieden sich die Bahningenieure für eine typisch amerikanische Lösung: Sie überdachten die Passstrecke auf 59 Kilometern Länge mit einer barackenartigen Konstruktion. Seither schützt **der längste Bahnschuppen der Welt** hier die Eisenbahn vor Wetterüberraschungen.

Strecke: Die komplette Strecke des California Zephyr von Chicago, Illinois, nach Emeryville nahe San Francisco, Kalifornien, ist ca. 3.900 Kilometer lang. Die gewundene Bahntrasse Truckee–Colfax (beide in Kalifornien) über die Sierra Nevada ist ca. 107 Kilometer lang.
Information: Der Zephyr (www.amtrak.com/california-zephyr-train) fährt einmal täglich in beide Richtungen. Statt in Truckee kann man auch schon in der Spielerstadt Reno, Nevada, einsteigen bzw. über Colfax weiter bis zur Endstation nach Emeryville fahren. Fahrtdauer Truckee–Colfax ca. 2:10 Std. Eine Rückfahrt

am gleichen Tag von Colfax nach Truckee könnte zu knapp werden, da sich die Züge beider Richtungen in Colfax treffen und Verspätungen nicht ungewöhnlich sind. Alternative: eine 50-minütige Fahrt mit dem Greyhound-Bus.
Für Reisende, die sich nur im „Golden State" bewegen, wird der „**California Rail Pass**" (www.amtrak.com/california-rail-pass) angeboten. Erw. 159 $, Kinder 5–12 J. 79,50 €, an 7 unabhängigen Tagen innerhalb einer Periode von 21 Tagen. Weitere **Buchungstipps** s. S. 217, zu den **Amtrak-Preisermäßigungen** s. Kasten S. 221.

INFO

91 Quer durch den Norden der USA: mit dem Empire Builder von Chicago nach Seattle

Wo es sich lohnt, pflegt die US-Fernbahngesellschaft Amtrak Traditionen. Deshalb heißen ihre Züge, die oft tagelang unterwegs sind, noch immer so wie zu Zeiten der großen Zuwanderung in den amerikanischen Westen. Der **Empire Builder** half einst, die Nordwestecke der Staaten zu besiedeln. Der **Texas Eagle** (Chicago–St. Louis–Dallas–Los Angeles) und der **Southern Chief** (Chicago–Kansas City–Albuquerque –Los Angeles) brachten die Urgroßeltern vieler Menschen, die heute z.B. in Südkalifornien, Arizona oder New Mexico leben, in ihre neue Heimat. Und wen es zu Anfang des vorigen Jahrhunderts nach San Francisco, Sacramento, Reno, Salt Lake City oder in die Berge dazwischen zog, der nahm schon damals den California Zephyr (s. S. 218), der nach dem Westwind an der Pazifikküste benannt ist.

Faszinierender Anblick:
die dichten Wälder im Norden der USA

„Alles noch genauso wie früher", freut sich eine ältere Mitreisende, die in Chicago auf den Empire Builder wartet. Die steife Uniform eines Bahnlers begeistert sie. Der hochgewachsene, weißhaarige Mann in der Amtrak-Uniform geht voran in das Untergeschoss der riesigen Union Station von Chicago, dem wichtigsten Eisenbahnknotenpunkt Nordamerikas. Die Amtrak unterstützt ihre Fahrgäste, denn es könnte ja sein, dass sich jemand im Gewirr der 20 schlecht beleuchteten Gleise verirrt – davor schützt diese Eskorte.

Der Empire Builder ist gut **500 Meter lang**. Die reine Fahrzeit Chicago–Seattle beträgt rund 46 Stunden. Verzögerungen kann es immer wieder geben, die US-Personenbahn ist **Gast auf Güterzugstrecken**, da gibt es schon mal Staus. Und weil der Schienenweg den Güterbahn-Gesellschaften gehört, lassen die Dispatcher die kilometerlangen „Freight-Trains" gerne zuerst losfahren. Zudem können Blizzards, Überschwemmungen oder an Bahnübergängen stehen gebliebene Autos auf der 3.550 Kilometer langen Strecke zu Verspätungen führen.

Die Könige im Zug sind die „Sleeper Attendants", die Schlafwagenschaffner. Manche von ihnen schwören, sie könnten es hören und riechen, wo der Zug gerade ist. Die geraden Strecken quer durch die Prärie klingen anders als kurvige Bergaufstiege, Grasland riecht anders als der Pazifik. In den Bergen verlässt keiner der Attendants seinen Wagen, ohne eine dicke Jacke und eine Wollmütze anzuziehen. Oben in den **Rocky Mountains** – und danach noch einmal in der Cascades-Gebirgskette – ist es auch im Sommer oft empfindlich kalt.

Hier in den Bergen sind alle Plätze im dem **Salonwagen mit gläsernem Kuppeldach** besetzt. Die Täler sind so eng, dass aus den Abteilfenstern nur Gebirgswände zu sehen sind, im Salonwagen sieht man daher mehr. Die Namen der vielen schneebedeckten Gipfel über der Bahn kennt niemand. Das ist auch nicht nötig, um sie zu bestaunen.

Die Eisenbahnbauer hatten ihre Schienen längst gelegt, bevor besonders schöne Landschaften unter Naturschutz gestellt wurden. Deshalb fährt der Empire Builder

*Der Empire Builder
vor den Bergen des Glacier-Nationalparks*

am **Glacier-Nationalpark** entlang, dessen Gletscher zu den Sehenswürdigkeiten des hohen Nordens der USA gehören.

Der Panoramawagen ist gleichzeitig so etwas wie der Warteraum für die Speisewagengäste. Deshalb steht er allen Fahrgästen offen, egal ob sie einen Schlafsessel, eine Liege im Schlafwagen oder gleich ein Schlafwagenabteil – das ist die teurere Art, in den USA per Bahn zu reisen – gebucht haben. Langweilig wird es nie, selbst dann nicht, wenn der Zug stundenlang durch Prärien fährt, in denen nur alle halbe Stunde eine Farm für Abwechslung sorgt. Das hat etwas sehr Beruhigendes.

Eine Nacht und ein Frühstück später fährt der Empire Builder eine Fahrstunde direkt am **Wasser des Pazifiks** entlang und erreicht dann sein Ziel Seattle. Dass es durch dicht bewohntes Gebiet geht, hört man. Der Lokführer betont an den wieder zahlreicher werdenden Bahnübergängen mit Hornsignalen das Vorfahrtsrecht des Zuges. In Seattle warten wieder Uniformierte mit der Aufforderung „Please follow me!" auf die Passagiere. „Aufgegebenes Gepäck rechts, Ausgang links", hört man noch, und schon steht man vor dem Bahnhof, in dessen Innerem moderne Einbauten entfernt werden, um die vielen Stuckarbeiten wieder sichtbar zu machen, mit denen sich die Great Western Railway früher einmal selbst gefeiert hat. Ein paar Schritte von der Gepäckausgabe entfernt sammeln sich die Fahrgäste, die mit dem **Coast Starlight** nach Los Angeles und San Diego fahren wollen – rund 2.200 Bahnkilometer oder 35 Stunden Fahrtzeit entfernt.

Amtrak-Preisermäßigungen

Die US-Bahngesellschaft bietet eine Reihe von Sondertarifen an. Hier ein paar Beispiele:
• Kinder unter 2 Jahren fahren kostenlos, im Alter von 2–15 J. zum halben Preis.
• Senioren ab 62 J. sowie StudentInnen mit dem internationalen Studentenausweis ISIC reisen 15 Prozent günstiger.
• Mitgliedern von Automobilclubs, die mit dem US-Automobilclub AAA kooperieren, stehen 10 Prozent Rabatt auf den Fahrpreis zu.

Strecke: 3.550 Kilometer von Chicago in Illinois nach Seattle im Bundesstaat Washington
Information: Der Empire Builder (www.amtrak.com/empire-builder-train) fährt einmal täglich in beide Richtungen. **Buchungstipps** s. S. 217, zu den **Amtrak-Preisermäßigungen** s. Kasten oben.

INFO

92 Pacific Electric: Die Metro von Los Angeles fährt wieder – und das auf alten Trassen

„Welche ist die schönste, tollste, beste Bahn in Los Angeles?" Der Kalifornier Tom Bass braucht für eine Antwort nicht lange nachzudenken. Nicht die berühmten Trans-USA-Züge, die von der Union Station aus nach Chicago oder New Orleans (s. S. 216) auf der anderen Seite des amerikanischen Kontinents unterwegs sind, fallen ihm ein. Auch die U-Bahn, die unter der City hinweg nach Hollywood fährt und von der aus eine Rolltreppe (fast) direkt zum „Dolby Theatre" hinauf führt, in dem sich die US-Filmindustrie mit der Verleihung des „Oscars" in jedem Februar selbst feiert, interessiert ihn nur am Rande. „**Take the Blue Line**", rät er, die „Light Rail" – so nennt man hier Stadtbahnen – von der Station „7th Street/Metro Centre" in Downtown L.A. bis nach Long Beach, einer der Nachbarstädte am Pazifischen Ozean. „Schneller als mit der Blue Line kannst Du in Los Angeles nicht von Norden nach Süden kommen", erklärt der Rentner seine Begeisterung für gerade diesen Zug.

Bei Bass spielt aber auch eine **emotionale Bindung** eine Rolle, die er hinter Bemerkungen wie „Du hast keine Staus, Du fährst 40 Straßenkilometer in knapp 45 Minuten, das ist mit dem Auto nicht zu schaffen" zu verbergen versucht. Im Gespräch kommt es heraus: „Unsere Familie hatte ein Haus in Compton, das ist einer der nördlichen Stadtteile von Los Angeles, direkt an der Blue Line. Sie bedeutete für mich Freiheit". Und nicht nur das: „Als ich Kind war, fuhr die gesamte Familie mit diesen Zügen nach Long Beach zum Strand, und da blieben wir bis zum Abend."

Tom stammt aus der Zeit, als es in Los Angeles noch viele Gründe für elektrische Bahnen gab. „1.600 Kilometer war das Streckennetz alles zusammen lang, 2.700 Züge fuhren nach Fahrplan, ich habe das noch erlebt." Die Bahn habe Los Angeles erst „gemacht", erklärt er. Grundstücksspekulanten hätten zu Anfang des 20. Jahrhunderts große Wüstenflächen hier in Südkalifornien gekauft und sie ans Bahnnetz angeschlossen. Dadurch sei dann der Grundstückswert gestiegen, an den von ihnen gebauten Häusern konnten die Immobilienentwickler also doppelt verdienen, und auch die Bahn brachte danach verlässlich Geld. So beschreibt Bass das **Riesenwachstum der Stadt**, die vier Mal so groß ist wie Berlin. „Hängt alles mit der alten Bahn zusammen!"

Als sich ab den 1940er-Jahren immer mehr Familien ein Auto leisten konnten, ging es mit der Pacific Electric Railway bergab. Schienenwege wurden in Straßen umgewandelt oder gleich zu autobahnähnlichen Freeways ausgebaut. Die Autohersteller und Automobilclubs spielten dabei als Lobbyisten eine unrühm-

Achtung, die Blue Line kommt

liche Rolle. „Als letzte traf es die Blue Line, sie fuhr bis 1961, dann war Schluss". Als aber sichtbar wurde, dass Los Angeles drohte, am Autoverkehr zu ersticken, entsann man sich des alten Bahnnetzes. „Als erste fuhr wieder meine geliebte Blue Line. Das war 1990."

Inzwischen betreibt die Los Angeles County Metropolitan Transportation Authority – die Verkehrsbetriebe von Los Angeles, allgemein nur „Metro" genannt – wieder sechs U- und Stadtbahnlinien und erweitert ihr Netz ständig. Zu den interessantesten Bahnen zählt die

Ein Zug der Gold Line nahe der Union Station

Red Line – sie fährt als U-Bahn zur sehenswerten Union Station (dem Hauptbahnhof von Los Angeles) und der nahen Olivera Street, dem ältesten Teil der Stadt gleich gegenüber dem Bahnhof, und außerdem zu den Attraktionen von Hollywood. Die **Gold Line** hält nacheinander im Mexikaner-Viertel, in Little Tokyo, wo sich die Japaner treffen, und in Chinatown, um dann über eine Bergstrecke nach Pasadena, der wohlhabenden Nachbarstadt im Norden, weiter zu fahren.

An die alte Zeit, als die wichtigsten Verkehrswege hier der Bahn gehörten, erinnert die **Green Line**, eine Ost-West-Verbindung. Sie fährt weitgehend auf dem Mittelstreifen des Freeway 105, und wer will, kann hier zur Rush-Hour an den Autostaus beiderseits des Schienenwegs vorbeirauschen. „Die Bahn hat bei uns Zukunft!", davon ist Tom Bass überzeugt. Und er muss es wissen, immerhin hat er sowohl den Untergang der alten Pacific Electric als auch deren Auferstehung als „Metro" miterlebt.

INFO

Strecke: Die L.A.-Metro hat ein gesamtes Streckennetz von rund 140 Kilometern. Die Strecke der Blue Line von Downtown Los Angeles nach Long Beach ist ca. 35 Kilometer lang.
Information: Los Angeles fördert den Bus- und Stadtbahnverkehr, auch um die Straßen zu entlasten. Deshalb sind die Fahrkarten sehr günstig: Eine **einfache Fahrt** mit der Blue Line kostet auf Grundlage der „Base Fare" 1,50 $, dies gilt auch für Busse. Wer umsteigt, muss allerdings neu bezahlen. Die **Tageskarte** für alle Busse und Bahnen, der „Metro Day Pass", kostet 5 $ – ganz gleich, wie viele Busse und Bahnen benutzt werden. Die **Sieben-Tage-Karte**, den „7-Day-Pass", gibt es für 20 $. www.metro.net.
Über die Geschichte der „Pacific Electric Railway" informiert ein **historischer Verein** mit vielen Bildern unter www.pacificelectric.org.
Umstieg: Nachdem man die Stadt kennengelernt hat, lohnt ein Umstieg in den Zug nach San Diego, s. Kasten S. 225, oder in einen der transkontinentalen Züge, z.B. nach New Orleans, s. S. 216.

🔴93 Die Ostküste hinunter: mit dem Acela Express von New York City nach Washington, D.C.

Keine anderen Züge in den USA fahren so häufig wie die entlang der dicht besiedelten Küsten. Auf der Strecke von New York in die US-Hauptstadt Washington kann die Amtrak sogar den Fliegern Paroli bieten. Die rund 370 Kilometer lange Strecke von der Penn Station in Manhattan ins politische Herz Amerikas fährt der schnellste Acela in **2:45 Stunden**. So lange dauern je nachdem schon die An- und Abfahrten zu den Airports.

Der stündlich fahrende Expresszug hält – ähnlich den europäischen ICEs oder TGVs – selten, so etwa in Philadelphia und Baltimore. Auf der gleichen Strecke verkehren auch Amtrak-Traditionszüge wie der Northeast Regional, der Carolinian – so benannt nach den Staaten North- und South Carolina – und der Keystone Service. Diese sind aber von New Yorks „Pennsylvania Station" – kurz „Penn Station" – bis zu Washingtons „Union Station" mindestens eine Stunde länger unterwegs, dafür kosten die Tickets aber etwas weniger. **Schön ist die Strecke nicht**, auch wenn es sich um mit den wichtigsten Streckenabschnitt entlang der US-Ostküste handelt. Es geht durch endlose Vororte und Kleinstädte, die sich kaum voneinander unterscheiden – von der Küste sieht man leider nichts. Wie auch? Die Strände von Atlantic City sind von der Bahnlinie rund 100 Kilometer entfernt und wer dorthin will, muss ab Philadelphia den Bus nehmen.

Entlang dieser alten Eisenbahn, die als eine der ersten überhaupt in Amerika gebaut wurde, gibt es aber **einige sehenswerte Bahnhöfe**. Die New Yorker Penn Station liegt zwar zwischen 31. und 33. Straße mitten in Manhattan, gehört aber nicht dazu. Die **30th Street Station in Philadelphia** dagegen auf jeden Fall: Der riesige Bau, der von der Straße her an einen griechischen Tempel erinnert, stammt aus der Zeit Anfang der 1930er-Jahre. Damals waren die amerikanischen Eisenbahnen noch sehr erfolgreich und die Eisenbahngesellschaft Pennsylvania Railroad (PRR) konnte sich ein solches Prestigeobjekt mit 16 Gleisen (sechs davon in der unteren Ebene) an diesem Knotenpunkt der

Keiner ist schneller als der Acela

Nord-Süd- und Ost-West-Strecken leisten. Auch ist der Bahnhof nicht von oben bis unten zu einer Shopping Mall umgebaut worden, obwohl es hier einige Geschäfte und unterschiedliche Restaurants gibt.

Das ist bei der **Union Station in Washington** ganz anders. In diesem gigantischen Bau mit seinen 18 Bahnsteigen gibt es nahezu alles zu kaufen und zu essen. Die untere Halle ist eine „Eatery", wo an Dutzenden von Ständen unterschiedlichste Spezialitäten neben den unvermeidbaren Burgern angeboten werden. Der Besuch dieses „Fresstempels" lohnt sich. Ohnehin ist 50 Massachusetts Avenue NE – so die Adresse mitten in der US-Regierungsstadt – auf jeden Fall einen Besuch wert. Die Bogenarchitektur und die weitläufigen Hallen mit Tonnengewölbe spiegeln den Fortschrittsglauben von 1907 wieder, als dieser Bahnhof eröffnet wurde. Er bietet so viel Platz, dass in den Büroetagen über dem Eingangsbereich große Teile der **Amtrak-Verwaltung** Platz finden.

In New York gibt es viel zu sehen – trotzdem lohnt ein Abstecher nach Washington

Ab hier gilt es die Sehenswürdigkeiten der Hauptstadt zu erkunden. Zum Beispiel das **Capitol**, das von der Union Station sogar fußläufig in wenigen Minuten zu erreichen ist.

Ein Stück die Westküste hinunter: der Pacific Surfliner

Wer vom Zug aus einen Ozean erleben will, muss an die Westküste der USA reisen. Man steigt in der spektakulären Union Station von Los Angeles in einen der Züge, die aus San Luis Obispo kommen und fast stündlich weiter **nach San Diego** fahren. Es lohnt sich, die Fahrt zu unterbrechen: In San Juan Capistrano hält der Pacific Surfliner direkt neben der alten spanischen Missionsanlage, die wegen ihrer Blumengärten in ganz Kaliforniens berühmt ist. Danach fährt der Zug direkt über die Klippen und oberhalb der Sanddünen entlang des Pazifiks. Dies ist die **schönste und sonnigste Pazifik-Strecke** in Nordamerika. In San Clemente beginnt gleich hinter der Station der Badestrand.

Die Endstation San Diego wird „**America's Finest City**" genannt und ist tatsächlich eine der interessantesten Städte der USA. Dass die Union Station meist nicht auf der Liste der städtischen Sehenswürdigkeiten steht, ist allerdings bedauerlich. Der Bahnhof ist ein schönes Beispiel für den spanischen Kolonial-Baustil, den die Santa-Fe-Bahn im Jahr 1915 bevorzugte. Rund um die Union Station stehen heute moderne Hochhäuser. Doch die Palmen, die auf den Bahnsteigen wachsen, und das alte blaue „Santa-Fe"-Schild, das man wegen seiner Größe schon vom Zug aus sieht, stehlen ihnen die Schau.

Information: www.amtrak.com/pacific-surfliner-train. Zum „**California Rail Pass**" s. S. 219.

Strecke: Die gesamte Strecke des Acela Express von Boston nach Washington, D.C., ist 735 Kilometer lang. Rund 370 Kilometer sind es von der New Yorker Penn Station bis zur Union Station in Washington.

Information: Amtrak informiert über den Acela, der mehrmals täglich in beide Richtungen fährt, unter www.amtrak.com/acela-express-train. Für **Buchungstipps** s. S. 217, zu den **Amtrak-Preisermäßigungen** s. Kasten S. 221.

INFO

94 An Sir Sandford erinnern Eier auf Rauchfleisch: der Rocky Mountaineer von Vancouver nach Calgary

Ob **Sir Sandford Fleming** pochierte Eier auf Räucherfleisch liebte, ist keineswegs sicher. Im kanadischen Edelzug The Rocky Mountaineer gibt es dennoch solch ein „Sir-Sandford-Frühstück". Damit wird an einen schottischen Ingenieur erinnert, der sich als Landvermesser um den Bau kanadischer Bahnen verdient gemacht hat. Wichtiger noch: Sandford Fleming hat das Weltzeitsystem mit der Zeitzoneneinteilung erfunden. Grund genug, ihn zu ehren, und sei es auf einer Frühstückskarte.

Der Rocky Mountaineer verspricht **Kreuzfahrt-Luxus auf Schienen**. Was das ist, erleben die Passagiere schon beim Einsteigen. Beim „Gold Leaf Service" warten im rundum verglasten Oberdeck Stewards mit einem Begrüßungs-Drink auf ihre Gäste. Die im Prospekt als „Erlebnisreise" angepriesene Fahrt von der Pazifikküste über die

Rocky Mountains zur Prärie auf der anderen Seite des Gebirges beginnt diesmal in Vancouver. Im Unterdeck des Doppelstockwagens arbeiten die Köche gleich nach der Abfahrt die Frühstücksbestellungen der Gäste ab, etwa besagte Eier à la Sandford.

Den Fraser River draußen vor den Fenstern sieht nur, wer nicht zu sehr mit dem Frühstück beschäftigt ist. Der Zug fährt jetzt auf einer Trasse, die den Eindruck macht, in die **steilen Bergrücken** entlang des Fraser hineingefräst worden zu sein. Die Strecke wurde früher häufig von Reisezügen befahren. Seit die kanadische

Das rundum verglaste Oberdeck garantiert beste Sicht auf postkartenreife Landschaften

Staatsbahn aber eine Verbindung über Edmonton weiter nördlich bevorzugt, fahren hier hauptsächlich Güterzüge. Die beiden Ausnahmen sind der Rocky Mountaineer, den eine Privatgesellschaft regelmäßig hier auf die Reise schickt, sowie der berühmte The Canadian (S. 230), der nachts von Vancouver nach Toronto – oder umgekehrt – fährt.

Der 1990 erstmals eingesetzte Rocky Mountaineer ist beliebt. „Eine interessantere Fahrt durch unsere Rocky Mountains als hier entlang des Fraser River gibt es nicht", sagt die Stewardess. Auch die Mitfahrer, die sich für Eisenbahngeschichte interessieren, sind beeindruckt. Sie haken spiralige Tunnel auf ihren Landkarten ab, sagen Betondächer voraus, die die Schienen vor Steinschlag oder Lawinen schützen, und warten auf einige der kühnsten **Stahlskelettbrücken** weltweit.

Solche Bogenbrücken mussten kreuz und quer über die schmale Fraser-Schlucht gebaut werden, um einen Weg für die Bahn zu finden. **Hells Gate** ist ein erster großer Höhepunkt der Reise. Dies ist die engste Stelle des Fraser Canyons und in ganz Kanada als mörderisches Wasser bekannt. Die Stromschnellen haben so manchen Pionier samt Kanu verschluckt, als die Wildnis noch über die Flüsse erschlossen wurde. Auf der of-

Die Trasse wurde teilweise regelrecht in den Fels hineingefräst

fenen Plattform am Einstieg des Wagens gibt es Gedränge, alle wollen diesen berühmten Engpass sehen.

Auf den Ruf „Moose" hin – egal wer da ruft – drängen alle an die Fenster. Die wildlebenden Großelche Kanadas wollen alle fotografieren. Als es dämmert, ist Kamloops erreicht, kanadisches Zentrum der Holzwirtschaft und Uni-Stadt mit 85.000 Einwohnern. Hier übernachten die Fahrgäste in Hotels. Am nächsten Tag passiert der Zug den höchsten Punkt der Strecke und eine von Sir Flemings Zeitzonengrenzen. Es geht jetzt durch den **Banff National Park**, den ältesten Nationalpark von ganz Kanada, und an Lake Louise vorbei – einem der beliebtesten Postkartenmotive Amerikas. Hier hat die Fahrt hinunter in die Prärie der kanadischen Provinz Alberta längst begonnen und es dauert nicht mehr lange, bis die Vororte der Großstadt Calgary erreicht sind. Den Stewards wird nach amerikanischer Sitte noch das Trinkgeld zugesteckt, während einige Mitarbeiter der Bahn das Gepäck der Fahrgäste auf dem Bahnsteig in Calgary aufreihen. Putzkolonnen entern jetzt den Mountaineer. In etwa acht Stunden werden neue Reisende erwartet. Sie haben die 1.100-Kilometer-Fahrt zurück nach Vancouver gebucht.

INFO

Strecke: 1.100 Kilometer von Vancouver nach Calgary
Information: Mehr als ein halbes Dutzend Reiseveranstalter bieten Fahrten mit dem Rocky Mountaineer an – allerdings zu sehr unterschiedlichen Preisen und auch als Teil von Kanada-Rundreisen. Preisrecherche zahlt sich hier aus. Es kann auch direkt gebucht werden unter www.rockymountaineer.com. Das kann vorteilhaft sein, denn deutsche Reisevermittler rechnen bisweilen mit sehr ungünstigen Umtauschkursen und verlangen dazu noch Buchungsgebühren. Die Rocky-Mountaineer-Gesellschaft bietet Sonderfahrten auch in andere Gegenden West-Kanadas an. Seit 2014 gibt es an ausgewählten Terminen sogar einen deutschsprachigen Bordservice.
Reisezeit: Der Rocky Mountaineer verkehrt von April bis Oktober.

95 1.700 Kilometer bis zu den Eisbären: über Permafrost-Böden von Winnipeg nach Churchill

Zu den Eisbären führt der Weg über genau **81 Bahnstationen** und man braucht offiziell einen Tag, 20 Stunden und 56 Minuten für die Reise. Der Zug startet zwei bis drei Mal pro Woche in Winnipeg, nicht weit von der Grenze zu den USA. Die Fahrt kann allerdings länger dauern als im Fahrplan angegeben, denn der Zug nach Churchill an der Hudson Bay hoch im Norden der Provinz Manitoba ist stundenlang auf gefrorenem Boden unterwegs. Dieser Permafrost-Grund wird weich, wenn die Sonne länger scheint oder wenn auf der Strecke viele Güterzüge unterwegs sind. Solche Streckenabschnitte können nur extrem langsam durchquert werden, was zu Verspätungen des Winnipeg-Churchill Train führt. Ohnehin ist dieser Fernzug nur zu Gast auf der Güterstrecke hinauf zur Bay. Sie wurde 1929 gebaut, um vom Kernland der USA und vom Süden Kanadas aus schneller einen Seehafen zu erreichen, als das vorher möglich war.

Verglichen mit dem Canadian (S. 230) handelt es sich um einen bescheidenen Zug. Drei Schlafwagen, ein Wagen mit Schlafsitzen und ein Speisewagen reichen meist aus. Trotzdem werden immer **zwei Lokomotiven** mit auf die Reise geschickt. „Aus Sicherheitsgründen", erklärt der Schaffner. „Nicht auszudenken, wenn wir nur eine Lok hätten, und die versagt. Es geht ja stundenlang durch unbewohntes Land".

Ein paar Meilen hinter Winnipeg fährt der Zug durch **unendliche Roggenfelder**. Der Roggen wird zu Whiskey verarbeitet, „Rye-Whiskey" ist eine Spezialität von Manitoba. Riesige Weizenfelder folgen. Auf Weiden stehen Fleischrinder. In Manitoba gibt es viele

Zwei bis drei Mal pro Woche startet der Winnipeg-Churchill Train seine Tour in den hohen Norden

Seen. Zwischen The Pas, dem Zentrum der Trapper, und Cormorant streift die Strecke zwei Exemplare von respektabler Größe, allerdings fährt der Zug in beiden Richtungen nachts daran vorbei. Nur wer unter Schlaflosigkeit leidet, kann in sternenklaren Vollmondnächten erkennen, dass der Zug am Seeufer entlang fährt.

Im Herbst ist in Churchill Eisbärensaison

Bis Thompson geht es durch Wälder. Hier und da gibt es einen **Bahnsteig mitten im Nirgendwo**. An den meisten der 81 Haltestellen fährt der Zug jedoch vorbei. Eine Zugbegleiterin erklärt: „Hier oben im Norden, hinter Gillam und dem Nelson River, gibt es keine Straßen mehr. Hier gibt es nur die Bahn. Wir sind für die Menschen hier die Straße, der Nahversorger, die Postlinie, alles, deshalb fährt der Zug auch rund ums Jahr. Wenn jemand an der Bahnlinie steht und winkt, halten wir". Es sei schon vorgekommen, dass ein ganzes Dorf auf den Zug gewartet habe: Indianische Kanadier mit einem Sarg; eine Tote des Stammes sollte mehrere Stationen weiter beerdigt werden.

Der Zug fährt inzwischen durch die **Tundra**. Eine Art Heidekraut bedeckt den Boden, ein paar Büsche haben sich gegen die Kälte durchgesetzt und auch Gras scheint dem widrigen Klima zu trotzen.

Churchill, die Endstation, ist ein kleiner Ort – nicht größer als ein durchschnittliches Dorf in Europa. In Kanada aber kennt jeder diesen Hafen mit dem nördlichsten Bahnhof Kanadas überhaupt. Der Zug hält in Sichtweite der Hudson Bay, nur ein breiter Grasstreifen und ein paar kleine Häuser trennen die Bahn vom Wasser. Güterzüge bringen Fracht für Schiffe, die durch die Bay in Richtung Labradorsee und Atlantik fahren. Einen kürzeren Weg zur See gibt es von der Mitte Kanadas und den US-Präriestaaten nicht. Aber wegen der Hochseeschiffe sind die Reisenden nicht hier. Von Churchill aus starten „Tundra Buggies" ins Umland, wo sich im Spätherbst die Eisbären versammeln. Im Sommer können Belugawale von Glasbodenbooten aus beobachtet werden. Die Hudson Bay ist voller Leben.

Strecke: 1.700 Kilometer von Winnipeg nach Churchill
Information: Buchung über www.viarail.ca; die einfache Fahrt kostet ab 140 € zum Sparpreis im Schlafsitz und zwischen 240 und 500 € im Schlafwagen. Der Aussichtswagen am Schluss des Zuges wird nur im Oktober und November angekoppelt, wenn die Eisbären an der Hudson Bay in Richtung Süden ziehen. Dann werden auch entsprechende Touren angeboten. Zur Walsaison fahren Boote – auch Glasbodenboote – auf die Bay hinaus. Es werden auch Schnorcheltouren angeboten. Die meisten Reisenden buchen nur eine Strecke und fliegen zurück (oder umgekehrt). In Winnipeg lohnt ein Besuch des Eisenbahnmuseums im Bahnhof, wo historische Wagen und Lokomotiven bewundert werden können.
Reisezeit: Der Zug fährt das ganze Jahr über, aber nur im Herbst können nen die Eisbären beobachtet werden.

INFO

96 Die Bahn, dank der British Columbia kanadisch wurde: The Canadian von Toronto nach Vancouver

Zu den vorderen Wagen des elegantesten Zuges der kanadischen Eisenbahn geht es über Schottersteine und um Pfützen herum. Tannis, die Schaffnerin, entschuldigt sich: „Unser Canadian hat 21 Wagen und ist 700 Meter lang und damit länger als die Bahnsteige hier in der Union Station von Toronto". Die Entschuldigung wäre nicht notwendig gewesen, ein Drink noch und dann geht es in die Schlafabteile des Canadian. Um 22 Uhr ertönen mehrere kurze Hornsignale, der Zug fährt. Er hat eine **4.466 Kilometer lange Reise** vor sich, einmal über den nordamerikanischen Kontinent, von Toronto im Osten nach Vancouver im äußersten Westen Kanadas. Nur die Fahrstrecke der Transsibirischen Eisenbahn ist länger.

Halt nur auf Bestellung

Alle zehn oder 20 Kilometer gibt es entlang der Strecke **kleine Bahnstationen**, sie heißen etwa Mud River, Felix, Gogama oder McKee's Camp. Hier kann aussteigen, wer das „wilde Kanada" erleben möchte. Allerdings hält der Zug nur, wenn der Haltewunsch mindestens zwei Tage im Voraus angemeldet wurde. Dasselbe gilt auch für die Weiterfahrt. Nur nach rechtzeitiger Anmeldung wird ein Stopp mitten in der Tundra eingeplant.

In den Canadian steigen sehr **unterschiedliche Fahrgäste** ein. Die Sitzreihen haben Studenten und Weltenbummler, die mit Billigtickets unterwegs sind, unter sich aufgeteilt. In den Schlafwagen trifft man etwa auf einen New Yorker, der erzählt, dass er seinen Sohn in Vancouver besuchen will, aber unter großer Flugangst leidet. Er hat deshalb schon den Zug von New York nach Toronto genommen, um nun mit dem Canadian weiter zu fahren: „Von New York bis hier bist du zwölfeinhalb Stunden unterwegs, da ist es gut, dass der Canadian so spät abfährt". Ein kanadisches Ehepaar feiert auf der Bahnreise seine Silberhochzeit nach, ein Autohändler will mal „von unten sehen, was ich nur vom Flugzeug aus kenne".

Keine acht Stunden später sitzen alle im Speisewagen zusammen. Die Kellner bringen – je nach Bestellung – Spiegeleier, Bacon, Würstchen, Schinken und Hash Browns, die amerikanische Variation von Schweizer Rösti. Der Canadian fährt durch scheinbar endlose Laubwälder. Er ist berühmt für seine „Dome Cars", Wagen mit **rundum verglaster Aussichtskuppel** mit freiem Blick in alle Richtungen. Jeder der fünf angehängten Dome Cars ist so etwas wie die gute Stube des Zugs. Unterhalb der Kuppel wird an Tischen Karten gespielt, aber auch Brettspiele oder Bücher können aus den Regalen geholt werden. Hin und wieder wird zu Vorträgen eingeladen, etwa zum Thema, warum diese Bahn überhaupt gebaut wurde: „1870 wurde heftig diskutiert, ob British Columbia ein Staat der USA werden sollte oder ein Teil von Kanada. Die kanadische Regierung versprach, eine Bahn über den Kontinent bis zum Pazifik zu bauen, und gewann".

Frühstück auch ans Bett: Schlafwagenabteil im Canadian

Mindestens jeder fünfte Wagen hat eine Aussichtskuppel

Der Canadian fährt am ersten Tag fast nur durch die **Tundra von Ontario**. Ständig müssen in diesem Sumpfland Seen umrundet werden. Wie viele es gibt? Auch die Zugbegleiter müssen passen. Man einigt sich auf „ein paar hundert", das muss genügen, denn zählen will sie niemand im Zug. Anschließend geht es durch endlose **Getreidefelder**. Entlang der Bahn stehen riesige Getreidespeicher; sie werden, weil sie höher sind als anderswo die Kirchtürme, „Präriekathedralen" genannt. Die Farmgebäude liegen weit auseinander. Von einem zum nächsten ist der Canadian manchmal 40 Minuten unterwegs.

Auf Getreideland folgt Grasland. In Alberta soll es mehr Fleischrinder als Einwohner geben. Der Blick aus dem Zugfenster scheint das zu bestätigen. Jetzt aber kommt Bewegung in den Zug, es geht spürbar bergan. Die **Rocky Mountains** sind erreicht und die beiden Loks müssen all ihre 6.000 Pferdestärken auf die Schiene bringen, um den Aufstieg zu schaffen. Der Canadian sieht wegen seiner glänzenden Edelstahlverkleidung wie eine riesige Silberschlange aus, die sich entlang der Bergrücken bewegt. Hoch über dem Zug sind die schneebedeckten Gipfel des **Jasper National Parks** zu sehen – darunter einige 4.000er. Am Ende des Zugs fährt ein „Bullet Car" mit. Dieser stromlinienförmige Eisenbahnwagen – wie ein Geschoss spitz auslaufend – ist Wohnzimmer und Aussichtswagen zugleich. Die Fotografen lösen sich am Mittelfenster des Bullet Car ab oder steigen in die Glaskuppel hinauf, um die Berge zu fotografieren.

Als das Abendessen serviert wird, fährt der Zug schon am **Fraser River** entlang. Auch das ist ein berühmtes Stück Kanada, nur sieht man leider nichts davon, denn es ist schon dunkel. Bei Tagesanbruch rollt der Zug bereits durch die Vororte von Vancouver.

Strecke: 4.466 Kilometer von Toronto nach Vancouver
Information: Buchung über Reiseveranstalter oder direkt über www. viarail.ca; die Preise variieren je nach gebuchter Reisekategorie, außerdem gibt es diverse Spartarife.

Eine Fahrt von Toronto nach Vancouver kostet in der Economy-Kategorie zum Normaltarif etwa 500 €, in der unteren Koje eines Schlafwagenabteils zum Normaltarif etwa 1.000 €.

INFO

97 Indian Summer und Eisenbahnhotels wie aus dem Märchenbuch: von Québec über Montreal nach Toronto

Die bekannteste Eisenbahn Kanadas – der Canadian (S. 230) – fährt von Toronto bis nach Vancouver, einmal quer durch dieses riesige Land. Darüber werden andere Strecken leicht vergessen, wie etwa die von Québec nach Toronto. Zugegeben, die Landschaft links und rechts der Strecke ist recht eben und die Trasse wurde meist schnurgerade durch viel Weide- und Ackerland sowie durch einige sehr **ausgedehnte Wälder** hindurch gebaut. Auf den ersten Blick also nicht viel Aufregendes. Und dennoch kann diese Tour quer durch den Osten Kanadas empfohlen werden. Sie lohnt sich wegen der spektakulären Eisenbahn-Bauten entlang der Strecke und besonders im Spätsommer und Herbst ist die Fahrt durch die bunt eingefärbten Waldregionen ein Erlebnis.

Die Neuengland-Staaten an der Ostküste der USA werben intensiv für ihren **Indian Summer**. Dabei wird selbstverständlich nicht erwähnt, dass es dieses Naturerlebnis – mindestens genauso farbenprächtig – auch in den anschließenden Provinzen Kanadas gibt. Ab Anfang Oktober kann in Ost-Kanada beobachtet werden, wie sich weite Landstriche rot einfärben. Das herbstlich rote Ahornblatt ziert nicht ohne Grund die Flagge des Landes. Die Eisenbahn fährt zu dieser Zeit durch dunkelgrüne und violette, durch weinrote bis hellrote und dann wieder durch braun und gelb eingefärbte Wälder.

Die kanadischen Eisenbahnen haben sich schon früh darum bemüht, Touristen auf ihre Schienen zu locken. Teil dieser Bemühungen waren eindrucksvolle Bauten: Viele Bahnhöfe sehen aus wie aus dem Märchenbuch und einige kanadische Bahnhotels haben es zu Weltruhm gebracht. Das gilt etwa für das Banff Springs Hotel in den Rocky Mountains oder das Chateau Lake Louise im Banff National Park. Eine besondere Attraktion

Eine Sehenswürdigkeit für sich: der Bahnhof von Québec

aber ist das **Château Frontenac**. Es wurde 1893 auf dem höchsten Punkt der Stadt Québec gebaut und beherrscht nicht nur wegen seiner schieren Größe die Skyline der City. Die Canadian Pacific Railway Company wollte mit dem Bau nicht nur ein übergroßes Luxushotel errichten, sondern auch ein Wahrzeichen von Québec schaffen. Heute gibt es kaum eine Québec-Ansichtskarte, auf der das Château mit seinen vielen Türmen und Türmchen nicht zu sehen ist. Möglicherweise haben sich die Architekten von dem bayrischen Schloss Neuschwanstein inspirieren lassen, das sie zumindest von Bildern her gekannt haben müssen. Auch der **Bahnhof von Québec** ist im Stile eines Märchenschlosses gebaut. Mit seinen Türmen und den Spitzhüten darauf gehört auch er zu den Sehenswürdigkeiten dieser sehr französischen Stadt, die einen mehrtägigen Aufenthalt lohnt.

In **Montreal**, wo auf dieser Route umgestiegen werden muss, halten die Züge genau unter dem Hotel **The Queen Elizabeth**. Es gehört zur Fairmont-Gruppe, ebenso wie die von der Bahn gebauten Hotels in den Rocky Mountains oder das Château Frontenac in Québec, nur dass es nicht so alt ist. Das Haus wurde 1958 genau über den Hauptbahnhof von Montreal gebaut. In Suite Nummer 1742 veranstalteten John Lennon und Yoko Ono 1969 ihr berühmtes „Bed-In", bei dem das Lied „Give Peace a Chance" aufgenommen wurde – die Antikriegshymne zu Zeiten des Vietnam-Krieges. Von den Zimmern des Hotels aus kann man mit dem Fahrstuhl direkt hinunter zum Bahnhof und zur Untergrundstadt von Montreal fahren. Im Winter ist es in dieser Region so kalt, dass die Kanadier sich lieber in den Passagen unter der Stadt aufhalten als die frostigen Straßen zu benutzen.

In **Toronto**, der wichtigsten Drehscheibe der kanadischen Eisenbahn, erinnert das **Fairmont Royal York** an den alten Namen der Stadt. Das 28-stöckige Hotel wurde 1929

Farbenpracht im Indian Summer

von der kanadischen Eisenbahn direkt gegenüber dem Hauptbahnhof gebaut und gehört seither zu den vornehmsten Häusern Nordamerikas. An die Eisenbahn wird in Kanada erinnert, wo es nur geht. Der CN-Tower, nur ein paar Schritte vom Hotel und vom Bahnhof entfernt, wurde von der kanadischen Güterbahn mitgebaut und gehört mit 555,3 Metern Höhe zu den höchsten Türmen der Welt.

Strecke: 811 Kilometer von Québec über Montreal nach Toronto
Information: Ein Ticket zum Normalpreis in der Economy-Klasse kostet ca. 140 €. Fahrscheine für alle kanadischen Bahnen können bei deutschen Vertragsreisebüros gekauft werden. Allerdings rechnen die meistens mit für den Kunden sehr ungünstigem Währungskurs, der sich deutlich vom jeweiligen Tageskurs unterscheiden kann. Dazu wird auch noch eine Gebühr für die Ausstellung der Tickets verlangt. Der direkte Weg zum Ticketkauf führt über www.viarail.ca. Dabei muss man auf den englischen oder französischen Seiten bleiben, andernfalls meldet sich der teurere deutsche Agent.

INFO

Mittel- und Südamerika

*Der Tren a las nubes
auf dem Viadukt von La Polvorilla*

98 Kupferschluchten mit Gleisanschluss: im Chepe von Los Mochis nach Chihuahua

Fünfzehn Stunden zwischen 3.000 Meter **hohen Gipfeln** und kilometertiefen Canyons hindurch – oben Eis und Schnee, unten Südfrüchte. Autofahrer haben entlang der Strecke des mexikanischen Chepe keine Chance, da durchgehende Straßen fehlen. Hier gibt es nur den Zug oder aber den Maulesel.

Zu einer **senkrecht abfallenden Felswand**, fünfmal so hoch wie der Berliner Fernsehturm, hält man besser etwas Abstand. Nicht so die junge Schweizerin Danielle, die gerade auf einen Felsbrocken direkt am Abgrund klettert. Oben angekommen, springt sie in die Luft. Einmal und immer wieder. „Eine Alpinistin", beruhigt ihr Freund zufällige Zuschauer. „Sie kann Risiken einschätzen!" Und überhaupt, das seien Freudensprünge. Für das Paar erfülle sich hier und jetzt ein lang gehegter Traum.

In der **Sierra Madre Occidental**, dem mexikanischen Küstengebirge, gibt es zwischen den Dreitausender-Gipfeln tiefere Schluchten und schroffere Felsen als überall sonst in Nordamerika. Die Barranca de Urique ist 1.870 Meter tief und bildet mit den Barrancas de Sinforosa und de Batopilas (beide 1.799 Meter), der Barranca de Tararecua (1.425 Meter), der Barranca del Cobre (1.759 Meter) und kleineren Nachbar-Schluchten ein Canyon-System, das vier Mal so groß ist wie der US-amerikanische Grand Canyon. „Kupferschluchten" werden die Canyons genannt und die hier lebenden Mexikaner erklären, warum: „Ihr könnt es sehen, die **Felsen leuchten in allen Farben des Kupfers**. Morgens sind sie rot-golden, mittags dann strahlend gelb-braun und abends wird aus dem Rot ein bräunliches Violett, wie bei Kupfer, das anläuft". Kupfer wurde hier übrigens nie gefunden.

Das satte Grün unten in den Schluchten hat jedoch mit den Kupferfarben nichts zu tun. Dort wachsen **Zitronen- und Orangenbäume** mit ihren dunkelgrünen Blättern sowie etliche tropische Pflanzen. Gibt es an den Canyon-Rändern auch schon mal Eis und

Nur mit dem Zug oder per Maulesel kann man die Gebirgsstrecke zurücklegen – Autostraßen gibt es nicht

Schnee, in der Tiefe bleibt es immer warm.

Die Geschichte der Kupferschluchten-Bahn liest sich wie ein Fortsetzungsroman. Die Gründer – allesamt Nordamerikaner – wollten für ihre Güterzüge eine kürzere Verbindung von der See nach Kansas in der Mitte der USA schaffen. Die Pazifik-Kansas-Linie sollte gegenüber der bestehenden Kalifornien-Kansas-Linie 600 Kilometer einsparen. Der Plan einer Normalspurbahn über das Gebirge stand aber unter keinem guten Stern. Die mexikanische Revolution, Finanzkrisen und politische Querelen verzögerten den Bau immer wieder. Es dauerte schließlich **80 Jahre**, bis alle Schienen verlegt waren. 1961 konnte die Ferrocarril Chihuahua Al Pacifico, genannt „Chepe", endlich über die Sierra Madre fahren.

Das Canyon-System der Kupferschluchten ist etwa viermal so groß wie der Grand Canyon in den USA

Die Strecke ist ein **Meisterstück der Eisenbahnbauer**! Obwohl El Fuerte auf der einen Seite der Berge vom auf der anderen Seite gelegenen Creel nur 70 Kilometer Luftlinie entfernt ist, mussten 400 Kilometer Gleise verlegt werden. 36 Brücken und 87 Tunnel waren nötig, um größere Steigungen zu vermeiden, die die Lokomotiven überfordert hätten. Außerdem musste die Bahn um die Barrancas herum gebaut werden, denn Brücken über derart breite und dabei kilometertiefe Schluchten zu schlagen, war unmöglich.

Zweimal pro Tag fährt der Chepe vom Meer über die Berge und zurück. Danielle und ihr Freund bevorzugen den **Bummelzug**, der an so ziemlich jedem Kaktus hält, und in dem erstaunlich viele Mexikaner mit riesigen Traglasten Platz finden. Danielle erklärt, das sei nicht nur billig, sondern auch praktisch, denn man könne jederzeit aussteigen und bleiben, wo es einem gerade gefällt. Für Menschen mit Bergsteiger-Erfahrung ist es hier überall schön.

In **Divisadero** hat der Zug mit 2.420 Metern den höchsten Punkt der Strecke erreicht. Der 20-minütige Stopp dient auch dazu, Gegenzüge passieren zu lassen. Die meisten Passagiere verlassen hier kurz den Zug, um hinunter in die beiden Canyons Urique und del Cobre zu schauen, die an dieser Stelle aufeinandertreffen.

Strecke: 653 Kilometer von Los Mochis nach Chihuahua
Information: Buchung über Reiseveranstalter oder vor Ort, Informationen auf www.chepe.com.mx. Die einfache Fahrt kostet knapp 100 €, im Primera Express knapp 150 €.
Tipp: In den schnelleren Erste-Klasse-Chepes, dem „Primera Express", sitzt man auf weichen, wenn auch mitunter schon sehr abgenutzten Polstern. Der Normalzug hält an jeder Siedlung, ist aber wegen der mexikanischen Mitfahrer der interessantere. Die Reise über die Sierra Madre sollte man in Etappen aufteilen, um die Canyons zu erleben. Wo die Züge nicht, wie in Posada Barrancas oder in Divisadero, in Nähe der Schluchten und in Sichtnähe der Hotels halten, warten Hotelzubringer, etwa in Bahuichivo.

INFO

99 Auf den Spuren der Inka: von Cusco nach Machu Picchu oder Puno am Titicacasee

Cusco, die alte Hauptstadt der Inka hoch in den Anden Perus, hat zwei Bahnhöfe. Von Cusco aus fahren Züge in Richtung Nordwesten und nach Süden – allerdings auf Schienen unterschiedlicher Breite. Die Verbindungstrasse ist dreischienig, so können die Bahnen nach Norden, die auf der 914 Millimeter-Spur nach Aguas Calientes und damit Machu Picchu fahren, und die Normalspur-Bahnen zum Titicacasee im Süden auch zum jeweils anderen Bahnhof gelangen.

Der Weg zur **Inkastadt Machu Picchu** führt von Cusco aus durch eine Gebirgslandschaft, deren Berge wie Riesenzuckerhüte aussehen. Die Schluchten dazwischen sind so eng, dass hier keine Straße gebaut werden konnte; nur für eine Schmalspurbahn reichte der Platz. „Wo ein Lama durchkommt, können wir auch eine Eisenbahn bauen", versprachen die Bahnbauer Anfang des 20. Jahrhunderts. Von 1913 bis 1927 wurde gebaut, bis die 110 Kilometer lange Bahnstrecke endlich befahren werden konnte. Der Zug kämpft sich im Zick-Zack die Berge hinauf und wechselt dabei vier Mal die Fahrtrichtung. Die Züge sind oft voll. Täglich reisen etwa 2.000 Touristen mit dieser Schmalspurbahn, um die terrassenförmig angelegte Ruinenstadt aus dem 15. Jahrhundert zu besuchen. Von der Endstation der Bahn fährt ein Bus die letzten Kilometer den Berg hinauf bis Machu Picchu – 2.360 Meter über dem Meer.

Gefährliche Höhenkrankheit

Eine Reise in die Hochanden muss lange vorbereitet werden. Manche Menschen können schon Höhen um 2.000 Meter nicht vertragen. Raucher, Herz- und Lungenkranke sowie Kinder sind besonders gefährdet, an der Höhenkrankheit, die im Extremfall zum Tod führen kann, zu erkranken. Das **Auswärtige Amt** (www.auswaertiges-amt.de) hat ein Merkblatt dazu herausgegeben, das man sich ggf. herunterladen sollte.

Vom zweiten Bahnhof in Cusco aus fahren die Züge – diesmal auf der Normalspur – in den Süden **zum Titicacasee** und damit zur Grenze von Bolivien. Eine Spazierfahrt ist das selbst mit Luxuszügen nicht, von den Lokalbahnen ganz zu schweigen. Cusco liegt schon auf einer Höhe von 3.416 Metern. Der Scheitelpunkt der Strecke, Crucero Alto hinter Arequipa, liegt noch über tausend Meter höher. Die dünne Luft auf 4.470 Metern über dem Meer verursacht einigen Reisenden massive Probleme. Viele Fahrgäste leiden unter der Höhenkrankheit, für manche kann diese sogar lebensgefährlich werden. Wer hier eine Tour plant, sollte also erst einmal mit seinem Arzt sprechen. Bis zum Bau der Bahn von China hinauf nach Tibet (S. 162) hielt die Andenbahn den Rekord als Eisenbahn mit der höchstgelegenen Strecke. Die Chinesen stellten 2006 mit 5.072 Metern über dem Meer einen neuen Eisenbahnrekord auf.

Die Peruaner kauen während der Fahrt **Cocablätter** und beteuern, damit ließe sich der Höhenkoller vermeiden. Auf Selbstversuche sollte man allerdings besser verzichten, die Blätter entfalten eine berauschende Wirkung.

Die bulligen Dieselloks amerikanischer Bauart müssen regelmäßig Schwerstarbeit verrichten, wenn sie hinter Cusco das Weide- und Ackerland entlang des Rio Huatanay

Auf dem Weg nach Machu Picchu

durchquert haben. Danach beginnt die eigentliche Steigungsstrecke. Höhepunkte der Fahrt sind der Muina-See und der Urubamba Canyon, außerdem die Orte entlang der Strecke, in denen es **alte Inka-Bauten** und schlossähnliche Häuser der Woll-Barone zu sehen gibt. Ein besonderes Highlight ist die Raqchi-Tempelanlage der Inka, deren bekanntester Teil der Viracocha-Tempel ist.

Am Pass bei La Raya – 4.314 Meter über dem Meer – sind die Schneefräsen rund ums Jahr im Einsatz oder zumindest in Bereitschaft. Nach zehn Stunden Fahrt und nur 282 Bahnkilometern wird dann – endlich – der Titicacasee bei **Puno** erreicht. Hier gab es früher einmal eine Eisenbahnfähre hinüber an das bolivianische Ufer. Inzwischen kann man aber nur noch sehen, wo sie einst ablegte.

Strecke: 110 Kilometer von Cusco nach Machu Picchu und 282 Kilometer von Cusco nach Puno
Information: Buchung über www.perurail.com; die Preise variieren sehr stark, je nach gewählter Zugkategorie. Ab 2014 sollen neue Panoramawagen eingesetzt werden.

Der günstigste Touristenzug nach Machu Picchu und zurück kostet etwa 100 €.
Reisezeit: Während der Regenzeit von Dezember bis Februar ist von der Tour nach Machu Picchu eher abzuraten, da es zu heftigen Regenfällen und Erdrutschen kommen kann.

INFO

100 Lokomotivendampf statt Wolken: im Tren a las nubes von Salta nach La Polvorilla

Wo es **Bodenschätze** gibt, wird eine Bahn gebraucht. Die Kupfer-, Wolfram, Blei-, Zink- und vor allem Borax-Vorkommen in den Anden im Nordwesten von Argentinien und der daran angrenzenden Gebirgsregion von Chile lohnten 1921 auf jeden Fall den Bau einer Bahnstrecke. Dass es durch schwierigstes Gelände gehen sollte, störte den amerikanischen Ingenieur Ricardo Fontaine Maury nicht. Er hielt das Projekt für machbar und erhielt den Auftrag.

Dafür, dass an dieser Bahnstrecke 27 Jahre lang gebaut wurde, war Maury allerdings nicht verantwortlich. **Politische Umwälzungen und Geldmangel** sind für ehrgeizige Eisenbahnprojekte gefährlicher als jedes noch so schwierige Terrain. Die Argentinier wissen, was sie dem Mann schuldig sind, der es wagte, eine Bahn bis in 4.200 Meter Höhe die Anden hinauf zu bauen: Die achte Station nach der Abfahrt in Salta wurde „Ingeniero Maury" genannt. Der Zug hat hier schon einen Anstieg von 1.187 auf 2.358 Höhenmeter geschafft.

Warum genau diese Station ausgewählt wurde, um den Eisenbahn-Erbauer zu ehren, erklärt sich während der Fahrt von selbst. Um die beachtlichen Höhendifferenzen auf diesem Abschnitt der Strecke zu schaffen, mussten zwei spiralige Schienenkreise sowie zwei Zick-Zacks in die Bergflanken gebaut werden. Bei Zickzackfahrten ändert der Zug die Fahrtrichtung und fährt auf einem Gleis über dem, auf dem er gekommen ist, weiter bergan. Auf der 217 Kilometer langen Reise bis zur (heutigen) Endstation La Polvorilla (4.220 Meter über dem Meer) fährt der Zug außerdem durch 21 Tunnel, über 29 Brü-

Das Viadukt von Polvorilla ist eines der gewaltigsten Eisenbahnbauwerke seiner Art

cken und 13 Viadukte, von denen das **Viadukt von La Polvorilla** das eindrucksvollste ist. Es steht auf bis zu 63,4 Meter hohen Stahlgitterpfeilern, ist 224 Meter lang und damit eines der gewaltigsten Eisenbahnbauwerke seiner Art. Böse Zungen behaupten, die Stahlfachwerkkonstruktion sehe aus wie ein umgekippter Eiffelturm.

Dieser Brücke verdankt der Zug hinauf in die Anden auch seinen Namen: „Tren a las nubes" – **Wolkenzug**. Film-

Die Bahnstrecke wurde ursprünglich für den Transport von Bodenschätzen gebaut

kameraleute überredeten in den 1960er-Jahren, als hier noch Dampflokomotiven eingesetzt wurden, einen Lokführer, mitten auf dem Viadukt kräftig Dampf abzulassen. Weil es aber in dieser Gipfellage stets kühl ist, sank der Dampf schnell in die Tiefe. Im Filmtext hieß es dann, hier fahre der Zug über den Wolken.

Eine Fahrt mit dem Wolkenzug ist allerdings nicht für jeden geeignet. Die in 4.200 Metern Höhe sehr **dünne Luft** von La Polvorilla macht auch Menschen zu schaffen, die sonst vor Gesundheit nur so strotzen. Mit einer Art Taucherausrüstung, die im Zug mitgeführt wird, kann Mitfahrern bei Sauerstoffmangel geholfen werden. Es gibt auch Züge, die von entsprechend ausgestatteten Krankenwagen begleitet werden. Eisenbahnen, die oberhalb von 4.000 Metern über dem Meer fahren, gibt es sonst nur noch in Peru (S. 238) und auf der China-Tibet-Strecke (S. 162).

Die Fahrt mit dem Wolkenzug beginnt in Salta, wo so ziemlich alles zu gedeihen und zu blühen scheint, sogar Palmen gibt es hier. Danach geht es zwischen **himmelhohen Felswänden** in ein Felsenmeer, in dem nur wenige Inseln mit grünen Pflanzen den widrigen Umständen trotzen. Die Schlucht Quebrada del Toro ist wegen einer hier wachsenden Kakteenart bekannt. Die Pflanzen – „Kandelaber-Kaktus" genannt – sehen ein wenig aus wie Menschen, die auf den Polizeibefehl „Hände hoch" reagiert haben. An der Bergbausiedlung San Antonio de los Cobres und vom Viadukt La Polvorilla aus kann man sich kaum der Wirkung der 6.000 Meter hohen Andengipfel ringsum entziehen.

Strecke: 217 Kilometer von Salta nach La Polvorilla
Information: Buchung vor Ort, über Reiseveranstalter oder über www.trenalasnubes.com.ar, die einfache Fahrt inklusive Rückfahrt nach Salta mit dem Bus kostet etwa 150–180 €. Der Zug befährt nur ein Teilstück der nordwestlichen Andenbahn Argentiniens, die Bahn- strecke selbst endet erst in Antofagasta an der Pazifikküste Chiles. Doch bis dahin schaffen es nur einige ganz wenige Güterzüge.
Reisezeit: Der Tren a las nubes fährt wegen der Regenzeit nur in den Monaten April bis November; es kann aber auch noch eine Abfahrt im Dezember geben.

INFO

101 Quer durch den atlantischen Regenwald: von Curitiba nach Paranaguá

„Trem da Serra do Mar" – der Zug vom Regenwald bis zum Meer, so nennen die Brasilianer diesen Zug. Er geht quer durch die **atlantischen Küstenwälder**, die von der UNESCO als „Biosphere Reserve" eingestufte „Mata Atlântica", von der Hauptstadt des Bundesstaates Paraná bis an die Küste des Südatlantiks. Brasilien ist kein klassisches Eisenbahnland – die meisten Strecken wurden spätestens mit der Privatisierung der einstigen Staatsbahn Rede Ferroviária Federal S.A. (RFFSA) stillgelegt oder nur noch für Frachtzüge genutzt. Die Strecke von Curitiba nach Paranaguá wurde 1996 von dem Unternehmen Serra Verde Express übernommen und wird heute in erster Linie als Touristenzug genutzt. Das macht die Fahrt nicht weniger spektakulär.

1880 wurde an drei verschiedenen Streckenabschnitten gleichzeitig mit dem Bau begonnen. Die Gründe waren, wie so oft, wirtschaftlicher Natur. Aus den südlichen Bundesstaaten des Landes sollten die landwirtschaftlichen Produkte möglichst schnell an die Küste gebracht werden, um von dort verschifft zu werden. Zudem sollte die wirtschaftliche Entwicklung der Küstenregion angekurbelt werden.

Fünf Jahre lang arbeiteten zeitweise bis zu 9.000 Menschen an der Trasse, bis die Strecke im Februar 1885 eingeweiht werden konnte: Neun Stunden dauert die erste Fahrt, tausende Neugierige warteten am Bahnhof auf die Ankunft des ersten Zugs. Die Begeisterung hatte ihre Gründe – der Bau war alles andere als eine leichte Aufgabe gewesen. Schon vor Baubeginn meldeten sich viele Zweifler, ob und wie die Verlegung der Schienen über ein so schwieriges Terrain gelingen sollte.

Auf der 110 Kilometer langen Strecke mussten ganze 14 Tunnel (heute werden noch 13 davon genutzt) und 30 Brücken und Viadukte durch dichten Regenwald und tiefe Schluchten errichtet werden, vorbei an Wasserfällen und Canyons. Eine der heute noch

Immer sonntags geht die Reise bis Paranaguá am Südatlantischen Ozean

Das nebelverhangene, dichte Grün ist ein tolles Fotomotiv

beeindruckenden Brücken ist die 55 Meter hohe Ponte São João, auf der man geradezu das Gefühl hat, über die Schlucht zu schweben – besonders wenn die umliegenden Berge in Nebel gehüllt sind. Ein ähnliches Gefühl stellt sich auf dem Viaduto do Carvalho ein, dass sich in einer Kurve auf fünf Säulen eng an den Felsen schmiegt, während es auf der anderen Seite steil in die Tiefe geht.

Auf dem Hinweg sitzt man am besten auf der linken Seite. Start ist am Bahnhof von Curitiba. Erster Halt und sechsmal pro Woche (außer sonntags) auch Endstation ist nach drei Stunden **Morretes**. Am Wochenende ist der 1721 gegründete, kühle, an einem Fluss mitten in den Wäldern gelegene Ort ein beliebtes Ausflugsziel der Städter. Wer es hier mag: Hotels und Restaurants stehen zur Verfügung.

Das 1648 gegründete **Paranaguá** selbst hat einen bedeutenden Hafen, touristisch aber außer einer historischen Altstadt und Fischrestaurants nicht allzu viel zu bieten. Dafür legen hier die Schiffe auf die Ilha do Mel mit ihren zauberhaften Stränden ab.

Übrigens: Während es in Curitiba noch angenehm kühl sein kann, ist es am Meer meist sehr heiß.

Strecke: Curitiba–Paranaguá 110 Kilometer
Information: Der Zug fährt täglich ab 08.15 Uhr, Ankunft in Morretes 11.15, Rückfahrt um 15 Uhr. Preis: R$ 84 (ca. 32 €), sonntags auch ab 7.30 bis Paranaguá, Ankunft 12.30 Uhr, um 13.30 Uhr geht es wieder zurück. Zwei Züge bedienen die Strecke: der etwas luxuriösere Litorina mit Klimaanlage, Bar und Guide, und der normale Zug, aus dessen offenen Fenstern sich ebenso gut fotografieren lässt. Infos und Buchung unter http://serraverde express.com.br. Alternativ kann man auch mit dem Bus zurück über die Estrada da Graciosa fahren, die ebenfalls eine landschaftlich schöne Strecke durch die Wälder ist.

INFO

Stichwortverzeichnis

Bildnachweis

Umschlag: Titelbild: Courtesy of the Indian Pacific; Buchrückseite: Tren de las Nubes (oben); Armin E. Möller (Mitte), Visit Flåm, Morten Rakk (unten)
Alle anderen Bilder von Armin E. Möller, außer: ACP Rail International (www.acprail.com): 98; Aellig, Guido: 54, 62, 74, 75, 78; Albrecht, Steffen: 189; Barmettler, Christian (www.chriguseisenbahnseiten.ch): 56; Blank, Stefan: 185; BLS AG: 58, 68 (oben); Blue Train: 210; Borkumer Kleinbahn: 18; Bourdakou, Giouli: 122/123, 128, 129; Brinke, Margit: 225; Chemins de fer du Jura: 55; City of Johannesburg, Walter Knirr: 207; Courtesy of Amtrak: 214/215, 216 (Phil Gosney), 219, 220, 221, 224; Courtesy of the Indian Pacific: 190, 191; Deutsche Bahn AG: 40 (Bartlomiej Banaszak); 26 (Thomas Herter); 22, 34 (Max Lautenschläger); 16, 41 (Uwe Miethe); 29, 36 (Georg Wagner); Docklands Light Railway: 102, 103; Dusik, Roland: 174, 175; Faivre, Michel (www.tourisme-paysdedole.fr): 89; flickr.com: 154 unten (Frapestaartje), 164 oben (ptwo); fotolia.com: 146/147 (dzain), 155 (RCH), 156 (LE Media), 166 (norikazu), 243 (brendanvanson); Golden-Pass Line: 68 (unten); Häring, Volker: 164, 165; Harzer Schmalspurbahnen: 30, 31; Hinterzarten Breitnau Tourismus GmbH: 38; Iarnród Éireann (www.irishrail.ie): 108, 109; ImageRail: 105, 106, 107; Inlandsbanan AB: 114; istockphoto.com: 46 (erwo1), 80, 81 (Adrian Assalve), 138/139 (fikretozk); 142 (Sean Pavone), 152 (Sandeep Subba), 153 (Mrinal Nag), 157 (Tathagata Mandal), 162 (chunni4691), 172 (tbradford), 178 (tongdang5), 180 (Tersina Shieh), 229 (John Pitcher), 233 (elenethewise), 239 (YinYang), 242 (Luiz Fernando Souza Fernandes); Iwanowski, Michael: 6, 7; Jungfraubahnen Management AG: 70, 71; KiwiRail: 186/187, 194, 196, 199; Kodym, Erich (www.semmering.at): 44; KölnTourismus GmbH, Dieter Jacobi: 25; Laublättner, Michael: (www.arlbergbahn.at): 42/43, 48, 49; Lernidee Erlebnisreisen GmbH: 130/131, 204; 136, 137 (Jens Frank); Namibia National Archives: 205; NSB: 116 (Rune Fossum); 110/111, 117 (Rolf M. Sørensen); Orient-Express Hotels Ltd: 168/169, 176, 177; QueenslandRail: 192, 193; Rail Australia: 188; Reichenbach, Dieter: 148, 149, 150, 151, 202, 203; Reid, Clive: 206; Rhätische Bahn/swiss-image.ch: 52/53, 77 (Andrea Badrutt), 79 (Giorgio Murbach); Rocky Mountaineer (www.rockymountaineer.com): 226, 227; Romantischer Rhein Tourismus GmbH: 28; Rovos Rail: 200/201, 208, 209; Rügensche BäderBahn: 14; Schröttner, Horst (www.semmering.at): 45; Schwarzwald Tourismus GmbH, Achim Mende: 39; Settle Carlisle Railway Development Company (www.settle-carlisle.co.uk): 96/97, 100, 101; Shongololo Express: 212, 213; STA AG: 125; Steinwasser, Udo: 32; Tren a las Nubes: 234/235, 240 (Carlos Albertoni), 241; Via Rail Canada (www.viarail.ca): 228, 230; Visit Finland: 121; Visit Flåm, Morten Rakk: 118; Visit Sweden, Silvia Man: 112; VR, Yhtymä Oy: 120; Wölk, Andreas: 211; Wuppertal Marketing, Manfred Görgens: 10/11, 20, 21; zb Zentralbahn AG: 64, 65, 66, 67.

ebook-Reiseführer

    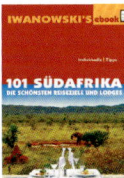 

 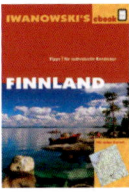 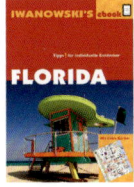  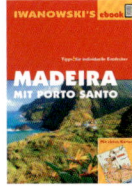 

 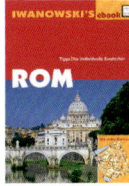 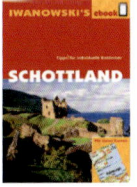  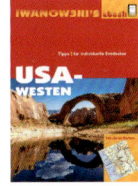 

Die ebook-Reiseführer von Iwanowski zeichnen sich durch eine hohe Benutzerfreundlichkeit aus: Alle Internetadressen sind direkt extern und alle Seitenverweise und Überschriften sind intern verlinkt. Je nach Lesesoftware können Lesezeichen gesetzt, Textstellen markiert und Kommentare einfügt werden. Alle Bilder und Karten können vergrößert angeschaut werden.

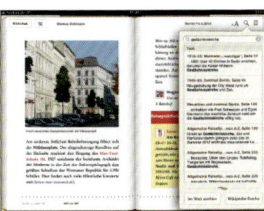 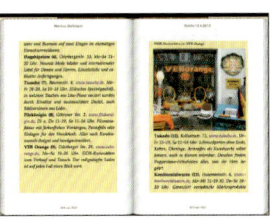 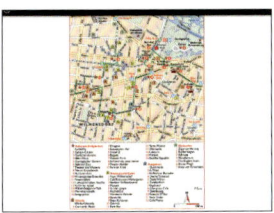

Das komplette Verlagsprogramm unter:
w w w . i w a n o w s k i . d e

Reisen individuell

"Die Reisejournalistinnen Daniela Kebel und Andrea Lammert machen in „101 Reisen für die Seele" Lust auf die ganze Welt. Besser gesagt, auf die Orte, die man als Oasen der Ruhe bezeichnen kann. In der Wüste Namibias entdecken sie eine Stille, die beinahe ohrenbetäubend laut ist. In der Arktis ist es das Gefühl einer fast unbesiegbaren Natur, die Ehrfurcht weckt. Aber die Orte liegen oft auch ganz nah: zum Beispiel in einem Kloster in Deutschland, das Menschen, die dem Alltagsstress entfliehen wollen, für einige Tage Ruhe und Einkehr bietet. Die Autorinnen stellen 101 Orte und Touren auf der ganzen Welt vor, die sie selbst als ganz besonders erlebten, und haben damit einen Reiseführer der etwas anderen Art verfasst. Das Buch verzichtet bewusst auf allzu viel Service. Auf je einer Doppelseite wird im Stil einer emotionalen Reisegeschichte je eine Destination vorgestellt."

Westdeutsche Zeitung

"Was als Buchtitel sehr esoterisch angehaucht klingt, erweist sich aber als handfester Ratgeber mit ungewöhnlichen Orten und Reiseideen in aller Welt, wobei der Schwerpunkt auf Europa gelegt wurde."

Badische Zeitung

Das komplette Verlagsprogramm unter:
www.iwanowski.de

Afrika individuell

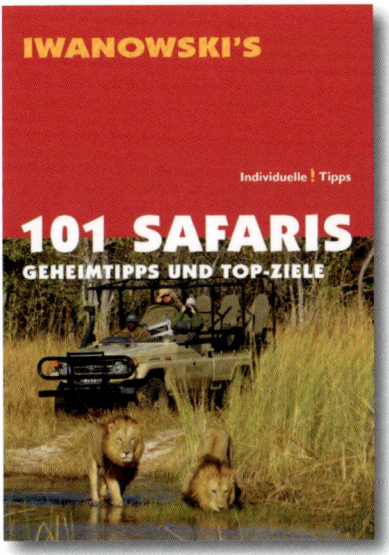

Die Reiseführer „101 Safaris" stellt eine Auswahl der schönsten Reisen und Lodges im südlichen und östlichen Afrika vor. Der Band gibt viele Reisetipps zu den klassischen Safari-Destinationen wie Südafrika, Namibia, Botswana, Kenia, Tansania und Sambia. Weniger bekannte Reiseziele sind Mosambik, Äthiopien sowie Ruanda und Uganda, die hauptsächlich für Gorilla-und Schimpansentrekking bekannt sind. Neu aufgenommen werden Informationen zu den Highlights in Simbabwe, wo der Tourismus trotz aller politischen Schwierigkeiten wieder im Aufschwung ist. Der Ratgeber ist mit mehr als 250 beeindruckenden Farbfotos durchgehend farbig illustriert. In den Innenklappen sind alle 101 Spots in Übersichtskarten markiert. Ein Tierbeobachtungskalender bietet einen Überblick über beste Reisezeiten. Ein Safariberater listet auf, wo man was erleben kann und berät, ob man lieber organisiert oder auf eigene Faust verreisen sollte. Auch das Thema „Mit Kindern auf Safari" wird erörtert. Tipps zum Fotografieren, zur Tierbeobachtung und zur Sicherheit im Gelände runden den Band ab.

Das komplette Verlagsprogramm unter:
w w w . i w a n o w s k i . d e

TRANSSIBIRISCHE EISENBAHN
Informationen & Programme: www.tsa-reisen.de
Katalog anfordern: info@tsa-reisen.de

Mit der Transsib von Moskau nach Wladivostok oder Peking
Stopps am Baikalsee und in der Mongolei

oder mit der Bahn durch
* China, die Wüste Taklamakan und nach Tibet
* Vietnam von Nord nach Süd und in die Bergwelt von Sa Pa
* Usbekistan mit dem Highspeedzug „Afrosiyob"
* Kasachstan, Thailand und Myanmar

TSA-Travel Service Asia Reisen e.K.
Inhaber: Hans-Michael Linnekuhl
Riedackerweg 4 ⁿ 90765 Fürth
Tel.: 0911 - 979599-0 * Fax: 0911 - 979599-11
info@tsa-reisen.de * www.tsa-reisen.de

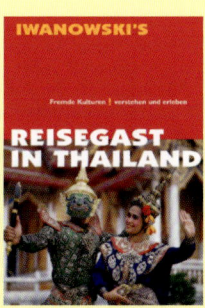

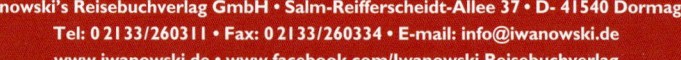